U0142826

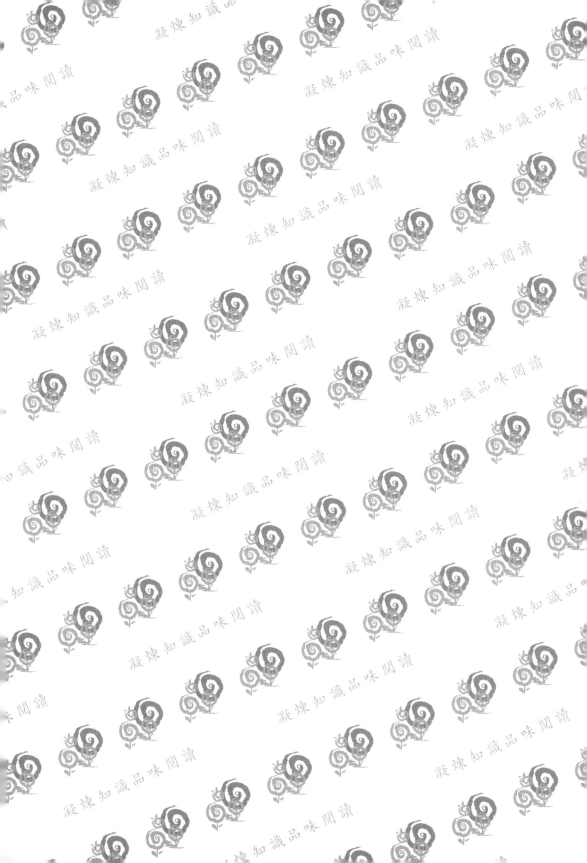

陳嘉映—————————編著

存在與時間 讀本

五南圖書出版公司 印行

新版序

　　二十年來，常有讀者說起他或她在讀《存在與時間》，苦於讀不下去，這時候，我總會向他們推薦《〈存在與時間〉讀本》。大多數讀者讀哲學書，不是要做研究，我斗膽相信，讀這本述略，也許比讀全譯本有更多收益。其實，我還相信，哲學不再有普通讀者，都放到學院裡供學者研究，那哲學不哲學就沒什麼意思了。

　　《存在與時間》是部經典。不過，我們今天說到經典，不可能把它們完全比作《論語》、《伊里亞德》。文字時代開始的時候，就那麼幾部經典，不論篇幅長短，讀書人都可以反覆通讀。今天，堪稱經典的著作成百成千，別說普通讀者，就算我這種人，一輩子除了讀書什麼都不做，還是有很多大部頭沒去讀，難免盼望這些大部頭有個可靠的述要。

　　本著這樣的想法，《〈存在與時間〉讀本》初版前後，不只一位出版界朋友建議，組織一些學者為其他大部頭哲學著作編寫類似的述要，例如：叔本華的《作為意志和表象的世界》、斯賓格勒的《西方的沒落》；羅爾斯的《正義論》沒那麼厚，但也不妨做個讀本。說起來，幾個人通讀過湯恩比洋洋十二卷的《歷史研究》？多得多的讀者讀過索麥維爾為其前六卷編纂的節本或湯恩比本人撰寫的一卷精粹本。大思想家篳路藍縷，逢山開道遇水架橋，不能指望他們一下子就把思想之路處處建得規整，我們小學者把已經開闢的道路稍作修整，於自己，是一種學習，於讀者，也算一件功德，至少比胡亂搭建自己的體系有益些。建議是好建議，可惜好事難為。但我心裡還是盼望有後繼者接下這個建議。

陳嘉映，2019年

序 言

　　要了解現代西方哲學，馬丁・海德格（Martin Heidegger）的《存在與時間》（*Sein und Zeit*）是必讀的著作。不過，學界內外，把這本書通讀下來的人少之又少。不少讀者對我說，他們很願讀這本書，但讀起來實在太費力。我覺得很可惜，這本書思想極深刻，內容也極豐富，一般有教養的階層都能讀才好，而現在連愛好哲學的讀者也難以終讀，很大一部分原因在於文句太麻煩。身為譯者，首先應當考慮改善譯本減少難度，但依我看在譯本上減少難度的餘地不大。因此我就有意為這本書編一個讀本。

　　我在翻譯此書之前，就曾用中文做了一份全書摘要，那是為自己一個人服務的讀本。現在，根據《存在與時間》的中譯本以及我這十年對這本書的進一步理解，為廣大讀者提供這個讀本。雖說是個讀本，我也不指望它可以不費吹灰之力就讀下去，嚴肅的思想總要費點心力才能懂。我希望的是減少文字上人為的困難而盡少傷及內容的深度和廣度。

　　一開始，我添加了很多解釋性的材料，引導性的評論，原意是協助讀者理解，但印出來一看，這些東西反而妨礙讀者連貫閱讀，而且，加了那麼多解釋和評論，變得愈來愈像一部研究性著作，可供研究者參考，不像是供一般讀者閱讀的讀本。我的初衷很簡單，就是為一本很值得讀的書提供一個讀者能貫通閱讀的本子，於是，狠下心，把所有考據、解釋、評注都刪掉，保持行文一色，同時暗暗指望這些刪掉的材料將來有機會在別的場合形成專門的文著。

　　中文本來推重簡練，最忌蕪雜。《存在與時間》卻寫得相當蕪雜拖沓。一部分原因在於海德格當時尚未定稿，是為了取得教授職稱匆匆出版此書

的。這個讀本篇幅縮小了一半多，我相信內容極少損失，理路反而更加顯豁。原文簡明緊湊的，改動就較小，原文重複拖沓的，改動就較多。原著很多文句、段落不斷重複，是故，愈往後，刪削的就愈多。

改寫依據我對這本書的理解，而非對這本書所討論的問題本身的理解。我對哲學問題的一般理解當會有影響，但我試圖把這種影響減低到最小限度，只在很少幾處做謹慎的發揮。有些句子甚至段落做了前後調整，有時是為了照顧改寫後的通順連貫，也有時是為了加強邏輯連繫。就前一點說，可能讀者在對照全譯本的時候會稍生不便，不過，只要有助於讀者通貫閱讀，這點不便似乎可以忍受。在後一點上則有點冒險，因為我可能以我理解到的邏輯代替了原文的邏輯。我固然頗為自信對此書理路的了解，但絕不敢斷稱萬無一失。筆者不忌諱批評，實際上，巴望批評。

這是個讀本，讀本裡多數句子不是嚴格的譯文，不可作為海德格著作的譯文來引用。讀本不能代替譯本，就像譯本不能代替原著。一般讀者應能透過這個讀本大致了解《存在與時間》，這時再讀譯本，就比較容易讀懂。就像不十分熟悉德文的人，可以藉助中譯本來閱讀原著。譯本與讀本參照閱讀，應能大大促進中文讀者對這本書的了解和理解。所選術語，讀本與《存在與時間》譯本相同，只有幾個例外：ontisch 在譯本中作「存在者層次上的」，在這個本子裡作「實際存在（層次上）的」；verstehen 在譯本中作「領會」，在這個本子裡多半作「理解」，有時同時說成「領會」和「理解」；Nichtigkeit 在譯本中作「不之狀態」，在這個本子裡作「不性」。關於重要譯名，參見錄自《存在與時間》中譯本的附錄一「一些重要譯名的討論」，附錄二「德—漢語詞對照表」和附錄三「漢—德語詞對照表」。

1999年於北京

目　次

導論

存在意義問題概述

第一章

存在問題的必要性、結構和優先地位

第一節　重提存在問題的必要性

　　我們的時代重新肯定了「形而上學」，並把這看作自己的進步。但「是」這個問題，或「存在」問題，仍始終付諸遺忘。我們以為自己已無須努力來重新展開「巨人們關於存在的爭論」。希臘哲學因為對存在的驚異而生，柏拉圖和亞里斯多德曾為存在問題思殫力竭。從那以後，人們卻不曾再對這個問題作過專門的探討，即使黑格爾的「邏輯學」也不過在重複這兩位哲人贏得的東西，而且透過自己的「潤色」還經常扭曲了問題的提法。思想的至高努力從現象那裡爭得的東西，雖說是那麼零碎那麼初級，早已被弄得瑣屑不足道了。

　　不特如此。希臘哲學以後，人們逐漸以為追問存在的意義是多餘之舉。人們說：「是」或「存在」是最普遍最空洞的概念，不可能對它下任何定義，何況它也並不需要任何定義，因為每個人都不斷用到「是」這個字，所以也就懂得它。於是，那個始終使古代哲學思想不得安寧的晦蔽者竟變成了昭如白日不言而喻的東西，乃至於誰要是仍然追問存在的意義，人們就會指責他在方法上有所失誤。這些雖是後世的成見，在古代存在論中卻已經有其根苗。

　　本書伊始，我們還不可能詳盡討論這些成見，本節的簡短討論只是為了說明重新提出存在的意義問題是必要的。我們分三個方面來說。

　　1　「是」或「存在」是「最普遍的」概念，無論我們說一個東西「是」什麼，都已經在某種程度上領會和理解了這個「是」。然而，「是」無處不在的「普遍性」不是族類上的普遍性。個別事物之上有種屬，種屬之上有族類。「是」或「存在」雖然是最普遍的，卻不是這種意義上的最高族類。亞里斯多德把這種統一性視為類比的統一性。就像與「健康的身體」類比可以說「健康的思想」、「健康的文化」，思想文化在類比的意義上是「健康」的。亞里斯多德的存在論在很大程度上依附於柏拉圖的存在論，然而，憑藉這一見地，他還是把存在問題置於全新的基礎之上了。誠然，連他也不曾廓清存在概念之中盤根錯節的晦暗連繫。存在的「普遍性」超乎一切族類上的普遍性。按照中世紀的術語，「存在」是「超越者」，這個提法有道理，但沒能從根本上廓清問題。黑格爾最終把「存在」規定為「無規定的直接性」並且以這一規定為基礎發展出他的《邏輯學》中的其他範疇。在這一點上，他與古代存在論眼界相同。然而，亞里斯多德提出存在的統一性，本來是和專題對象的種種「範疇」的多樣性相對照的，這一點倒被黑格爾丟掉了。因此，要說「存在」是最普遍的概念，那可不等於說它是最清楚的概念，再也無須討論。「存在」這個概念毋寧說是最晦暗的概念。

　　2　「是」或「存在」是不可定義的。這是從它的最高普遍性推論出來的：定義的形式是屬加種差，這顯然不適用於最高的種屬。帕斯卡在《思想錄》裡說：要定義「是」，我們一開頭就必須說「是」是……這就在定義中使用了要加以定義的詞。定義的困難向我們提示：「存在」不是某種類似於存在者的東西。傳統邏輯及其定義方式本來就是從古希臘存在論來的，雖然它在一定限度之內可以用來規定存在者（das Seiende），但根本不適用於規定存在（das Sein）。存在的不可定義性並不取消存在的意義問題，它倒是要我們正視這個問題。

　　3　「存在」或「是」是自明的概念。誰都懂得「天是藍的」、「我是快活的」等等。然而這並不表明我們已經理解了「是」或「存在」。倒不如說，我們向來已經生活在這個「是」裡：存在者是這是那，我們對這個

「是」或「存在」有所領會有所理解，但其意義卻隱藏在晦暗中。這就表明重新提出存在的意義問題是完全必要的。康德說，自明的東西，而且只有自明的東西，即「通常理性的隱祕判斷」，才是「哲學家的事業」。那麼，涉及哲學的基礎概念，尤其涉及「存在」這個概念，求助於自明性就實在是一種可疑的方法。

　　透過以上幾點考慮，我們已經明白：存在問題不僅尚無答案，甚至怎麼提出這個問題還茫無頭緒。所以，重提存在問題就要求我們首先充分探討一番這個問題的提法。

第二節　存在問題的形式結構

　　我們探討的是一個基本問題，甚或是唯一的基本問題。所以，我們必須整理出問題本身的結構。發問可以是「問問而已」，但也可以是明確地提出問題，就後者而言，只有當問題的各環節都已經透澈之後，發問本身才透澈。我們先看一下一個問題一般都包含哪些環節，然後透過比較，就可以明白存在問題的與眾不同之處何在了。

　　一個問題，首先包含問題之所問，例如：某個問題是關於光合作用的問題。這個光合作用的問題，總是透過某種事物提出的，例如：透過考察某種植物的葉子，這就是問題之所及。我們就這種葉子來考察光合作用。但我們為什麼要考察光合作用呢？或者為了證實某種生物學理論，或者為了培植一個新品種，而這才是發問的真正意圖所在，即問之何所以問。此外，發問還包含一個環節：發問本身是某種存在者即發問者的行為，所以發問本身就是這種存在者的一種存在方式。

　　無論我們尋問的是什麼，我們都事先從問之何所以問得到某種引導。在存在問題裡，問之何所以問是存在的意義。那麼，存在的意義已經在引導我們了。我們上節曾提示，我們對「是」和「存在」總已經有某種領會。只有出自這種事先的領會，我們才能進一步理解並最終形成明確的存在概念。我們問「是或存在」是什麼？這時我們已經棲身在對「是」和「在」的某種理

解之中，儘管這是一種平均而含混的理解，儘管我們還不能從概念上確定這個詞意味著什麼。

尋常對存在的領會和理解搖曳不定或者空泛流俗，但這種不確定其實是一種積極的現象。只不過，只有以成形的存在概念為指導，我們才能夠反過來闡釋通常對存在的含混理解。也只有到那時我們才會明白，正是我們自己的某些特定生存方式使得存在的意義變得含混晦暗。平均且含混的存在之理解之中又浸透著關於存在的傳統理論與意見，它們實際上是占統治地位的存在理解的源頭，不過這源頭始終暗藏不露。總之，存在問題所尋問的東西並非全然陌生，雖然在最初完全無法從概念上把握它。

在存在問題中，問之所問是存在。無論我們怎樣討論存在者，我們已經看到它是「存在」者了，所以，我們先已經對存在有所領會了。它之「是」存在者，即存在者的「存在」，這本身卻不「是」一種存在者。存在不是存在者。從一個存在者回溯到它由之而來的另一存在者，這種方式追溯不到存在。所以，我們必須找到一種特別的尋問方式，它單單適用於展示存在，本質上有別於對存在者的揭示。據此，問之何所以問，亦即存在的意義，也要求一種特殊的概念方式。

存在總是存在者的存在，所以，要尋問存在，就必須問及存在者，不妨說，要從存在者身上來逼問出它的存在來。但若要使存在者不經歪曲地給出它的存在性質，就須如存在者本身所是的那樣通達它。然而，我們面對形形色色的存在者，我們行為所及的，我們說到的，我們想到的，這一切都「是」個什麼，都「存在著」。我們自己的所是以及我們如何所是，這些也都「是」，都「存在著」。實在、持存、此在，這種種之中，都有存在。我們應當從哪種存在者掇取存在的意義？我們應當從哪種存在者出發，好讓存在開展出來？有沒有一種存在者具有優先地位？

通達存在者，理解其存在並形成概念，這些活動都是尋問的一部分，所以就是某種特定的存在者的存在樣式，是我們這些發問者的存在樣式。因此，澈底解答存在問題就等於說：著眼於發問的存在者本身的存在，使這種存在者透澈可見。尋問存在本身就是這種存在者的存在樣式，從而尋問原是

由問之所問即由存在規定的。我們用此在（Dasein）這個術語來稱呼這種會發問的存在者，稱呼我們自己向來所是的存在者。事先就此在的存在來對這種存在者加以適當解說，這是存在的意義問題所包含的應有之義。

　　然而，這樣一來，我們不是顯然墮入了一種循環嗎——先就存在者的存在來規定存在者，然後卻根據此在這種存在者才提出存在問題？在原理研究的領域中，人們動輒可以指責研究工作陷入了循環論證。其實，這種形式上的指責絲毫無助於理解事情的實質，反而妨礙我們突入探索的園地。何況，上述提法實際上並非循環論證。我們滿可以就其存在來規定存在者，同時卻不曾形成存在意義的明確概念。否則至今也不可能有任何存在論的認識了，因為迄今為止的一切存在論都把存在「設為前提」，只不過不曾把存在當作專題以明確形成存在的概念。以這種方式設為前提的是對存在的平均理解。我們自己就活動在這種平均理解之中，而且它歸根到底屬於此在的本質建構。這種「設為前提」完全不同於假設一個基本命題並由此演繹出一串命題。存在的意義問題不在於推導論證，而在於一步步展示，直至這個問題本身的根基顯露出來。所以，這裡根本不可能有什麼循環論證。只不過在這裡，發問活動在本質上與問之所問即存在相關，問之所問進一步或退一步關聯到發問者和發問本身。這是說：此在這種存在者同存在問題本身有一種與眾不同的關聯。然而，這樣一來，不是已經擺明了我們首先應該問及的存在者就是此在嗎？那麼，在存在問題中，此在具有優先地位，這一點已經初露端倪。

第三節　存在問題在存在論層次上的優先地位

　　上一節我們澄清了存在問題的形式結構。但只有對存在問題的作用、意圖與起因加以充分界說之後，存在問題的與眾不同之處才會充分呈現出來。

　　我們重新提出了存在問題。這個問題有什麼用呢？它也許只是對最普遍的普遍性所作的虛無縹緲的思辨，抑或它是最富原則性的又是最具體的問題。

　　存在總是某種存在者的存在。我們可以按照存在者的不同存在性質把存在者全體分成各門科學探索的專題領域，諸如歷史、自然、空間、生命、此在、語言之類。劃分科學領域，從事科學研究，這些都依賴於對不同存在性質的經驗和理解。從這些經驗和理解生長出來的「基本概念」始終指導著具體的研究工作。即使科學研究始終側重於實證，但科學進步卻主要不靠收集實證研究的結果，把這些結果堆積到手冊裡面，而主要靠對各個領域的基本建構提出疑問。我們日積月累，逐漸熟知各種專題對象，但我們往往需要一反常規，擺脫熟知的方式，才能對基本概念提出疑問。

　　我們透過修正基本概念推進科學的發展。一門科學在何種程度上能夠承受其基本概念的危機，這一點規定著這門科學的水準。在科學發生這些內在危機的時候，實證研究的研究方式和研究對象的關係發生動搖。當今，在各種不同學科中都有一種傾向醒覺起來，要把研究工作移置到新的基礎之上。

　　數學貌似最嚴格最穩固的科學，現在它陷入了「基礎」危機，展開了形式主義與直觀主義之爭，爭論如何保證以本原的方式通達這門科學的對象。物理學現在正試圖把自然本身固有的連繫如其「自在」的那樣提供出來。相對論就是這樣一種嘗試。它要為通達自然本身的道路提供條件，所以它試圖把一切都規定為相對性，藉以保全運動規律的不變性。這樣一來，它就和物理研究的對象結構問題，和物質問題發生了衝突。生物學原先有過機械論與活力論之爭，現在則要反過頭來深入到這些爭論背後追問究竟什麼是生命。在具有歷史學性質的人文科學中，透過傳統而直趨歷史現實本身的傾向日益強烈，文獻史應當成為問題史。神學則正嘗試著更原始地解釋人向上帝的存在，人們慢慢地重新理解到路德的見地——神學教條系統的基礎並非依賴於信仰問題，相反，信仰問題的概念方式倒是遮蓋、瓦解了神學問題。

　　只有先行對存在者的存在性質作一番透澈研究，才能使得指導各門實證科學的基本概念有根有據。這就意味著我們首先要按存在者的基本存在建構來解釋存在者。這項工作必須跑在實證科學前頭。它也能夠做到這一點；柏拉圖和亞里斯多德的工作為此提供了證據。這種奠基工作原則上有別於「邏輯」。「邏輯」力不從心地跟在科學研究後頭，按照一門科學的偶然狀況來

探索這門科學的「方法」。奠定基礎的工作是生產性的邏輯，它彷彿先行跳進某一存在畿域，率先展開這一畿域的存在建構，把贏獲的結構交給諸門實證科學。例如：哲學對歷史學的貢獻，主要不在於構造一種理論，適用於歷史學概念或歷史學知識或歷史學對象；首要的事情倒是闡釋人本身的歷史性。又例如：康德的純粹理性批判的積極成果也在於清理出一般地屬於自然的東西，而不在於一種知識「理論」。他的先驗邏輯是關於自然這一存在領域的先天的事質邏輯。科學對存在者之爲如此這般的存在者進行考察，於是科學一向已經活動在某種存在之理解之中。

我們這裡所說的哲學工作就是最廣意義上的存在論。實證科學在存在者層次上進行研究，與此相比，存在論研究要更加原始，因爲存在論研究存在者的存在。但若這樣的研究竟不首先澄清存在的一般意義，它本身就還是幼稚而渾噩的。存在論的任務在於非演繹地構造各種可能的存在譜系，顯然，這一任務要求我們先要對「我們用『存在』這個詞究竟意指什麼」有所理解。

所以，澄清存在問題不僅在於保障科學研究工作的先天條件，而且在於保障存在論本身的條件。可見，存在問題在存在論上具有優先地位。但這種專題理論上的優先地位並不是唯一的優先地位。

第四節　存在問題在實際存在層次上的優先地位

有人把科學定義爲眞命題的相互連繫的整體。這個定義既不完全也不中肯。諸種科學都是人或此在的活動，因而都包含此在的存在方式。科學研究既不是此在唯一的存在方式，也不是它最切近的存在方式。此在還有與別的存在者不同的其他存在方式。

從實際存在來看，此在的與眾不同之處在於：此在不僅僅「是」這樣那樣的存在者，而且它對它的這個「是」有所作爲，對它自己是什麼這件事本身有所作爲。它在其存在中與這個存在本身發生交涉。它是什麼，這一點只有隨著它去是的過程才對它自己開展出來。這又是說：此在在其存在中總

以某種方式對自身有所理解。對「是」的理解，包括在此在的「是什麼」之中。可以這樣總結這個與眾不同之處：此在在存在論層次上存在。這還不是說此在會進行存在論研究。如果是這個意思，那麼我們就不說此在在存在論層次上存在，而說此在先於存在論存在。另一方面，這又不是簡簡單單地意謂此在實際存在著，而是意謂此在以對存在有所領會有所理解的方式存在著。

此在以對它的是什麼有所作為的方式存在。這種存在，我們稱之為生存（Existenz）。我們無法透過列舉此在都是些什麼來規定這個存在者的本質。此在的本質毋寧在於：它是些什麼向來都有待於它自己去是。所以，我們選擇了此在這個名稱，表示人隨時隨地都要去是他的所是。這個名稱純粹就人去是他自己的情況，就此在的存在來標識這個存在者。

此在總是從它的各種可能性來理解自己。此在或者選擇了一種可能性，或者陷入了一種可能性。此在以抓緊或者耽誤的方式自己決定著生存。生存問題只有透過生存活動本身才能弄清楚。我們把這稱作實際生存中的理解或生存上的理解。生存問題是此在的實際存在層次上的「事務」，為此並不需要對生存的存在論結構作理論的透視。追問生存的存在論結構，目的是要解析生存是由哪些環節構成的。我們把這些環節的連繫叫做生存論建構。對生存論建構的分析就是生存論分析，這不同於生存上的理解。但是，只要生存規定著此在，此在的存在論分析就要求先對生存論建構作一番考察。反過來，生存論建構既然是此在的存在建構，生存論建構的理解就又繫於一般存在的意義問題。

對存在的領會和理解屬於此在本身的規定。然而，此在存在在世界之中。因此，對存在的理解就同樣原始地關涉到對世界的理解，關涉到對世界之內其他各種存在者的理解。這種理解又可以成為各種專題科學。各門科學，各種以其他事物為課題的存在論，都以此在自身的實際存在上的結構為基礎。而其他一切存在論所源出的基礎存在論（Fundamentalontologie）必須在對此在的生存論分析中來尋找。

由此可見，對存在問題來說，此在同其他一切存在者相比具有幾層優

先地位。第一層是實際存在上的優先地位：這種存在者是透過生存得到規定的。第二層是存在論上的優先地位：此在在存在論層次上存在。而作爲生存之理解的受託者，此在又同樣原始地包含有對一切非此在式的存在者的存在的理解。因而此在的第三層優先地位就在於：它是使一切存在論在實際存在上及存在論上都得以可能的條件。於是此在就攞明它在存在論上是先於其他一切存在者而首須問及的東西。

　　而生存論分析歸根到底在實際生存上有其根苗，也就是說，在實際存在上有其根苗。我們必須把哲學追問理解爲此在的一種實際存在上的可能性，才有可能進行生存論分析，從而才有可能著手討論一般的存在論問題。於是存在問題在實際存在上的優先地位也就顯而易見了。

　　早有人見到了此在的優先地位，雖然還不曾從存在論把握此在。亞里斯多德說：人的靈魂以某種方式是一切存在者；靈魂通過知覺和理解揭示著一切存在者。這個命題可以一直回溯到巴門尼德的存在論論點。後來湯瑪斯對此進行了頗具特色的討論。他推導出了諸種超越性質：存在的某些性質超出存在者的一切可能加以歸類的規定性之外，超出一切存在者的族類之外，同時卻又是無論什麼東西都必然具有的。同時他還闡明了眞理即是這樣的超越者。而要闡明這一切，就需要找到這樣一種存在者：無論前來照面的是何種事物，這種存在者都一定連同在此了。這種與眾不同的存在者就是靈魂。顯然，看到靈魂的這種優先地位絕不等於把天下萬有都惡劣地變成主觀的東西。

　　現在我們已經明瞭：對此在的存在論分析構成了基礎存在論，因而此在就是首須問及的存在者。更進一步，從闡釋存在的意義著眼，我們還特別注意到此在在其存在中向來已經對存在問題之所問有所交涉。所以，追問存在問題無他，只不過是廓清此在先於存在論就已經具有的存在之理解罷了。

第二章

本書的方法及章節安排

第五節　從此在分析到時間性闡釋

存在之理解不僅一般地屬於此在，而且它隨著此在當下的存在方式本身或成形或毀敗。因此，可以對存在之理解作出多種解釋。哲學、心理學、人類學、倫理學、政治學、詩歌、傳記、歷史，這些一直以形形色色的方式研究著此在的行止、才能、盛衰。這種種解釋在實際生存上也許都是原始的；但問題卻是：它們在生存論上是否也同樣原始？生存上的解釋和生存論上的解釋不一定比肩為伍，但也不互相排斥。如果我們了解了哲學認識的真義，那麼我們就會看到，生存上的解釋其實自己就在要求生存論分析。反過來，生存論分析又無非是把以上形形色色的實際生存理解梳理清楚。

然而，生存論分析怎樣確保通達此在的適當通道呢？上文已經證明了此在的優先地位。然而，這種優先地位可能會導致一種錯誤意見：彷彿這種存在者一定也是既在實際存在上又在存在論上首先給予的存在者。確實，此在在實際存在上是最切近的，因為我們自己就是此在。雖然如此，或恰恰因為如此，此在在存在論上又是最遠的。此在總已經對存在有所理解了，但這卻絕不等於說：我們可以把這種先於存在論的理解原封不動接過來，由此展開存在論的專題思考。實際上，此在倒首先傾向於從世界方面來理解自己。於是就出現了這種情況：對世界的理解從存在論上返照到對此在的解釋之上，而此在特有的存在建構對此在始終蔽而不露。此在在實際存在上離它自己

「最近」，在存在論上最遠，但在前存在論上卻並不陌生。

這些都構成了此在闡釋所面臨的獨特困難。這些困難來源於我們的專題對象的存在方式本身，來源於專題化本身，而非由於我們的認識能力天然就有缺陷，或由於我們暫時還欠缺一些概念方式，只需想辦法把它們補上就行了。

從否定的方面說，我們不可把任何隨意的存在觀念與現實觀念安到此在頭上，無論這些觀念是多麼「不言而喻」。從正面說，通達此在的方式必須使它能夠如其本身那樣顯現出來。也就是說，就此在的平均日常生活來顯示這個存在者。而我們提供出來的應該是此在的本質結構，無論此在實際上怎樣存在，其存在都由這些結構規定著。

我們的主導任務是解答存在問題。因此，我們並不打算建立某種哲學人類學，甚至也不打算為此提供完備的此在存在論基礎。我們的此在分析不僅不完備，而且最初還相當淺近。第一步是從日常生活的基本建構著眼，循序漸進地顯示出此在的存在來。這番準備工作僅僅把此在的存在提出來，而沒有闡釋存在的意義。我們這番準備工作的目的是嶄露藉以最原始地解釋存在的視野。一旦贏獲了這一視野，我們就將要求在更堅實的存在論基地上來重複準備性的此在分析工作。

到這裡，我們就將提出時間性，作為此在存在的意義。前此展示的此在諸結構將作為時間性的諸樣式重新得到闡釋。時間性之為此在存在的意義這一證明也由這一重新闡釋加以檢驗。把此在解釋為時間性，仍沒有為一般的存在意義問題提供答案，但卻為贏得這一答案準備好了地基。

我們曾提示，此在先於存在論就隱而不彰地對存在有所理解。而這種理解的視野就是時間。這樣來把握時間，我們的時間概念就和流俗的時間概念劃清了界限。流俗的時間理解沉澱在傳統的時間概念之中，自亞里斯多德直到柏格森，這種傳統時間概念不絕如縷。我們還要指出，對時間的流俗理解正源出於時間性。這樣一來，我們就明白了流俗的時間概念也自有其道理。這和柏格森的看法正相反，他以為流俗的時間概念所意指的其實乃是空間。

很久以來，人們就以「時間」為標準來區分不同的存在者。自然進程

與歷史事件是「有時間性的」，空間關係與數學關係是「非時間的」。說出命題的過程是「有時間性的」，命題的意義是「無時間性的」。再則，「時間性的」存在者與「超時間的」永恆者之間鴻溝相隔，難以交通。「有時間性的」向來說的只是存在「在時間中」的，而這個規定本身就很不清楚。在不在「時間中存在」為什麼就能成為區分存在領域的標準？這裡有沒有真切的見地？這類問題迄今還無人問津。而我們將以存在的意義問題為線索來表明：一切存在論問題的中心提法都有賴於對時間現象的正確解說。

如果我們確應從時間來理解存在及其種種衍化，那麼，我們也就可以表明存在本身的「時間」性質──而不僅僅是「在時間中」的存在者的「時間」性質。於是「時間性的」就不可能只等於說「在時間中存在著的」。「非時間的東西」與「超時間的東西」就其存在來看也是「時間性的」。只有進一步清理出存在的「時間性」（Zeitlichkeit）才可能為存在的意義問題提供具體而微的答覆。

因為只有著眼於時間才可能掌握存在，所以，我們不可能在一個獨立的命題裡找到存在問題的答案。把無論什麼命題人云亦云一番，最多是表達了某種「立場」，完全談不上什麼理解，和我們探討問題的方式可說是南轅北轍。我們的答案「新」或「不新」無關宏旨，那始終是事情的外在方向。積極的東西倒是在於這個答案足夠古老，這樣才使我們能學著去理解「古人」已經準備好了的種種可能性，在已經開放的視野內，使具體的存在論研究得到提示。所謂答案，不過如此。

如果真是這樣，那麼，迄今為止的存在論曾怎樣發問、怎樣發現、怎樣拒斥，這裡面都有此在的何種天命，這些都將從這個答案本身進入我們的視野。只有這樣，我們才能把存在問題的答案充分提供出來。

第六節　解構存在論歷史的任務[1]

　　一切研究都是此在的一種實際存在上的可能性，更不待言環繞存在這一中心問題的研究了。此在的存在在時間性中有其意義。時間性是歷史性之所以可能的條件，而歷史性則是此在本身的時間性的存在方式。歷史性指此在的演歷。歷史性這個規定發生在世界歷史之前。有此在，才有世界歷史。此在一向如它已曾是的那樣存在並作爲它已曾是的東西存在。此在總是它的過去。這不僅是說，它的過去有時還在它身上起作用，或在後面推著它。大致說來，此在是從它的將來方面演歷的，它從將來方面理解自己並去是它自己。而去是它自己，就是生長到一種承襲下來的此在解釋中去。它自己的過去──而這總是說它的同代人的過去──並不是跟在此在後面，而是向來已經走在它的前頭。

　　這種基本的歷史性可能對此在自己還諱莫如深。但它也可能以某種方式被揭示並得到培養。揭示傳統、培養傳下來的內容，都可能成爲獨立的任務。歷史學就是其一。但是歷史學之所以可能，只因爲此在基於它的存在就是被歷史性規定的。另一方面，沒有歷史學並不證明此在沒有歷史性；沒有歷史學，這作爲此在存在建構的殘缺樣式，倒是此在具有歷史性的證明。一個時代只是因爲它是有歷史性的，才可能是無歷史學的。

　　對存在的追問本身就是以歷史性爲特徵的。這裡面就包括，這一追問要去追究這一追問本身的歷史。要解答存在問題，就必須積極地將過去據爲己有，從而才能充分占有最本己的問題。要追問存在的意義，適當的方式就是從此在的時間性與歷史性著眼把此在解說清楚，於是這一追問就由它本身所驅使而把自身理解爲歷史學的追問。

　　日常此在也具有歷史性。此在不僅傾向於從它處身其中的世界來解釋自己，而且此在也沉陷於或多或少明白把握了的傳統。傳統奪走了此在自己的

---

[1]　本節加以概述的任務應由原計畫寫但未寫出的第二部完成。

領導、探問和選擇。流傳下來的不少範疇和概念本來曾以真切的方式從原始的源頭汲取出來，傳統卻把它們變作不言而喻的東西，使它所傳下的東西難於接近，竟至於堵塞了通達源頭的道路，甚至使我們忘掉了這樣的淵源，不再能夠理解為什麼必須回溯到淵源。傳統把此在的歷史性連根拔除，竟至於此在只對哲學活動的五花八門的類型、走向、觀點感到興趣，依這類興趣活動於最疏遠最陌生的文化，試圖用這類興趣來掩藏自己的沒有根基。結果，此在無論對歷史學多感興趣，它仍然理解不了那些唯一能使我們創造性地占有過去的根本條件。

　　第一節已經顯示，存在的意義問題已被遺忘。希臘存在論透過形形色色的分流與扭曲直到今天還規定著哲學的概念方式。無根的希臘存在論在中世紀變成了固定教材。在接受希臘對存在的基本看法的限度內，中世紀的系統化工作還是做出了不少初拙的成績。希臘存在論的本質部分透過蘇阿列茲的形而上學論辯，過渡到近代的「形而上學」和先驗哲學，並且它還規定著黑格爾《邏輯學》的基調和目標。在這個歷史過程中，某些存在領域，例如：笛卡兒的我思、主體、我、精神、人格，也曾映入眼簾；但同時，人們從沒有追問過它們的存在結構。人們反而把傳統範疇加以形式化，加到主體之上，作為對主體的純粹消極的限制。到了黑格爾那裡，存在論甚至被降低為只不過有待重新加工的材料，同時又為了從存在論上對主體的實體性作出解釋而乞靈於辯證法。

　　於是，我們需要把硬化了的傳統鬆動一下，需要把由傳統作成的一切遮蔽打破。我們將以存在問題為線索，把古代存在論傳下來的內容解構成一些原始經驗——那些最初的、以後一直起著主導作用的存在規定就是從這些原始經驗獲得的。然而，我們絕不是要把存在論立場惡劣地變成相對的東西，也不是要擺脫或埋葬存在論傳統。這種解構工作要標明存在論傳統的限度，從而反倒會標明傳統的各種積極的可能性。我們的任務不是否定地對待過去，它的批判針對今天，針對存在論歷史上占統治地位的處理方式。它的目的是積極的，它的否定作用始終是間接的。

　　本書的目的是從原則上廓清存在問題本身。所以，解構存在論歷史的工

作只涉及具有決定意義的一些處所。我們的首要問題是：在存在論歷史上，誰曾明確把存在問題同時間現象結合在一起討論？曾經向時間性這一度探索了一程的唯有康德。只有從時間問題著眼才能透視圖型說的晦暗之處。但時間問題和圖型說的連繫同時對康德也是禁地，而康德也知道自己已闖入一片晦暗。我們在後面的分析中稱作「時間狀態」的那些現象恰恰是通常理性的最隱祕的判斷，也就是康德所稱的「哲學家的事業」。

本書的第二部將試圖解釋圖型說並由此出發去解釋康德的時間學說。我們將說明為什麼康德終究無法窺時間問題之堂奧。有兩重因素妨礙了他。一是他一般地耽擱了存在問題。與此相關聯，在他那裡沒有以此在為專題的存在論；用康德的口氣說，就是沒有先行對主體之主體性進行存在論分析。就此而論，康德教條地繼承了笛卡兒的立場，雖然他在某些本質方面多少有所推進。另一重因素在於：儘管康德已經把時間現象劃歸到主體方面，但他對時間的分析仍然以流傳下來的對時間的流俗理解為準，這使得康德終究不能把「先驗的時間規定」這一現象就其自身的結構與功能清理出來。由於傳統的這種雙重作用，時間和「我思」之間的決定性的連繫就仍然隱藏在一團晦暗之中，甚至根本就沒有形成為問題。

康德耽擱了此在的存在論，這是從笛卡兒那裡繼承下來的。就笛卡兒而言，那是決定性的耽擱。笛卡兒發現了「我思故我在」，就認為已為哲學找到了一個可靠的新基地。但他在這個「基本的」開端處沒有規定清楚的正是這個思者的存在方式，說得更準確些，就是「我在」的存在的意義。我們第二步的解構工作就是要把「我思故我在」的未曾明言的存在論基礎清理出來，從而也就表明，為什麼笛卡兒會認為既然我思絕對確實，就可以不管思者的存在意義問題，因此不可能不耽誤存在問題。

笛卡兒不止於沒有從存在論上規定思者，他還把中世紀的存在論加到他設立為「不可動搖的基礎」的那個存在者身上。思者從存在論上被規定為物。而對中世紀的存在論來說，物即受造物。受造乃是古代的存在概念的一個本質內容。笛卡兒的新開端，拆穿了，卻是在培植一個不祥的成見，後世就是從這個成見出發才繼續耽擱了心靈的存在論分析。

　　笛卡兒「依附於」中世紀經院哲學，使用的也是經院哲學的術語，這是任何熟悉中世紀的人都看得出來的。不過，知道這個事實，並不等於明白了中世紀存在論對後世產生了多麼深遠的影響，以致後世始終未能從存在論上對思者作出規定。要對這種影響作出估價，就首須以存在問題爲準來指明古代存在論的意義與限度：古代對存在者之存在的解釋是以最廣義的「世界」或「自然」爲準的，而且事實上是從「時間」取得對存在的理解的。關於此點的外部證據——誠然也只有外部證據——就是：存在的意義被規定爲「在場」。這就是說：存在者是從「現在」這一時間樣式得到理解的。

　　希臘存在論的成問題之處和任何存在論成問題之處一樣，必須從此在本身覓取線索。通常都把此在或人定義爲會說話的動物。說總是交談，是往復辯證，因而在柏拉圖時期形成的古代存在論就變成了「辯證法」。亞里斯多德更爲深入地探討了「說」的現象，從而把辯證法置於一個更澈底的基地上並揚棄了它。說到某事，就是使它來到當前。眞正的存在者就是來到當前的存在者，所以存在者的存在被理解爲在場了。

　　希臘人雖然從時間來理解存在，卻並不曾了解時間的基礎存在論的功能。相反，他們把時間本身當作與其他存在者並列的一個存在者。本書不可能詳細闡釋古代存在論的基礎，只能對亞里斯多德《物理學》論時間的部分作一點解釋。古代存在論在亞里斯多德那裡形成最高最純粹的科學，他關於時間的著述可以用來判別古代存在學說的根基與限度。而且，亞里斯多德對時間現象的解釋基本上規定了後世所有人對時間的看法，包括柏格森的看法在內。康德對時間的看法就是在亞里斯多德的框架內打轉的；這就是說，不管康德對問題的提法與前人有多少不同，其存在論的根本方向依然是希臘式的。

　　只有透過一步步解構存在論傳統，存在問題才會眞正變得具體而微。然而，在這一園地中，正如康德所說，「事質本身是深深掩藏著的」。在這裡，任何探索工作都要防止過高估計自己的成果。因爲，隨著對存在的追問不斷向前驅迫，很可能有一片更其原始更其浩瀚的視野開展出來。不過，我們首先須得重新喚起存在問題，開闢一片園地，開始在那裡展開可加控制的

爭論，這樣才有希望收穫積極的成果。

第七節　探索工作的現象學方法

　　本書的專題對象是存在者的存在，或一般存在的意義。存在論的任務原是從存在者嶄露出存在，解說存在本身。這裡，我們是在很廣的形式上的含義下使用存在論這個術語的。它說的不是某一門確定的哲學學科，立在其他林林總總的學科之中。我們並未事先給定一門學科，相反，只有從課題自身的必然性出發，從「事情本身」所要求的處理方式出發，才能夠形成這樣一門學科。所以，要從傳統存在論那裡討教存在論的方法，就頗成疑問。

　　存在的意義問題是哲學的基本問題。處理這一問題的方法是現象學方法。「現象學」這個詞本來意味著一個方法概念，而非某種「立場」或「流派」。它描述的不是哲學都研究哪些對象，而是如何進行哲學研究。而一種方法愈眞切、愈廣泛地規定著一門科學的基調，它也就愈原始地植根於對事情本身的分析之中，愈遠離所謂技術手法，雖說即使在理論學科中，我們也會用到不少技術手法。

　　胡塞爾提出「面向事情本身！」這句話把現象學的原理表達出來了。這句座右銘反對虛構與偶發之見，反對採納未經切實證明的概念，反對任何僞問題——雖然它們往往一代復一代地大肆鋪張其爲「問題」。人們也許會反對說，這一座右銘原就不言自明，而且是任何科學認識都具有的原則。那麼，就讓我們來更切近地考察一下現象學所特有的「自明性」。這番考察對闡明本書的進程頗爲重要。

　　據認爲，現象學這個詞產生於沃爾夫學派；不過，這個詞本身的歷史在這裡無關宏旨。從外形上看，現象學就像神學、生物學、社會學這些名稱一樣，因此似乎是指關於現象的科學。是這樣嗎？現象學（Phaenomenologie）這個詞由兩個片語成：現象和邏各斯。我們將分別說明這兩個詞各自意指什麼，然後把這個複合詞的意義確定下來，由此初步對現象學作出規定。

a.現象的概念

　　「現象」這個術語來自希臘詞 φαινόμενον，這個詞又從動詞 φαινεσθαι 派生而來。這個動詞的意思是：顯示自身、顯現。這些詞的詞根 φα 的意思是：光明。因此，φαινόμενον 等於說：進入光線之中而顯示著自身的東西，就其自身顯示自身者，顯現者，公開者。希臘人有時乾脆把現象和存在者視為一事。

　　按照通達存在者的不同方式，存在者又可以透過種種不同的方式從其自身顯現。甚至它可能作為它本身所不是的東西顯現。這種顯現可以稱為顯似，只是「看上去像」。所以，在希臘人那裡，現象也包括：看上去像是的東西，貌似的東西，假象。要進一步理解現象概念，全在於看到就其自身顯示自身者與假象這兩種現象概念的相互連繫。唯當某種東西冒充顯現自身者，它才可能「看上去像……」，才可能作為它所不是的東西顯現。所以，假象的存在依賴於顯現自身者或真實的現象，而假象因此就是現象的褫奪性變式。

　　人們還在另外一種含義上使用「現象」，例如：症候。症候呈報身體裡的某種失調，而失調本身並不顯現。症候顯現出來，呈報某種不顯現自身的東西。這時，現象顯現的不是自身，是「某種東西的」現象。我們可以把這種現象稱作「現相」。現相也不是就其自身顯現。但這個「不」與假象的那個褫奪性的「不」有別。現相背後不呈現的東西不可能作為假象出現。現相雖不同於現象，但它像假象一樣依賴於現象。我們說，現相呈報某種自身不顯現不現象的東西，它是這種東西的現象，這種說法已經把現象概念設為前提了。然而，人們通常卻倚重現相概念來批判現象學的現象概念，結果這種「批判」首足倒置，也就無足深怪了。

　　人們混淆現相和真切的顯現即現象，這是第一層混亂。而「現相」本身又一會兒標識對自身不顯現的東西的呈報，一會兒標識呈報者本身，這是第二層混亂。此外還有第三層混亂。人們有時這樣理解現相：彷彿它從自身不顯現的東西那裡輻射出來，而那自身不顯現的東西則本質上不可能顯現，於是，呈獻出來的東西就永不構成呈獻者的本真存在；相反，它倒恰恰把呈獻

者掩藏起來。顯然，這種掩藏又有別於假象的掩藏。這就是康德所說的「單純現象」。在康德看來，現象只是「經驗直觀的對象」，即在經驗直觀中顯現的東西。這種顯現者原是眞實而原始的意義上的現象，但康德卻同時把它理解爲從隱藏在現象背後的東西那裡發出的輻射。

上面說到，顯現者可能只是看上去如此這般，這時，現象就蛻變爲假象。同樣，現相也可以變爲純粹假象。在某種特定光線下，某個人可能看上去雙頰赤紅，這是發燒的假象，而發燒又呈報出身體失調。

現相和假象以形形色色的方式植根於現象。這些錯綜複雜的連繫把人們引入混亂。要廓清這些混亂，我們一開始就必須堅持把現象理解爲「就其自身顯現其自身者」。現相意指不同存在者之間的現成連繫。而只有當呈報者所呈報的就是自身，當它是就其自身顯現著的現象，它才成爲存在者的特具一格的照面方式。

如果我們的現象概念對何種存在者是現象不加規定，對現象究竟是某種存在者還是這種存在者的某種存在性質不加規定，那麼我們獲得的只是形式上的現象概念。如果我們認識到可以透過康德意義上的經驗直觀來通達現象即顯現自身者，那麼我們形式上的現象概念倒是得到了正確的運用。但這仍停留爲流俗的現象概念，還不是現象學上的現象概念。我們必須先了解形式上的現象概念，正確運用這一概念，才能理解現象學的現象概念。不過，現象學的現象概念是和邏各斯連在一起的，所以，我們還須解釋邏各斯的含義，才能夠弄清楚現象學究竟在何種意義下能夠成爲「關於」現象的「科學」。

b.邏各斯的概念

人們認爲，在柏拉圖與亞里斯多德那裡，邏各斯具有多重含義，這些含義相互抗爭，沒有哪一種起主導作用。這只是假象。邏各斯的基本含義是話語。不過，如果我們不曾恰當地規定「話語」這詞本身說的是什麼，這不過是一種字面上的翻譯。後世哲學把邏各斯解釋爲：理性、判斷、概念、定義、根據、關係。「話語」怎麼竟能變出這麼多種模式？即使把邏各斯理解

爲判斷和命題，仍可能錯失了邏各斯的基本含義。我們若依照當今的「判斷理論」來理解「判斷」，那情況就尤其不妙。因爲人們把判斷理解爲「評判」，理解爲選取一種認可或反對的態度。邏各斯肯定不是這種意義上的判斷。

Λόγος 作爲話語，說的是把話題所及的東西公開出來。亞里斯多德把話語的功能更精細地解說爲 apophantisch。這個希臘字從詞源上說是從某個方面藉助亮光把某種東西照亮，從而引申出作決定下判斷的意思。所以後世認爲亞里斯多德首創「話語即判斷」的學說。其實亞里斯多德是在更原始的意義上使用這個詞的，說的是「話語即（在連繫中）顯示某種東西」，話語有所展示。邏各斯讓人看話語所談及的東西。讓人看就是讓參與談話的人來看，讓他從某某方面來看。在眞切的交談中，話語就讓交談者從話題所及的東西本身方面來看。這時，談話本身由話語所涉的事質引導著，從而話語才能把所涉的東西展示出來，使他人也能夠通達它。各種話語有各種展示方式。請求的展示方式不同於陳述的展示方式，但它仍以自己的獨特方式公開出了某種東西。

當然，話語是以付諸語詞付諸音聲的方式加以展示。然而，並非發出語音就是話語。話語以向來已有所見的方式發出語音。

付諸語詞，這就使話語具有綜合的形式。話語把某種東西放在連繫之中展示出來，把某種東西作爲某種東西來讓人看。所以，綜合在這裡根本不表示表象的連結，或對心理活動進行調整。人們陷入這類看法，還煞有介事地提出這樣的「問題」來：內在的心理內容怎樣才能和外部的物理對象相符合？

「符合論」是虛構的眞理概念。唯因邏各斯是讓人來看，所以它才可能是眞的或假的。眞理的原始意義是去除掩蔽。話語能是「眞的」，這在於它把話題所及的存在者從其掩蔽之中取出來，讓人把它當作去除了掩蔽的東西來看。同樣，「假的」話語就是欺騙，是遮蔽這一意義上的欺騙：讓人來看一種東西，卻把另一種東西放到它前面，把它擋住，使它作爲它所不是的東西呈現出來。

這樣來理解「真理」和話語，我們就不可能把話語當作真理的原初「處所」。如今人們習以為常，認為真理屬於判斷，還為此援引亞里斯多德。這種援引並無根據。更重要的是，這種看法誤解了希臘的真理概念。在希臘人那裡，「真」是對某種東西的素樸感性覺知，它比邏各斯還要原始。每一種知覺都有自己的專門領域，每種存在者天生只有通過它才可通達，看司顏色形狀，聽司音響節拍。只要一種覺知以它的專司為目標，例如：看以顏色為目標，那麼，這種覺知總是真的。我們把希臘詞 νοειν 譯作理性。其實在希臘人那裡，νοειν 也是一種素樸的覺知：覺知存在者之為存在者這種最簡單的存在規定性。純粹 νοειν 是最純粹最原始意義上的真。它絕不可能是假的，充其量它只是不覺知，即不足以提供素樸的適當的通路。

如果揭示超出這種素樸形式，在展示過程中回溯到另外某種東西，從而讓人把某種東西作為某種東西來看，那麼，在這樣一種綜合結構裡就有蒙蔽的可能性。「判斷之為真」只是這種蒙蔽的反例而已，所以也就是和原始之真隔了好幾重的真理現象。實在論與唯心論都同樣徹頭徹尾錯失了希臘的真理概念，結果人們從希臘的真理概念所了解到的竟只是把「理念學說」之類當作了哲學認識。

因為邏各斯像 νοειν 一樣，素樸地讓人來看某種東西，讓人覺知存在者之為存在者，所以邏各斯能夠被理解為理性。邏各斯不僅表示言談，而且表示言談之所及。而言談之所及就是一切言談依以為根據的東西，所以邏各斯又能夠被理解為根據。最後，我們總是因某事而談及某事，所以，言談之所及必定在與其他事情的關係中才變得明白可解，於是，我們又把邏各斯理解為關係與相關性。凡此種種，這裡無暇細究。我們所要做的，只是從原則上了解邏各斯的原始含義乃是「有所展示的話語」。

c.現象學

前面對「現象」與「邏各斯」的初步解釋應能讓我們看到兩者之間的內在關聯了。把兩者連繫在一起，現象學說的就是：讓人從顯現的東西本身那裡如它從其本身所顯現的那樣來看它。這句話所表述的，無非就是前面引用

過的座右銘：「面向事情本身！」

　　所以，「現象學」這個名稱實不同於「神學」之類的名號。「現象學」並不稱謂其研究對象，而只是告訴我們如何展示其對象。無論我們所要討論的是什麼，我們都必須以直接展示的方式加以描述。所以「描述性的現象學」這個用語其實是恆眞句。不過，我們所謂描述和植物形態學之類的處理方法不同，現象學的「描述」含有一種禁忌意義：不允許不加展示就下定義。描述性本身就是邏各斯特有的意義：從被描述的東西的實是出發，從現象實情出發進行描述。凡是如存在者就其本身所顯現的那樣展示存在者，我們都稱之爲現象學。

　　上面我們從形式上對現象學作了界定。但若我們不準備停留在形式上，我們就必須區別現象學的現象概念與流俗的現象概念。現象學要「讓人來看」的是什麼？什麼東西依其本質就應在與眾不同的意義上稱爲「現象」？顯然，這種東西首先和通常恰恰不顯現，但同時又從本質上包含在首先和通常顯現著的東西之中：它構成這些東西的意義與根據。

　　這個在不同尋常的意義上隱藏不露的東西，或又反過來淪入遮蔽狀態的東西，或僅僅以僞裝方式顯現的東西，卻不是這種那種存在者，而是存在者的存在。存在可以被遮蔽得如此之深，乃至存在被遺忘了，存在及其意義的問題也無人問津。然而，現象學作爲一種方法所要應用於其上的，正是這個已被遺忘的存在。現象學是探討存在論研究對象的方法。無論存在論以什麼爲課題，它都必須透過展示方式亦即現象學方式來規定這種東西。存在論只有作爲現象學才是可能的。

　　存在者的存在就是現象學的現象。在這種現象「背後」，絕沒有什麼別的東西，什麼自身不呈現的東西。然而，應得成爲現象的東西仍可能隱藏不露。恰恰因爲現象首先和通常是未給予的，所以才需要現象學。遮蔽狀態是「現象」的對立概念。存在及其結構是從掩蔽之中爭得的。我們必須穿越占據統治地位的掩蔽狀態才能通達本原的現象。誰要以爲無須穿越艱苦的征途，隨隨便便四下一看，看到的自然就是本原的現象，那他不過是暴露出了自己的幼稚粗陋而已。

　　現象可能有各式各樣的掩蔽方式。有時現象還根本未經揭示，關於它談不上認識也談不上不認識。現象可能曾被揭示，但又淪入遮蔽狀態。它可能被嚴絲合縫地遮蔽起來；但常規的情況是還看得見它，然而卻是作爲假象才看得見。僞裝是最經常最危險的遮蔽，因爲它格外具有欺騙性，頑固地把我們引入歧途。然而，有多少假象，就有多少「存在」。假象既然「是」假象，它就「是」，就「存在」。假象固然也能爲研究工作提供線索，但必須謹愼追索假象所從出的基礎。唯有在黑格爾那種「哲學體系」之中，只要存在，就自有一席地位，無須加以展示就獲得了規定，甚至成爲一系列演繹的出發點。

　　有偶然的遮蔽，也有必然的遮蔽。後者來自被揭示者自身的存在方式。我們從源頭汲取現象學的概念與命題，然而，它們一旦流傳開來，無不可能蛻化，透過人云亦云而變爲飄浮無據的觀點，或乾脆僵化而變得不可索解。正因爲現象學的具體工作面臨這種危險，所以我們必須在積極的意義上要求現象學研究對它自身抱有批判性。

　　到此，我們已經界定了「現象的」和「現象學的」。以現象的照面方式給予的以及可用這種方式解說的，稱之爲「現象的」，例如：我們說「現象的結構」。而所有屬於展示方式、解說方式、概念方式的東西，則都叫做「現象學的」。

　　現象學的現象是存在，而存在向來是存在者的存在。所以，若要讓存在顯現，就先須以正確的方式提出存在者本身。前文提出的基礎存在論已把此在設立爲自己的課題。此在自身之中包含有對存在的理解。通過此在這一存在者展示其存在，無非是對向來屬於此在的存在之理解加以詮釋。此在的現象學就是詮釋學（Hermeneutik）。詮釋學意在整理出存在的意義與此在基本結構的意義。但做到了這一點，我們也就爲進一步對非此在式的存在者進行存在論研究提供了視野。這就形成了另一重意義上的詮釋學——整理出一切存在論探索的條件。最後，此在的本質在於生存，與此相應，詮釋學就具有第三重意義：它是對生存論建構的分析。從哲學上來理解，這重意義是首要意義。只因爲詮釋學透過生存論分析構建起了此在的歷史性，才可能有歷

史學。所以，狄爾泰等人的「詮釋學」，即具有歷史學性質的人文科學的方法論，是從詮釋學的第三重意義中派生出來的。

存在論與現象學不是兩門哲學學科，和其他哲學學科比肩並列。它們從對象與處理方式兩個方面描述哲學本身。哲學就是現象學存在論。它從此在的詮釋學出發，透過對生存的分析而把一切哲學發問都固定在這些發問所從之出且向之歸的處所之上。

存在與存在的結構超出存在者層次的一切規定性之外。存在道道地地是超越者。此在存在的超越性是一種與眾不同的超越性，因為其中有最澈底的個體化。對存在的一切展示都是超越的認識。現象學的真理乃是超越的真理。

現象學以胡塞爾的《邏輯研究》開山。下面的探索都是在胡塞爾奠定的地基上展開的。我們已指出，現象學並非只作為一個哲學流派才是現實的。可能性高於現實性。唯當我們把現象學理解為可能性，我們才真正理解了現象學。

第八節　本書綱目

存在的意義問題是最普遍最空泛的問題。但這個問題卻也可能從最根本處個別化為每一此在自己的問題。存在概念的普遍性不排斥探索工作的特殊性；我們將透過對此在的詮釋突入存在概念。但此在是「歷史的」存在者，所以，對此在的詮釋必然是一種「歷史學的」詮釋。於是，本書分成兩個部分：第一部依時間性闡釋此在，解說時間之為追索存在問題的視野；第二部依時間狀態為指導線索對存在論歷史進行現象學解析。

第一部分成三篇：1.準備性的此在基礎分析；2.此在與時間性；3.時間與存在。

第二部同樣分為三篇：1.康德的圖型說和時間學說；2.笛卡兒的「我思我在」的存在論基礎以及「思執」這一提法對中世紀存在論的繼承；3.亞里

斯多德論時間——古代存在論的現象基礎和界限。[2]

　　在結束導論之前，我們還應當作一個注解。本書的遣詞造句委實相當笨拙，有欠優美。講述存在者的故事是一回事，而在其存在中把握存在者是另一回事。說到前者，我們可以讀一讀修昔底德。說到後者，我們可以拿柏拉圖〈巴門尼德篇〉中關於存在論的段落和亞里斯多德《形而上學》第七卷第四章爲例。兩者的差別顯而易見。對後一項任務來說，不僅往往缺乏詞彙，而首先是缺乏「語法」。希臘的存在分析水準是無可比擬的，而希臘哲人期待其同胞來理解的則是那樣繁難的表述方式眞是聞所未聞。我們的力量較爲薄弱，而我們面對的存在領域遠比希臘人所面對的來得艱難。在這種情況下，概念構造不免更其繁冗，表達也不免更其生硬。

2　海德格當時僅出版了此計畫第一部分的第一、第二篇。此後也未能完成預定的寫作計畫。海德格曾在 1975 年整理出版的《現象學的基本問題》（1927 年夏季學期馬堡大學講課稿）導言部分的一個注釋中指出，這部手稿可視為《存在與時間》未完的第一部分第三篇的底稿。至於《存在與時間》第二部分的基本內容，按照作者自己在本書德文第 7 版序言中所說，可參看作者 1953 年出版的《形而上學導論》。

第一部

—————————— 此在、時間、存在

第一篇　準備性的此在分析

　　本篇將首先對我們的此在分析作一總括的解說，以便和種種貌似與它平行的探索工作劃清界限（第一章）。在確定了探索工作的開端之後，就須得對此在的基礎建構即「在世界之中存在」進行剖析。「在世界之中存在」是一整體結構，即使我們從這一結構的某一環節著眼分析的時候，仍須始終保持整體的眼光。所以我們在進入對各環節的闡釋之前，將先初步分析「在之中」這一環節，以此作為示範，說明怎樣從整體著眼來對某一環節進行闡釋（第二章）。有了這一示範，我們就可以分別闡釋「在世界之中存在」的三個主要環節了，那就是：世界之為世界（第三章）；在世者為誰或日常生存中的此在是誰（第四章）；「在世界之中」的方式，或「在……之中」本身的建構（第五章）。透過對這些環節的分析，我們將初步提示出此在的整體存在即是操心（第六章）。

第一章

概說準備性的此在分析

第九節　此在分析的課題

　　我們所要分析的是此在。這一存在者對自己的存在有所作為。此在是什麼，這依賴於它怎樣去是，怎樣去是它自己，依賴於它將是什麼。就是說，它是什麼，必須從它怎樣去是來理解。怎樣去是，先於是什麼。如果使用傳統存在論的術語，就可以說，存在（existentia）先於本質（essentia）。我們在這個意義上，挑選「生存」（Existenz）這個用語來稱呼這種存在者的存在。

　　然而，Existenz 和 existentia 在存在論歷史上差不多一直用來標識現成存在。現成存在和具有此在性質的存在者的存在方式了不相干。為了避免混亂，我們將始終用「現成存在」來代替傳統上所說的「存在」，而把「生存」這個名稱專用於此在，用來規定此在的存在。此在在其存在中有所領會有所理解地對這一存在本身有所作為──這一點提示出了形式上的生存概念。

　　此在的「所是」或「本質」在於它的生存。所以，此在的各種性質都不是它的現成屬性，而是它去存在的種種可能方式。因此「此在」這個名稱不像「桌子」或「樹」這樣的名稱，「此在」並不表達這個存在者是什麼，而是表達它怎樣去是，表達其存在。此在就是它的可能性，它作為它的可能性存在。並非它已經現成存在好了並且還有這樣那樣的可能性，而是此在的本質就由它可能怎樣存在規定著。所以此在可以選擇自己、獲得自己，也可能

失去自己。只因爲此在有可能去是它自己，它才可能失去自己，或還沒有獲得自己。此在立足於自己本身生存，我們稱之爲「本眞生存」。反之就是非本眞生存。非本眞存在並不意味著較少存在或較低存在。非本眞狀態反而在忙碌、激動、嗜好中規定此在。

　　我們所要分析的存在者總是我們自己。然而，此在向來生存在本眞狀態與非本眞狀態之中，或生存在這兩種樣式未經分化的狀態中。此在之所以可能本眞生存，這是由於此在根本上屬於我自己。正因爲這樣，我們才會經常使用「自己」、「自己本身」、「本眞」、「本己」這些詞彙。此在對自己的存在有所作爲。而它對之有所作爲的那個存在，總是我的存在。因而我們永遠不可以把此在理解爲某種現成存在者族類中的一員。對現成存在者來說，它怎樣存在無關緊要。更確切說，它怎樣存在對它來說既不可能有關緊要又不可能無關緊要。

　　上面勾畫出了此在的兩種基本性質：一是它的存在優先於本質，一是此在向來屬於我自己。這兩種性質是連繫在一起的。此在是我的此在，此在怎樣存在，對此在來說不是無關緊要的，它在其存在中就對它的存在有所作爲。

　　這兩種性質同時提示，我們面對的是一個獨特的現象領域。如何正確入手提出此在這種存在者就已經遠不是不言而喻的。可以說，入手方式本身就構成了分析工作的一個本質部分。無論對此在的分析如何淺近，也總要求確保正確的入手之處。此在總是從自己所是的某種可能性來規定自己的。然而這卻不是說，要用某種特殊的生存觀念來構造此在。此在分析在最初恰恰不應從某種差別相入手，而要從日常生存的平均狀態或無差別相入手。正因爲日常生存構成了此在最切近的生存方式，所以人們在解說此在的時候就一再把它跳過去了。這種實際存在上最爲熟知的東西，在存在論上卻是最陌生的，最容易漏過去的。奧古斯丁自問：誰能揭開這個疑案？這時他不得不回答說：我自身成爲我辛勤耕耘的田地。這段話提示：我們不可以錯過此在最切近的存在方式，而要透過正面的描述通達之。

　　日常生存的這種無差別相是此在的一種積極的現象性質。此在的日常

狀況不單單是它的一個方面，這裡先天地具有全部生存論結構。凡在實際存在上以平均方式存在的東西，在存在論上都可以透過適切的概念結構加以把握，而這些結構同此在本真生存的存在論結構並無分別。

　　我們的此在分析著眼於此在的生存結構，我們所要做的是此在的生存論分析。這種分析獲得的是此在的生存論性質，必須嚴格區別生存論性質和範疇，範疇是非此在式的存在者的存在規定。古代存在論解釋存在的時候，一直把這類存在者當作基本樣本。「範疇」這個詞是從希臘詞 κατηγορεισθαι 來的。這個動詞的原初含義是：公開告發，當大家的面責問一個人。用在存在論上就是說：彷彿是責問存在者，責問它以何種方式存在，讓大家就其存在看到存在者。於是，在通達存在者的時候，其存在先就變成可理解的了。所以，「範疇」概括了這樣說及的存在者的一切先天規定。生存論性質與範疇乃是兩類不同的基本存在性質。前者涉及生存，後者涉及最廣義的現成狀態。與這兩者相應的存在者所要求的發問方式一上來就各不相同：存在者是誰，還是什麼？至於這兩種方式之間的連繫，則只有先澄清了存在問題，才能討論清楚。

　　要能夠從哲學上對「人是什麼」這一問題進行討論，就必須識見到某種先天的東西。剖明這種先天的東西也是我們的迫切任務，其迫切性較之存在問題本身的迫切性殆無遜色。此在的生存論分析就旨在剖析這些先天的東西。這卻完全不等於先天論的虛構。透過胡塞爾，我們不僅重新理解到哲學「經驗」的真正意義，而且學會了使用解決這個問題所必需的工具。只要一種哲學是科學的哲學而對其自身有所理解，「先天論」就是它的方法。正因為先天論和虛構毫不相干，所以先天的研究要求我們妥善地準備好現象基地，這就是對此在的日常生存的分析工作。這一工作不同於並優先於任何心理學、人類學，更不消說生物學了。下一節就將說明這種不同之處和優先地位。

第十節　此在分析與其他科學的區別

　　一旦正面標定了研究課題，就很有必要指出哪些是不得使用的描述方法。尤其在實際上，迄今爲止的此在探索雖然在事實方面大有收效，但錯失了眞正的哲學問題，從而也就不可能成就它們本來爲之努力的事業。把生存論分析與這類探索區劃開來，這件事根本上只能從存在論上著手。科學理論本身不可能充分完成這項工作。無論科學工作者持有怎樣的「科學態度」，人類學、心理學、生物學這些學科本身的科學結構卻已經大成疑問。它們需要新的動力，而這種新動力只能來自存在論問題的提法。

　　我們從歷史角度可以更清楚地看到生存論分析的意圖。一般認爲，笛卡兒首次提出了我思故我在這個命題。在近代哲學的這個出發基點上，儘管「我在」和「我思」是一樣原始的，但笛卡兒卻一任「我在」完全不經討論。而生存論分析就是要規定我的這個「在」。只有做出了這個規定，才能夠把握我的各種所思的存在方式。我們將特別指明：從首先給定的「我」和「主體」入手就會完全錯失此在現象。人們盡可以起勁反對「靈魂實體」或「意識的物質化」這些提法，但只要不曾淨化「主體」概念，就仍然免不了把實體、物性、質料當作主體的根據。如果我們還不曾澄清物性本身的存在論淵源，我們又怎麼來談論主體、心靈、意識、精神、人格等等的非物質性？這些名稱全都稱謂著確定的、可以成形的現象領域。引人注目的是，人們使用這些名稱的時候總彷彿無須詢問這些存在者的存在。所以，這些名稱我們一概避免使用，就像我們避免使用「人」來標識我們自己所是的那種存在者一樣。這可不是拘泥於術語。

　　狄爾泰的「生命哲學」從生命本身的整體出發，試圖依照生命體驗的結構網路與發展網路來理解生命的「體驗」。他的「精神科學的心理學」不願再從心理原子出發拼湊起靈魂生命，而是以「生命整體」與諸「形態」爲鵠的。不過，這還不是他在哲學上的中肯處——中肯處在於狄爾泰在做這一切的時候，首先踏上了通向詢問「生命」的途程。這說明他對此在的存在已經

有所理解，但他仍沒有提出生命本身的存在方式問題。這始終是很明顯的，而且這就是生命哲學的根本缺陷。就生命哲學所說的「生命」而言，哲學本來就是這種「生命」的哲學。所以說「生命哲學」就是恆眞句，好像說「植物的植物學」。

我們可以清楚地看到狄爾泰的問題提法的限度，以及他採用的概念方式的限度。宗師於狄爾泰和柏格森的各種人格主義流派，以及所有哲學人類學傾向，也都像他們一樣受制於這些限度。

胡塞爾在《純粹現象學與現象哲學的觀念》中提出和自然主義相對立的人格主義主張。他開篇就說：「狄爾泰雖然把捉到了提供目標的問題，把握到了有待成就的工作的方向，但是他還不曾直搗問題的決定性的提法，也不曾在方法上使之得到切實的解決。」胡塞爾要求爲人格的統一提供一種建構，它本質上不同於自然物之統一的建構。

在問題的提法和處理方面，以及在世界觀的傾向上，舍勒與胡塞爾都大相徑庭。但他們的人格闡釋在否定方面卻是一致的。人格不是物，不是實體，不是對象，也不是具有某種規律性的理性行爲的主體。人格「毋寧是直接被共同體驗的生命體驗之統一，而不是直接被體驗的東西之後或之外的某種僅僅設想出來的物」。舍勒把行動特有的存在同一切心理的東西劃分開來，試圖透過這種途徑規定人格的存在。「行爲絕不是一個對象；因爲行爲只在過程之中被體驗，在反省中被給予，而這是屬於行爲存在的本質的。」行爲是某種非心理的東西。把行爲理解爲心理的東西，就等於非人格化，因爲人格是作爲意向性行爲的施行者被給予的，行爲被施行，人格是行爲的施行者。意向性行爲透過某種意義的統一連繫在一起。所以，人格的本質就在於它只存在於意向性行爲的施行過程之中。心理存在和人格存在毫不相干。

現象學人格闡釋誠然較爲透澈，但仍不曾進入此在的存在問題這一向度。「施行」的存在論意義是什麼？應當如何正面規定人格的存在方式？不過，問題還不止於此。問題指向整個人的存在。人被理解爲肉體、靈魂、精神的統一。固然，肉體、靈魂、精神稱謂著某些特定的現象領域，可以成爲某些探索工作的專題。但若我們問的是人的存在，那麼就不可能靠把肉體、

靈魂、精神的存在方式加在一起得出這種存在。即使可以這樣嘗試，我們也一定把某種整體存在設爲前提了。何況，肉體、靈魂、精神本身的存在方式還有待規定。

　　人們看不到此在的存在問題，是因爲他們始終依循希臘羅馬的和基督教的人類學來制定方向。連人格主義與生命哲學都沒有看出這種人類學的存在論基礎是不充分的。傳統人類學有兩個要點，其一是把人解釋爲理性的動物。這裡，動物被理解爲某種現成存在物而理性則是一種比較高級的稟賦。其二是基督教神學對人的定義：上帝照著自己的形象造人。然而，上帝的存在方式本來就是藉助於古代存在論得到解釋的，人這種受造物的解釋也是一樣。基督教教義顯然不曾使人的存在在存在論上成爲疑問。近代以來，基督教對人的定義漸漸非神學化，人被理解爲超出他自身的存在者。然而，這一「超越」觀念的根子仍然在基督教教義裡面。人由於具備理智和遠慮，所以不僅足以駕馭塵世生活，甚至可以越超升騰，直達永恆福祉。然而茨魏格尼說得清楚，人之所以能有此超越，「蓋人依神之形象所創生也」。

　　無論希臘的定義還是神學的理解，都遺忘了人這種存在者的存在問題，似乎這種存在不言而喻，和其他受造物的現成存在沒什麼兩樣。而近代人類學的思執、意識、體驗網路等等和這兩條指導線索糾纏在一起，並且也被當作不言而喻的給定物接受下來。然而，只要不曾對這些東西的存在提出疑問，人類學問題提法的存在論基礎就是未經規定的。

　　上面這些話對心理學也同樣有效。如今已不難看清心理學所具有的人類學傾向。即使人們把心理學和人類學合建爲一種普遍的生物學，也仍然彌補不了它們所缺乏的存在論基礎。就理解的順序來說，生物學植根於此在的存在論——即使不唯植根於此。本質上只有藉助此在才能理解生命，才能建立生物學或「生命的科學」。單純生命是此在的一種殘缺樣式，我們是這樣理解生命的：如果這種東西不是此在而僅僅作爲有生命的東西存在，它一定會是這樣那樣。生命既不是純粹的現成存在，但也不是此在。另一方面，此在卻不能被規定爲單純生命再加上些什麼東西。

　　我們當然無意否定人類學、心理學和生物學的實證工作。然而，我們必

須不斷提醒自己：事後從經驗材料中得出的假說絕不可能爲這些學科提供存在論基礎。倒不如說，我們還在收集經驗材料的時候，存在論基礎卻已經在「此」。實證研究看不見這種基礎，把這種基礎當作不言而喻的；但這卻並不證明存在論基礎不是基本的東西，也不能證明存在論基礎不比實證科學任何一個論題在更爲根本的意義上成爲問題。

第十一節　生存論分析工作與原始此在的闡釋

此在的日常生存分析和描述此在的原始階段也不是一回事。日常狀態不等於原始狀態。在高度發達的和業已分化的文化之中，此在可能更頑固地在日常狀態中生存。另一方面，原始此在也有它的非日常存在的可能性。不過，原始民族的生活仍可能有助於此在分析，因爲原始此在往往不太複雜，較少掩蔽。原始此在也已經廣泛地進行著自我解釋，不過，它採用的概念方式比較粗糙笨拙，反而容易透露出原始的現象。

然而迄今爲止，我們關於原始人的知識都是由人種學提供的，而人種學還在汲收、篩選、加工材料的時候，就已經懷有關於人的某種概念了。這些心理學社會學概念能否適當地通達和轉達有待探究的現象，能否保證其科學性，這些並非確定無疑。人種學本身就要求以此在的生存論分析來指導。但因爲實證科學既不會也不該等待存在論工作，所以，進一步的研究將不是向前進展，而是重溫已經揭示了的東西，使之獲得更透澈的理解。舉例來說，卡西勒新近從哲學上對神話進行了研究。但他的哲學問題的提法尚有疑問：解釋的基礎是否充分透澈？特別是康德《純粹理性批判》的「建築術」究竟能不能爲他的任務提供藍圖？卡西勒自己也看到，在這裡，生存論分析工作是必要的。

從形式上把存在論研究同實際存在上的研究劃分開來可能並不難。但此在的生存論分析工作，尤其是它的開端，卻還不是易事。在這任務中包含有一急切之事：廓清「自然的世界概念」。哲學久已爲此事不得安寧，但要完成這項任務又總力不從心。如今人們了解到了形形色色、邊邊角角的文化，

這些豐富的知識似乎爲完成這項任務提供了方便。但這只是假象。這類氾濫的知識恰恰誘使人們認不出本眞的問題。以調和方式把一切加以分類比較並不提供本質性認識。把形形色色的東西秩序井然地安排在一張表格上也並不保證理解了列在那上面的東西。眞實的秩序不是透過排列才被發現的，它由事質自身提示出來，並且正是這樣或那樣排列的前提。所以，要把各種世界圖像加以排列，就須具有特定的世界觀念。但若世界本身就是此在的一個建構要素，要澄清世界現象就必須首先把此在的基本結構清理出來。

　　本章對此在做了一些正面的特徵描述，從反面也做了一些考慮，其目的都在於引導我們依循正確的軌道來理解後面的闡釋。存在論只能間接地掖助實證學科。對存在的尋問超出於收集關於存在者的知識的工作之外，它激勵著一切科學探索。但不僅如此，它還自有其獨立的目標。

第二章

此在的基本建構 —— 在世界之中存在

第十二節 「在之中」和「在世界之中存在」

我們在第九節曾提出此在的兩項基本性質：一，此在向來屬於我自己；二，生存在於有所領會有所理解地對自己的存在有所作為。這兩項性質將引導我們進一步的探索，同時又反過來在進一步的探索過程中獲得具體的結構。我們現在就需要依據「在世界之中」的這一存在建構來理解此在的這兩項規定。在世界之中存在是此在的先天建構。此在分析工作的正確入手方式即在於這一建構的解釋中。

此在在世。此在只要生存著，它就存在在一個世界之中。「在世界之中存在」是一個統一的現象。但這並不排除這一現象具有多重環節。本篇開頭已說明，我們可以從三種著眼處來看待這一整體現象。1.世界。2.誰在世？3.「在……之中」本身的建構。在分別對這三種現象展開分析之前，我們先淺近描述一下第三個環節，藉以展示生存論分析的特殊方向。當然，無論我們擺出哪一項，都意味著擺出其他各項；探索任何一項，都是尋問整體現象。

「在之中」說的是什麼？我們首先會把它理解為一個存在者在另一個存在者之中。水在杯子之中，衣服在櫃子之中。兩個在空間之中廣延著的存在者在這一空間之中處於相對的關係之中。這種關係可以擴展開來：椅子在教室之中，教室在學校之中，學校在城市之中，直到椅子在宇宙空間之中。

這些存在者擺在世界「之內」，它們都具有現成存在的存在方式。所以，我們將用「在之內」來標識這種空間關係。它是某種現成存在性質的範疇。反之，我們用「在之中」專指此在的某種生存論性質。「在之中」不意味著一個現成事物在另一個現成事物之內這種空間關係，不是指一個人體在某個空間內現成存在。

表示「之中」這個意思的 in 這個字源自 innan。就其原始的意義而論，它指的是居住、逗留。表示「於」這個意思的 an 則意味：我已住下，我熟悉、我照料。表示「緣乎」的 bei 則與「是」的第一人稱 bin（我是）這個詞連在一起。於是，「我是」或「我在」又等於說：我居住於世界，依寓這一熟悉之所。若把「存在」理解為「我在」的不定式，理解為生存論環節，那麼存在就意味著寓居於……同……相熟悉。我們就是在這些含義上來了解「在之中」等等語詞的，它們用作生存論術語，標識此在在世的建構。

我們的本旨就在於看到此在的原始存在結構。但我們表述這種存在關係的語言手段和傳統存在論在表述存在範疇的時候的語言手段是相同的。因此，基本存在論的差別極容易被忽略被抹殺。為了重新認識這種差別，我們甚至不惜冒險討論「自明的東西」。存在論的現狀表明，我們還遠遠不了解這些自明的東西，更談不上用可靠的構詞來獲得適當的概念結構了。

依上所述，我們應當更切近地考察「依寓」這一概念。不消說，此在依寓世界，絕非意指一個現成物體挨近另一個現成物體。此在從來就不和世界並列存在。依寓世界而存在，說的是消融在世界之中。所以，「依寓」世界是一種根基於「在之中」的生存論性質。當然我們按照語言習慣有時也說：桌子依著門，凳子依著牆。但這裡並沒有真正的接觸。這倒不是因為要精確考察起來在凳子與牆之間總有一個間隙。即使間隙等於零，凳子仍然不可能接觸牆。因為存在者只能從世界方面才可能照面，從而才可能以接觸方式公開出來。只有當某個存在者已經以「在世界之中」這種存在方式「在此」，也就是說，只有當世界也連同在此，凳子才能夠依著牆來照面。「依寓」說的根本不是現成空間間隙的大小，而是一種特定的存在方式。兩個在世界之內現成存在而就它們本身來說是無世界的存在者永不可能「接觸」，不可能

一個「依」另一個而「存」。

　　固然，在某種限度內、基於某種理由，我們也可以把此在本身看作僅僅現成的東西。但這時我們恰恰是有意忽略此在的「在之中」的生存論性質。另一方面，我們把「在之中」與作為範疇的「在內」區別開來，卻並不是說此在不具有任何種類的空間性。相反，此在本身有一種切身的「在空間之中的存在」，不過這種空間存在唯以「在世界之中」為前提。只有從在世著眼才能洞見生存論的空間性。這種洞見將保證我們不會抹殺此在的空間性質。這種抹殺的動機不是存在論上的，而是「形而上學的」──人們有一種天真的意見，認為人首先是一個精神物，事後才被放到空間之中。依據這種意見，就會認為我們所說的「在之中」是一種精神特性，而人的空間性是其肉體的一種屬性。這種看法無助於澄清「在之中」。因為這裡說的還是精神物同身體的共同現成存在，而這樣合成的存在者本身的存在卻依然晦暗不明。

　　「在之中」不是此在時可有時可無的屬性。此在如其所是就是「在之中」，如其所在地就在世界之中。並非人先已存在好了，此外還在世界之中，接觸到其他現成存在者。相反，其他存在者之所以能夠由此在接觸，只因為它能夠在一個世界之內從它本身方面顯現出來。

　　如今人們倒也愛說「人有他的環境」。但只要這個「有」仍未加規定，這句老生常談在存在論上就等於什麼都沒說。而要規定這個「有」，就要求先充分規定此在。「有」根基於「在之中」。因為此在本質上是以「在之中」這種方式存在的，所以它能夠明確地揭示從周圍世界方面來照面的存在者，能夠知道它們、利用它們，能夠「有」世界。

　　在世的此在實際上向來已經依寓於某些確定的在世方式。此在製作某種東西，安排某種東西，利用某種東西或浪費某種東西，這些都是「在之中」的方式。此外還有詢問、考察、談論，諸如此類。我們把所有這些「在之中」的方式都稱作操勞（Besorgen）。不過，我們不是在先於科學的含義下使用「操勞」一詞的，而是把它用作存在論術語，用它來標識在世的可能方式。從而，操勞還包括耽擱、拒絕、苟安等殘缺樣式。我們選用「操勞」這個詞不是因為此在首先和通常是經濟的和「實踐的」，而是著眼於此在整體

存在的「操心」性質。不過，「操心」這個概念我們要等到本篇第六章再集中討論。現在只需說明，無論在實際存在上還是在存在論上，以操勞方式在世都具有優先地位。

　　然而，以上種種講法似乎都是從否定方面提出來的，我們一直在說「在之中」不是這個不是那個。確實如此。固然，「在之中」本身是一種正面的現象，然而否定的描述方法占了優勢不是偶然的。此在在世的現象學展示具有斥偽去蔽的性質。在世構成了此在的基本建構，在每一此在中，在世現象總已經以某種方式被看到了，但它通常以誤解的方式被看到，或以殘斷扭曲的形式得到解釋。而這種情況又是由此在本身的基本建構造成的：此在在存在論上首先從那種它自己所不是的存在者方面來理解它自己的在世。

　　若要從存在論上適切地認識本已熟知的在世建構，認識活動就突出出來。傳統一向把認識活動作為在世的一個範本，彷彿認識活動是在世的首要樣式。而且，人們針對認識活動來理解實踐活動，把實踐理解為認識的反面。這樣一來，對世界的認識可說囊括了所有「在之中」的現象。然而，由於人們始終不曾深入理解在世本身，認識活動就只被經驗為世界與心靈之間的關係。再進一步，人們又把世界和心靈都首先理解為世界之內的存在者，於是人們又把這種關係理解為現成存在。這樣一來，人們彷彿就找到了認識論或知識形而上學的出發點。一個主體和一個客體發生關係，或者反過來，一個客體和一個主體發生關係，還有什麼比這更不言而喻呢？「主客體關係」的確是個問題，但恰恰因此，「主客體關係」成了一個不祥的提法，因為這個提法的存在論意義始終晦暗未明。雖然人自有在世的經驗，但由於存在論上不適當的解釋，在世建構反倒變得晦暗不明了。

　　有鑑於此，我們應該特別從認識世界這一角度更尖銳地提出在世問題。

第十三節　對世界的認識和在世界之中

　　在世是此在的基本建構，此在一向經歷著自己的在世。所以，「在世界之中存在」的諸環節若完全對此在隱而不現，那將是不可思議的。然而，一

且涉及對世界的認識，人們立刻陷入形式上的解釋，把認識當作「主體和客體之間的一種關係」。這說明傳統存在論的誤導有多深，我們離開生存論的眞理有多遠。生存論理解當然本身就是一種認識活動，但從生存論上理解認識活動，首先是要從現象上把認識作爲一種在世方式描述出來。

我們說到此在和世界，這與一般說到主體和客體不是同一回事。從主體客體關係入手是一種空洞的形式上的方法。在認識理論裡面，客體總是給定的。客體不會有什麼認識活動，這種活動只屬於人。不過，認識無論如何不能像肉體屬性那樣屬於認識者，認識不是外在性質，不能從外部加以規定，所以一定是「內在的」。人們以爲深入主體「內部」，就深入了認識的本質。因爲只有現在才可能產生出這樣的問題來：認識主體怎麼才能夠從他的內部跳進所要認識的「外部世界」？或者反過來：主體怎樣才可以不必冒險躍入一個完全不同的外部世界而又能認識這個世界？認識對象必須是什麼樣子才能夠設想主體留在自己內部就認識了這個對象？對這些問題的回答五花八門，但它們有個共同之處：它們都遺漏了這個認識主體的存在方式。人們最多只斷定：不可把主體的「內部」設想成一個箱子或一間密室。然而，只要首先把認識鎖閉在主體的內部，我們就有權要求提供這個「內部」正面描述。

要澄清認識的性質，就必須說明認識活動如何根源於主體的存在方式。此在的基本建構是在世，而認識是此在在世的一種樣式。但這樣解釋認識，豈不就取消了認識問題？世界原本得在主體的超越活動中才能達到，而我們現在卻預先設定認識已經依於世界存在，那麼還有什麼要問的？這裡要問的應該是：幹麼要有認識問題？怎麼一來認識問題就和認識者的存在方式成了兩碼事？

此在只要生存，就已經寓於世界。依寓首先不僅僅是對現成事物瞠目凝視，而是操勞於世界。操勞發生某種殘斷，此在才可能靜觀現成事物，並以這種方式來進行認識。此在抽手不再製作操作，於是只剩下一種在世方式：僅僅延留在某種東西那裡。這時，世內存在者只還在其純粹外觀中來照面。這時，此在才可能以明確的形式靜觀如此這般照面的存在者。靜觀是操勞的

一種變式，而且它總是從原本的操勞活動中汲取領會的。這種領會引導此在從操勞所及的存在者那裡選取一個著眼點，並從這個確定的著眼點出發，把操勞所及的存在者作爲現成事物來加以觀察。所以，對現成事物的觀察發生在此在抽手不幹而延留於所操勞的事物之際。觀察者從某種角度來看某種東西，把一種東西看作某種東西，這就是最廣泛意義的解釋和規定。道出所觀察所規定的東西，就是命題。所有這些，都是在世的不同方式。我們不可把這個「認識過程」理解成某個主體獲得了關於某某東西的表象，把這個表象始終保留在自己內部。那樣我們就不得不問：這個表象怎樣才能同現實「相符合」？

認識並非早先因閉於此在之內，而在發生認識活動之際才離開內部出到外面去。相反：此在一向已經「在外」，依寓於它所操勞的存在者。而以靜觀方式延留於外，就是本來意義上的「在內」。這就是說，此在在原本的操勞活動之外仍然透過認識活動而延留在世界之中。反過來說，即使在保存認知之際此在依然在外，因爲此在只有作爲在世的此在才能夠保存認知。認識不是出征捉拿，然後帶著贏獲的獵物轉回意識的密室。「單單想到」、「僅僅表象」，這些也同樣是在世的方式。我在思想中「把握」就像原本字義上用手把握一樣，我仍在世界中，寓於外部存在者。甚至欺惘、迷誤、遺忘也一樣是原始的「在之中」的變式。

上面展示出了組建認識活動的諸種在世樣式及其連繫。此在透過認識活動獲得在世的一種新的方式。這種新方式可以獨立地組織起來，成爲專題研究，成爲科學，甚至承擔起在世的領導。但是，認識從不首創主體同世界的交往。認識是植根於其他在世方式的一種派生樣式。因此，我們的首要工作始終是闡釋在世的基本建構。

第三章

世界之爲世界

第十四節　「世界」與世界之爲世界

　　上一章已說明，無論對在世的哪個環節進行闡釋，我們都必須把「在世界之中存在」（In-der-Welt-sein）作爲整體現象保持在眼界裡。有了這樣的準備，我們就可以逐一闡釋在世的三個主要環節了。我們將首先從世界這一環節著眼來闡釋在世的整體現象。

　　談到世界，人們可能首先想到要把世界裡面的形形色色的事物羅列出來：房子、樹、人、山、星辰，把在這些事物那裡發生的各種事件敘述出來。但這種描寫顯然侷限於存在者層次。而從現象學的意義來看，「現象」在形式上一向被規定爲存在及存在結構的顯現。據此，人們可能認爲，以現象學方式描寫世界，就是把世界之內的現成存在者的存在展示出來並透過範疇固定下來。世界之內的存在者是物，所以首先要廓清物性。自然物是一切事物的基礎，所以首要的課題就是自然之爲自然和實體性。此外還有些事物是「有價值的」。我們應該在自然物性的基礎上討論有價值的物。這樣循序漸進，我們的研究工作似乎就走在明白無誤的方向上了。

　　關於自然和實體性的追問的確都具有存在論性質。不過，即使沿著上述方向我們竟然獲得了純粹的自然概念，而且我們的解說又和數學式的自然科學得出的基本命題一致，這一存在論還是不沾世界現象的邊際。自然本身就需要有一個世界才能來照面。直接從「有價值的物」著手也好不了多少。

「價值」的存在論意義是什麼？即使「有價值的物」更切近地顯示出我們生活於其中的那個世界，它們也一樣是在「世界之內」存在著的事物。

人們試圖透過存在者的描述或現成事物的存在論達到世界的「客觀存在」，然而這兩種入手方式都侷限於世界之內的存在者，從而也就預先設定了世界。也許，世界竟是此在的一種存在性質？每一個此在都有它的世界？但這樣說，世界豈不變成主觀的東西了嗎？那麼我們怎麼會有一個共同的世界呢？如果我們所追究的世界既不是共同世界，也不是主觀世界，而是一般世界之為世界，我們該從什麼途徑通達這種現象呢？

我們首先要牢記，世界是「在世界之中存在」的一個環節。既然「在世界之中存在」是此在的生存論規定性，世界之為世界本身就也是一個生存論環節。對「世界」的追問並不曾離開此在分析的專題園地。世界在存在論上是此在本身的一種性質。只不過，世界之內的存在者總已經隨著此在的存在來照面了，所以我們也必須透過研究世界之內的存在者及其存在的途徑來研究世界現象。

上面的簡短考慮已經表明「世界」這個詞含義甚多。1.世界作為存在者層次上的概念，指能夠現成存在於世界之內的存在者的總體。2.世界作為存在論術語，指第1項中所述的存在者的存在。例如：數學世界指的是數學的一切可能對象的範圍。3.世界還具有另一種存在者層次的意義，指此在生活在其中的何所在。世界在這裡具有一種先於存在論的實際生存上的含義。這又可以是指「公眾世界」或者指「自己的」切近的周圍世界。4.世界還可以是存在論生存論上的概念，指一般的世界之為世界，是無論何種特殊世界都具有的先天結構整體。

以上各種含義是相互連繫的。在本書中，我們專在第3項的含義上使用世界這個術語，而用加上引號的「世界」來指第1項意義上的世界。我們不在第2項意義上使用這個詞。涉及第4項意義，我們將使用「世界之為世界」這個說法。「世界的」、「具有世界的」、「在世界之中的」這些說法將專用於此在。說到非此在式的存在者，我們將使用「世界之內的」、「屬於世界的」之類的說法。

　　放眼一觀迄今為止的存在論即可看到，由於錯失了此在在世的建構，人們一直跳過了真正的世界現象，卻力圖從現成存在者的存在去解釋世界，也就是說，力圖從自然去解釋世界。然而，自然是世界之內的存在者的一種極端存在樣式，而自然科學這一類對自然的認識只是此在的某種特殊的在世方式，這類認識倒使世界異世界化了。甚至浪漫派的「自然」也只有透過對此在在世的分析才能把握。反過來，透過對此在在世的分析，我們不僅可以看到流傳下來的存在論涉及世界現象時始終在死胡同裡兜圈子，還將看清為什麼此在無論在實際存在上還是在存在論上都一直跳過了世界之為世界。而要防止這一錯失，我們需要格外留心，以便找到現象上的正確出發點，踏上世界之為世界這一現象的道路。

　　前面已經提示，對在世的分析連同對世界的分析都應從此在的最切近的日常情況著手。而只要在現象上執著於日常在世，世界現象就一定會映入眼簾。日常此在的最切近的世界就是周圍世界。本書將從日常在世這一生存論性質進到一般的世界之為世界的觀念。這一進程將分為3個步驟。A.透過對周圍世界內照面的存在者的闡釋一步步尋找周圍世界的世界性質。「周圍」這個詞無疑含有空間意義。這一空間意義必須從世界之為世界的結構加以說明而不是反之。B.然而以笛卡兒為典型的傳統存在論卻試圖從空間性出發闡釋世界，從而把一切事物解釋為「具有廣延的東西」。和具有廣延的東西相對的是具有心智的東西，但我們所說的此在卻不是笛卡兒所說的「具有心智的東西」。我們將在第3步 C 中闡釋此在的空間性。

A.周圍世界與世界之為世界

第十五節　上手存在

　　日常此在同形形色色的世內存在者打交道。它並不一味靜觀這些存在者，而是操作著、使用著、操勞著。操勞有它自己的認識方式。此在凡和存

在者打交道，就已經有著對存在的活生生的領會。而現象學所關心的，首先恰是在這種日常操勞中照面的存在者是怎樣存在的。現象學解釋不關心存在者的種種屬性，而是要確定存在者的存在結構。我們的真正課題是存在，而存在者則先於課題並隨著課題出現，共同成為課題。就當前的分析而論，先於課題的存在者就是在此在操勞於周圍世界（Umwelt）之際顯現出來的東西。這種存在者不是理論認識的對象，而是被使用的東西、被製造的東西等等，並作為這樣的東西先於課題得到「認識」。所以，只有投入操勞活動，才可能「認識」這些先於課題的存在者。嚴格說來，「投入」這話也欠妥，因為日常此在總已經操勞著，無須再去投入操勞。此在處在操勞之中，就已經通達了在操勞中照面的存在者，現象學在這裡的工作，倒在於去除人云亦云、氾濫成災的錯誤解釋。

先於課題的存在者是什麼？人們也許會不假思索地說：物。先於現象的基地隨著這個答案卻已失之交臂。因為這一回答所暗含的存在論解釋掩蓋了操勞現象，從而又掩蓋了存在者是怎樣在操勞活動中來照面的情況。沿著「當下給定的」的物去追問存在者的存在，就會碰上物性、實體性、物質性、廣延性等等，而這些性質完全沒有涉及在操勞之際照面的事物的現象性質。

希臘人把操勞活動稱為 πραξις，把操勞所及的東西稱為 πραγματα，「實用的東西」，我們對之有所作為的東西。然而希臘存在論卻恰恰忽視了 πραγματα 所特有的實用性質而首先把它們規定為「純粹的物」。在操勞活動中首先照面的存在者不是純粹的物，而是用具器物（Zeug）。我們首先與之打交道的是文具、縫紉用具、加工用具、交通工具、測量器具。

嚴格地說，沒有一件東西可以單獨「是」用具。存在的一向是用具器物的整體。只有在這個整體中一件用具才能夠是它所是的東西。用具是用來做某件事情的。用具依其本性就依附於其他用具。鋼筆、紙張、墊板、桌子、燈、窗，這些東西絕非首先獨自顯現出來，然後作為實在之物的總和塞滿一房間。切近照面的是房間，而房間卻又不是幾何空間意義上的「四壁之間」，而是用來居住的。家具在房間裡才作為家具顯現，而各種雜物則在家

具整體中顯現出來。用具的整體性一向先於個別用具就得到揭示了。只有和它的何所用相連繫，一件用具才會有用、有益、合用、方便等等。這些性質提示出從某種東西指引向另一種東西的結構。我們將在第十七節專門討論「指引」這一名稱所提示的現象。

唯有在順適於用具的操勞活動中，用具才依其天然所是的那樣顯現出來。日常此在並不把錘子作爲一個物體進行專題認識，而是用錘子來錘，這種使用順適於錘子這一特定的存在者，而這正是對錘子之爲用具的最恰當的了解。愈少靜觀這錘子，用它錘得愈起勁，對它的關係也就愈原始，它也就愈發昭然作爲它所是的東西來照面，作爲用具來照面。用錘子來錘才能了解錘子是否稱手，是否上手。在使用操作中揭示出來的用具的存在方式，我們稱爲上手（Zuhandenheit）。而這才是用具的「自在」。對擺在眼前的東西的靜觀，無論多麼敏銳，都不能揭示上手的東西。「理論考察」缺乏對上手狀態的領會。另一方面，使用和操作不是盲目的，它有自己的眼光，這種眼光引導著操作，順應於特定的用具及其在用具整體中的形形色色的指引。我們把這種方式的看稱爲尋視（Umsicht）。

實踐活動並非在盲然無視的意義上是「非理論的」，並因爲自己盲目而需要運用理論知識。實踐和理論的區別也不僅僅在於一個是行動而另一個是考察。行動原有它自己的眼光，考察原也是一種操勞。理論活動是非尋視方式的觀看。不過它並不因此就是無規則的，它在方法中爲自己造就規範。

我們不可把上手性僅僅理解爲某種看法，好像我們由於從某種角度來看待存在者，從而給原本現成的世界材料塗上了主觀色彩。按照這種理解，存在者在操勞活動中就必須首先作爲現成事物照面，作爲現成事物得到揭示。然而，這卻不是存在者怎樣首先得到揭示的現象實情。在世的此在只有透過對上手事物的操勞活動才能推進到對現成事物的分析。正如我們前面已經指出的，認識是一種衍生的在世樣式。

上手的東西根本不是從理論上來把握的，即使在尋視中它也不形成專題。上手事物的特性就在於它在上手之際彷彿抽身而去，爲的恰恰是能本眞地上手。日常操勞也非首先耽留於工具本身。有待製作的工件才是操勞原本

所涉的東西，因而也就是上手的東西。工件承擔著指引整體性，用具是在這個整體性中來照面的。

　　錘子、鉋子、針等等是用來製作某種工具的，而這個工具也具有用具器物的存在方式。針線是用來製作鞋子帽子的，鞋子帽子是用來穿戴的。用具器物的何所用總隨著用具器物一同來照面了。

　　然而，用具器物不僅有其用途，它們是用某些東西做成的。它們同時指向「質料」，指向毛皮、線、釘子等等。毛皮由生皮製成。生皮來自野獸牲畜。錘子、鉗子、針則指向礦石、石頭、木頭。於是用具器物也指向那些不用製造卻也上到手頭的存在者。自然透過用具器物共同得到揭示。這是處在自然產品的光照中的自然，而不是某個現成事物或某種自然力。森林是一片林場，山是採石場，河流是水力，風是揚帆之風。如果無視自然的上手性質而僅僅把它規定爲現成事物，那個向我們襲來的澎湃洶湧的自然，那個以千姿百態攝獲我們的自然，就永遠深藏不露。植物學的研究對象不包括暗香疏影，地理學不勘定湖泊怎樣氣蒸波撼。

　　用具器物不僅指向它的何所用及其質料的何所來，在簡單的手工業生產中，它們還指向承用者。衣裳要依定做人量體剪裁，他在製作過程中也一道在此。即使在批量生產中也不是沒有這種指引，只不過產品現在是指向隨便哪些人，指向平均。用具器物是爲人而上手的。承用者和消費者生活於其中的世界也隨著他們一起照面。而這個世界同時就是我們的世界。用具器物就在這個公眾世界中上到手頭。而我們周圍的自然也隨著這個公眾世界得到揭示。小路、大街、橋梁、房舍，莫不在一定的方向上對自然有所揭示。帶頂篷的月臺考慮到了風雨，公共照明設備考慮到了暗夜。看錶的時候，我們不知不覺地利用了太陽的位置。在使用這些尋常設施之際，周圍自然共同上到手頭。在任何操勞活動中，用具器物連帶指引到的世內存在者總是在不同程度上成爲可揭示的。

　　我們已經表明了在世界內首先被揭示的存在者的存在方式是上手狀態。然而，這可曾使我們略許增益了對世界現象的理解呢？上手狀態這種存在方式能否引導我們展示出世界現象來呢？

第十六節　現成存在與周圍世界的合世界性

世界本身不是一種世內存在者，也不是世內存在者的總和，但它從根本上規定著世內存在者。唯當有個世界，世內存在者才能來照面。但怎麼就「有」世界？此在的實際存在是透過在世組建起來的，並且它從本質上對「在世界之中存在」有所理解，那麼，此在不就包含著某種對世界的理解嗎？世內存在者在操勞活動中照面，而隨著存在者「在世界之內」這一基本性質，世界先於現象學就已顯現出來了。操勞所及的世內存在者的世界性隨著此在的在世總以某種方式向此在提示出來了，我們在闡釋世內存在者之際總已經「預先設定」了世界。

在操勞活動中，此在可能會碰到不合用的用具器物──工具壞了，材料不適用。「不合用」是怎樣得到揭示的？不是靠觀看某些屬性，而是透過使用，透過使用碰到的障礙。在發生障礙的時候，用具不上手，從而用具本身變得觸目了：用具不稱手，它只不過擺在那裡罷了，只不過看上去是件用具。但用具在上手的時候，也具有同樣的外觀。就看上去具有如此這般的外觀而言，用具在上手之際也曾始終是現成的。不過，現成狀態還不是單純物性，不合用的用具仍不是隨便擺在哪裡都行的物體。不能用的東西並非沒有任何上手性質，用具的損壞還不就是物體的屬性變化。用具呈報出不合用，是爲了得到修整加工，重新退回到操勞活動之中。

操勞不僅會碰上不能用的東西，它有時根本就短缺某種東西。這些東西不僅不「稱手」，而且根本不「上手」。由於這種短缺，已經上手的東西也變得沒有用武之地，彷彿失去了上手的性質，成爲現成擺在那裡的東西。短缺以這種方式揭示出上手事物的現成存在。

此外，某種東西不上手，不一定由於不合用或短缺，而是由於它阻攔操勞活動。不願從事的事情，無暇顧及的事情，在進行其他事情之前卻不得不處理的事情，也都是不上手的東西。在操勞活動中照面的存在者在這些情況下也都呈現出現成擺在那裡的性質。

　　用具不合用而變得觸目，材料短缺而引致窘迫，不得不處理之事令人厭煩，這些都是操勞活動中的可能性，而這些可能性在上手的東西那裡呈現出了現成存在。但在這些情況裡，現成存在仍然和用具的上手狀態連繫在一起，用具還未掩飾為單純的物。

　　我們已經指出了上手事物前來照面的各種變式，然而，我們似乎還停留在世內存在者那裡，並不曾接近世界現象。我們可曾前進了一步，準備好了把世界現象收入眼簾呢？

　　用具器物的存在結構是由指引來規定的。但在順暢的操勞過程中，指引現象卻不曾受到注意。當操勞活動進入觸目、窘迫、厭煩這些樣式之中，指引構架就受到擾亂。這種擾亂恰恰使得指引突出醒目了，使得尋視明確注意到用具的何所用。隨著用具對之合用或不合用的各個工件的互相聯絡，整個工廠，操勞活動一向逗留於其間的所在，也映入眼簾。而世界就隨著用具器物的這一整體呈報出來。在用具器物的指引變得觸目之際，從世內存在者身上呈報出了周圍世界的合世界性。

　　這樣呈報出來的，並不是種種上手事物中的一種，更不是由上手事物衍生出來的某種現成事物。如果尋視始終侷限於存在者，尋視就對之視而不見，但它卻向來已經對尋視展開了。唯因世界總已經先行展開了，尋視才可能通達世內的事物。所以，世界就是此在作為存在者向來已在其中的「何所在」，是此在無論怎樣轉身而去，但縱使到海角天涯也還不過是向之歸來的「何所向」。

　　尋視雖已不斷視見用具聯絡的整體卻未對之明確注意。世界不來呈報，不表明世界不曾在此。世界不來呈報，倒是用具在它的「自在」中來照面的條件。世界一旦在觸目、窘迫、厭煩這些樣式中呈報出來，上手事物就異化於世界，在自己身上映現出僅僅現成的存在（Vorhandenheit）。而在操勞順利進行之際，尋視則消融於當下的用具，用具指引聯絡的整體性對尋視不成其為專題，當然它更不曾成為非尋視性質的專題研究的課題。上手事物就在這種不觸目的自在中組建起它的現象結構。

　　不觸目、不窘迫、不厭煩這些褫奪性術語其實標識出了一種正面的現

象。這些「不」意指上手事物的守身自在。然而傳統存在論卻首先把自在歸
給現成事物，即可以專題把握的東西。這一點很能說明問題。人們的確經常
強調存在的自在性，其實卻只是在強調存在者的自在性。但若事物眞在這種
存在者層次上是自在的，那就談不上對它們的把握或專題把握了，把自在歸
給可以專題把握的東西也就沒有意義了。我們的分析則表明，只有依據於世
界現象，才能從存在論上把握世內存在者的自在存在，才能讓「自在」這話
在存在論上有點分量。

　　本節對上手事物做出了初步分析。這一分析還頗淺近粗略，但我們已經
提出了指引現象，並表明指引現象在某種意義上對世界之爲世界具有組建作
用。爲了把世界之爲世界的現象與問題清理出來，我們必須進行具體的結構
分析，因爲只有在這種結構的建架網路中，我們才可能深入地理解我們所追
問的問題。

第十七節　指引與標誌

　　上一節透過對用具的存在結構的闡釋提出了世界現象。今後，隨著我們
對在世內存在者的存在理解得愈來愈深遠，依以剖析世界之爲世界的現象地
基也會愈加寬廣愈加牢靠。

　　本節將再一次從上手事物的存在出發，不過這次的意圖是更細密地把握
指引現象本身。我們爲此選擇對標誌這種用具進行存在論分析。這不僅因爲
形形色色的標誌有助於在多重意義下揭明指引現象，而且「一物爲另一物的
標誌」這種關係可以被表述爲一種普遍的關係，從而標誌的結構就可以爲描
述一般存在者提供一條指導線索。

　　然而，標誌首先不是一個關係項，而是一種用具，它的用處在於顯示。
我們所說的標誌包括路標、界石、航標燈、旗幟等等。人們當然可以把標
誌規定爲指引的一個種屬。指引的其他種類則包括象徵、表達、含義等等。
反過來，指引又是關係的一個種屬。一切指引都是關係，但並非一切關係都
是指引。關係卻不是作爲這些種屬的類來起作用的。關係是一種形式上的規

定。我們總可以把任何事態形式化，從中掇取出關係這樣一種形式規定來。我們不難依照標誌的種種不同顯示方式把標誌分成症候、預警、遺蹟、提示等等。我們也可以把充當標誌的東西區分爲殘留物、紀念碑、文件、物證等等。我們不難找出這些現象的形式上的關係性質。而今的確有一種傾向，那就是循這樣一種關係爲主導線索，使一切存在者都服從於某種闡釋，把它們都裝在不費吹灰之力就編成了的形式內容表裡。這類闡釋是不會出錯的，因爲它根本什麼都沒說。眞要想探究指引、標誌乃至含義這類現象，靠把它們標畫爲關係終將一無所獲。甚至我們最終還要顯示：由於其形式上普遍的性質，「關係」本身在存在論上還源於某種指引呢。

我們對標誌的分析意在深入指引現象，因而不能也無須討論形形色色的各種標誌。我們選擇機動車上的紅色方向燈作爲標誌的範本。在本書後面的分析中它還將從其他角度發揮範本作用。車子每次開到十字路口，司機都要調整方向燈的位置，以便顯示車要往哪個方向開。這種標誌是一種用具，它不僅對司機是上手的存在者，而且更是爲了路上的行人而設的用具，以便他們根據方向燈所示的方向調整自己的走向。作爲交通和交通管理的用具整體中的一種用具，方向燈的效用是指引。

但須得注意，顯示的指引效用並不標明這種用具的存在結構，反倒應該說這種效用來自用具的存在結構。組建用具之爲用具的指引現象是效用所暗含的指引。錘子有效用，但它不是標誌，它的指引在於它的效用本身指向它的何所用，指向它對之有效用的東西。方向燈的效用恰好就是指引，這對用具的建構本身來說是偶然的。方向燈只不過恰恰在實際存在上具體體現了一般用具效用的何所用。既然指引在存在論上應是標誌的基礎，那麼指引本身就不可被理解爲標誌。指引不是某種上手事物在實際存在上的規定性，而是上手狀態的存在論規定性。

不過，雖然就用具建構來說，顯示這一指引從原則上有別於效用的一般指引，但不容否認，顯示同一般的指引現象又有一種與眾不同的連繫。標誌是一種具有優越用途的用具。要理解這一優越性的根據與意義，我們必須自然地了解標誌是怎樣上手的，即了解我們是怎樣和標誌打交道的。我們在

路口看到車頭的方向燈，或者會站住，或者選擇特定的方向閃避。選擇方向本質地屬於此在的在世。此在總已定了方向，總已走在途中，站停只是在某個方向上走在途中的極限情況。方向燈就是透過此在的空間性質起作用的。我們對標誌的掌握不在於把它當作擺在那裡的物體來注視它。如果我們只是舉目看向方向燈所顯示的方向，觀看那個地帶之內現成存在的東西，標誌就仍然沒有來照面。在操勞尋視之際，我們追隨標誌的顯示，把周圍世界帶進明確的概觀，以便在周圍世界之內選取方向。標誌不是一種同另一物具有顯示關係的物。它是一種用具，這種用具把某種用具整體明確地收入尋視的概觀，隨上手事物的這種聯絡，周圍世界呈報出來，而此在就在這個世界中取得並確保一定的方向。

與此相似，在預警標誌那裡，要緊的也不是某種已經現成的東西和某種將要現成的東西之間的關係，而是使我們對正在到來的東西有所準備。藉助遺蹟，尋視則可通達曾經發生過的事情。提示則顯示出人們的何所在。標誌首先總是顯示著人們生活的何所在，操勞活動的何所寓。

設置標誌的任務原本就在於讓周圍世界隨時能夠透過這種上手事物向尋視呈報出來。前面說到，世內存在者原具有自在不彰的性質。因此，與周圍世界打交道就需要一種用具來讓上手事物變得觸目。所以，在製作標誌的時候必須先考慮到它是否觸目。標誌的觸目性質恰恰表明了日常生活中上手事物通常是不觸目的，是不言而喻的。

我們可以製作標誌，也可以把一種已經上手的東西用作標誌。後一種情況具有一種更加原始的意義。例如：人們把南風當作雨的標誌。南風的這種預兆「效能」卻不是附加在已經現成存在的南風之上的「價值」。氣象學也許可以把南風當作只不過具有某種確定的地理方向的氣流。但在日常操勞活動中，南風卻絕非首先現成存在，而後才偶爾承擔起預兆的功能。毋寧說，恰恰是農人在操勞之際的尋視才剛揭示出南風的存在。在這裡，設置標誌不僅使此在可以在操勞活動中利用某種用具整體以及一般周圍世界，它甚至還能起到最原始的揭示作用。世內存在者在這裡由於取用爲標誌才成爲可通達的上手事物。

　　不過，人們會反對說：一樣東西被取作標誌，那麼人們必定發現它已經在那裡了，它早先已經是可通達的了。誠然，但問題在於這種存在者先前是如何得到揭示的？是作爲純粹的物還是作爲未經理解的用具？在後一種情況下，人們還一直不知道怎樣對待這種東西，因而對尋視來說，這種上手事物先前還一直隱而未彰。在這裡，上手事物的用具性質還不曾透過尋視得到揭示，但即使在這裡，仍不可以把這種未經揭示的用具性質闡釋爲單純物性，彷彿單純物性是先行給定的。

　　原始此在大量使用偶像與魔法之類的「標誌」。人們有時以此來說明標誌在日常操勞活動中對理解世界本身所起的優越作用。然而，更進一步的審查將表明：以標誌爲線索來解釋偶像與魔法根本不足以把握在原始世界中照面的存在者的上手存在。對原始人來說，標誌本身其實就是所指的東西，而不僅在替代的意義上代表所指的東西。這種共生並不是說先前孤立的諸項達到了同一，而是說標誌還不曾擺脫所標誌的東西。共生並非由於作爲標誌的事物已經取得了某種客觀性，而是由於完全缺乏客觀化。但這又等於說：標誌根本沒有作爲一種用具得到揭示。但若標誌在這裡尚不具有用具的存在方式，那麼還該把它稱作「上手事物」嗎？也許連用具與上手存在的存在論也根本闡釋不了原始世界，物性存在論當然更不值一提了。但若存在之理解確實對原始此在與原始世界具有組建作用，那麼就更緊迫地需要把世界之爲世界的形式上的觀念清理出來。依據於這種觀念，即使世界之爲世界的現象發生形變，所有存在論的命題卻仍然能夠具有意義。

　　本節的標誌闡釋只是爲了標畫出指引而提供現象上的支點而已。標誌與指引的關係有三重：1.標誌的顯示作用是一種具體的效用，從而根基於一般用具結構，根基於指引。2.標誌的顯示作用從屬於用具整體，從屬於指引聯絡。3.透過標誌，周圍世界明確地對尋視成爲可通達的。標誌提示出上手狀態，指引整體性與世界之爲世界的存在論結構，因而是一種具有優越地位的用具。

第十八節　因緣與意蘊，世界之爲世界

上手的東西在世界之內來照面。因此，在一切上手的東西那裡，世界總已在此。任何東西只要照面，世界總已先行展開了。這個先行展開說的是什麼？對世界之爲世界的尋問又面臨哪些疑難？

世內存在者最先作爲用具來照面。標誌的顯示，錘子的錘，這些不是它們的屬性。屬性這個名稱通常被用作物的規定性，所以，這個名稱不適用於上手事物。用具首先在於合適不合適。既然現成存在是上手事物的一種可能的存在方式，屬性就必然維繫在合適不合適上。

合適不合適是就效用而言的。我們曾把效用理解爲指引。指引不是某一用具的特殊效用，而是能夠用適合性來規定用具器物的條件。上手事物具有指引結構，這就是說：它於其本身就具有受指引的性質。存在者被指引向某種東西，與這種東西結下因緣，而它就是在這種因緣關聯中得到揭示的。

因緣乃是世內存在者的存在。存在者之爲存在者，向來就有因緣。因緣的何所緣，就是效用的何所用。錘子和錘打有緣，錘打和修固有緣，修固又和防風避雨之所有緣，防風避雨之所是爲此在能避居其下。每一因緣都是從因緣整體中呈現出來的。所以，因緣整體先於單個的用具。但因緣整體本身歸根到底要回到一個不再有因有緣的何所用之上。這個首要的何所用本身無所用，它在本質上就爲存在本身之故而存在。因緣結構導向此在本身，導向最根本的「爲何之故」。

世界的先行開展，說的就是把存在者向著它的因緣整體開放出來，就其「存在」開放存在者，如它所「是」的那樣開放存在者。如其所是，這在實際存在上說的是：不改變它，對它無所作爲。但這在存在論上說的卻正好相反：讓上手事物作爲上手事物開放，就其何所用開放出來，無論這種存在者從實際存在上看是不是保持原樣。要讓上手事物在實際操勞中照面，我們恰恰要加工它、改善它、粉碎它。正是在這些過程中，上手事物才得了卻其因緣，才「是」它本身，才「存在」。

　　「讓存在者存在」就是世內首先上到手頭的東西的先行開放的意義。讓它「是」、讓它「存在」，卻不等於說才剛把它帶入存在或把它製作出來，而是說就其上手狀態把一向已經存在的東西揭示出來，從而讓它作為具有上手存在方式的存在者來照面。把某種東西向其因緣開放是一種先天的完成時，它描述著此在本身的存在方式。只要向操勞活動顯現出來的是某種存在者，也就是說，只要這種東西是就其存在得到揭示的，那麼它向來就已經是從周圍世界上到手頭的東西，而不是現成的「世界材料」。

　　只有因緣整體已先行揭示，才可能揭示上手事物「是」什麼。所以，在上到手頭來照面的東西之中，上手東西的世界性已經先行揭示出來了。上到手頭的東西只有透過向……開放才始能作為世內存在者得以通達。而這時，它向之開放的東西本身也必定以某種方式開展出來了。

　　世內存在者向之開放的那種東西必定先行展開了。這句話說的是什麼？此在的存在中包含有存在之理解。如果此在的存在就是在世，那麼對世界的理解就是此在對存在的理解的本質內涵。存在者向之開放的那種東西的先行開展不是別的，恰是對世界之理解。而這個世界就是此在作為存在者總已經對之有所作為的世界。世界的存在方式不同於在世界之內得到揭示的存在者的存在方式。我們確定今後把「揭示」這個術語用於一切非此在式的存在者，所以，凡說到世界，我們將使用「展開」，而不使用「揭示」。

　　此在在因緣整體中理解上手事物，從而向來已經對上手事物的何所因何所緣有所理解。而這些理解歸根到底要歸溯於對「為何之故」的理解，即對它自身有所理解。此在為能存在之故而存在。此在為了能存在之故而有所作為，有所利用，從而先行標識出了上手事物的何所用，標識出了上手事物的因緣聯絡。只要此在存在，它就總已經讓存在者作為上到手頭的東西來照面。存在者向之照面的何所向，就是此在在其中理解自身的何所在。而此在在其中理解自身的何所在，就是世界現象。此在向之指引自身的何所向的結構，就是構成世界之為世界的東西。此在理解自身，就是把自己理解為在世界之中的存在。

　　此在向來熟悉它自我理解之所在。這種熟悉對此在具有組建作用，並參

與構成此在的存在之理解。此在可以明確地把握組建著世界之為世界的諸關聯，使之成為一項專門的任務。不過，對世界的熟悉不一定要求理論上的透視，而理論上的透視則要求這種對世界的熟悉。只有依據這種熟悉，此在才可能對自己存在的諸種可能性乃至對一般存在的意義做出原始的闡釋。

　　此在的自我理解把它所熟悉的諸種關聯保持在自己面前，以使自己在其中得到指引。我們把這些關聯之間的相互指引理解為賦予意義。為能存在之故賦予有所利用以意義，有所利用賦予效用以意義，效用賦予何所因何所緣以意義。此在在這些意義之中來理解自己在世界之中的存在。組建著世界之為世界的諸關聯互相勾連而為一意義整體，各個關聯就在這個意義整體中如其所是地存在。我們把這個意義的關聯整體稱為意蘊。它就是構成了世界的結構的東西，是構成了此在的何所在的結構的東西。只要此在存在，它就已經把自己指派向一個具有意蘊的世界了。展開了的意蘊是此在在世的生存論建構，此在熟悉意蘊，這是存在者之所以能得到揭示的實際存在上的條件。存在者總是在某種意義中來照面的——要麼具有某種意義，要麼與某種意義相乖悖而啟疑，要麼脫離了某種意義而荒唐無稽。意蘊是此在能夠透過理解獲得意義以及透過言談表達含義的存在論條件，而含義又是語言和言詞的基礎。

　　然而，我們若把上手事物的存在乃至世界之為世界本身規定為一種指引聯絡，世內存在者的「實體性」豈不就消解在一種關係系統中了？既然關係總是由思想建立起來的，世內存在者的存在豈不就消解在「純思」中了？人們自可以從形式上把指引聯絡描述為一個關係系統。不過這類形式上的描述會敉平真正的現象內容。像因緣、何所用、為何之故這類「關係」，就其現象內容來說天然就拒絕被弄成數學上的一種函數。它們也絕不是什麼想出來的東西，而是操勞尋視向來活動在其中的關聯。上手事物根本不會在這種「關係系統」中揮發掉，恰恰倒由於世界之為世界，這種存在者才能作為「自在的實體」得到揭示。唯當此在能在操勞活動中讓世內存在者來照面，才有可能進一步通達僅只現成的東西。唯基於現成存在，我們才可能用數學上的函數概念來規定存在者的「屬性」。函數概念只不過是形式化了的實體概念。

為了闡釋這些存在方式的譜系，我們在前此的探索中曾一再強調存在論問題的結構與向度的三層區別。1.上手存在，即首先來照面的世內存在者的存在；2.現成存在，即對上手事物獨立進行揭示的活動所規定的那種存在者的存在；3.世界之為世界，即世內存在者之所以能得到揭示的實際存在上的條件。最後這一項是在世的一種規定，是此在的一種生存論規定。前兩項則是範疇，它們關涉的存在者不具有此在式的存在。

在進一步推進我們的闡釋之前，我們將先分析一下一種極端相反的世界觀念，以便與它對照而更鮮明地嶄露我們對世界之為世界的特有闡釋。

B.笛卡兒對世界的闡釋

傳統存在論嘗試從某種世內存在者入手來闡釋世界，結果卻是世界現象根本不再映入眼簾。笛卡兒的存在論也許是這種入手方式的最極端的例子了。我們將以它為例來說明這種世界闡釋是建立在何種根本未經討論的存在論前提之上的。為此，我們就不僅要簡短地描述這種存在論的基本特徵，而且將詰問這種存在論的前提。

第十九節　「世界」之被規定為廣袤物

笛卡兒把「思執」同「肉身」或「物質實體」加以區別。這種區別後來演變為「自然與精神」的區別。無論怎樣演變，這一對立的存在論基礎以及這兩個對立環節本身都始終沒有得到澄清。沒有得到澄清的最切近根源就在笛卡兒所做的區別之中。他以何種存在之理解來規定這兩種存在者的存在呢？自在的存在者的存在，稱為 substantia。這個術語一下意指實體的存在，即實體性；一下則意指實體本身。出現這種兩義性不是偶然的，在 ουσια 這一希臘概念中就已有這種兩義性。

要從存在論上規定物質體，就要求解說實體和實體性。笛卡兒認為：我們透過某些屬性認識實體；每一實體都有一種獨特的屬性，這種屬性構成了

它的本性和本質，其餘的屬性都依附於這一屬性。物質實體的根本屬性是什麼呢？長、寬、高三個方向上的廣袤。爲什麼廣袤具有如此獨特的地位？因爲物體的任何別的屬性都是由廣袤決定的。物質實體的其他一切規定性，尤其是各邊配置、形象、運動，都只有作爲廣袤的樣式才能得到理解；而反過來，沒有形象和運動的廣袤卻仍然可以理解。笛卡兒透過這種方式證明了爲什麼應當用廣袤來規定世界的實體性。

形象是廣袤的一種樣式。一個物體的廣袤總量可以保持不變而變換這一廣袤在各個不同向度上的配置，呈現出不同的形象，例如：它可以較長而較窄，也可以較短而較寬。運動也是廣袤的一種樣式，因爲只要掌握了物體位置的變化，即使不問使它移動的力量，我們就能夠把握運動。要認識運動，我們必須從存在者的存在本身即從廣袤來理解運動，也就是說，必須把運動理解爲單純位移。物體即使沒有硬度、重量、顏色這類規定性，它也仍然是它所是的那樣。這些規定性並不構成物質實體的本眞存在，如果它們存在，也不過是廣袤的不同樣式。笛卡兒以硬度爲例來加以說明。「因爲說到硬度，則我們憑感官對它所知道的，不外這一層，即堅硬物體的各部分在與我們的手接觸時，就抵抗手的運動。但是，如果我們的手每次朝向它們運動時，一切物體都隨著我們的手以相同的速度向後退去，我們便永不會感到硬度。可是，只有傻瓜才會以爲，這樣後退的物體因此就會失掉其所以爲物體的本性。因此，物體的本性並不在於硬度。」

可見，廣袤是在一切變化中始終保持如故的東西，是物體身上眞正存在的東西。所以，實體的實體性由廣袤加以規定。

第二十節　「世界」之爲廣袤的存在論基礎

由廣袤規定的存在觀念就是實體性。笛卡兒斷言：實體就是無須其他存在者即能存在的存在者。充分滿足實體觀念的，就是完全不需要其他存在者而存在的東西——這種存在者是完善者。我們只能設想一個絕對獨立的實體，那就是上帝。一切別的事物都是受造物，它們之所以能存在，必須藉助

於上帝的力量，即需要製作和維持。然而，在受造物範圍內部，在「世界」範圍內部，有些存在者至少無須人的製作維持就能存在。這樣的實體有兩類：思執與廣袤物。這兩種是有限的實體，而上帝是無限的實體。然而，無論受造物還是造物者，都存在著，都是存在者。

於是，我們要規定物質實體的根本屬性，首先就需要澄清以上三種實體所共有的存在的意義。可是，有限的實體和無限的實體之間有著無限的區別，因此，存在的意義包含著「無限的」區別。於是笛卡兒說，把「實體」一詞在同一意義下應用於上帝和受造物是不恰當的。在這裡，笛卡兒接觸到了中世紀存在論多次討論的問題：存在的含義以何種方式意味著上述的各種存在者？既然在上帝和世界這兩種存在者的存在之間有著無限的差別，「存在」這個詞就不可能在同一意義下意指這兩種存在者。但「存在」又不是一個形同實異的名號，因為在兩種場合下，理解到的都是「存在」。既非意義相同又非名同實異，於是經院哲學家把「存在」的含義理解為「類比的」含義。這種看法在亞里斯多德那裡就已經有了雛形。在對這個問題透澈地進行存在論研究這一方面，笛卡兒遠遠落在經院哲學家後面。他簡直就是迴避問題：僅僅認為把上帝和受造物都稱作「實體」是有疑問的，似乎就可以避而不談實體性這一觀念究竟包含何種存在之意義以及「實體」的種種含義究竟是怎樣連繫在一起的。至於存在本身說的是什麼，則中世紀存在論也像古代存在論一樣不曾追問下去。人們依據未經澄清的存在之意義來討論實體問題，而存在的意義本身又由實體性來加以說明，無怪乎他們的討論得不到絲毫進展。而這一意義始終未經澄清，乃是因為人們把它當作「不言而喻的」。

笛卡兒不僅避而不問關於實體性的存在論問題，還明確強調，實體之作為實體的存在本來就是無法通達的：我們所以能發現實體，並非因為它存在著，因為僅僅存在自身是不會觸動我們的。存在本身不觸動我們，所以它不會被覺知。康德的「存在不是真實的述詞」這種說法只不過重申了笛卡兒的命題。這樣一來，人們就從原則上放棄了提出純粹的存在問題的可能性，而繞道去尋求實體的諸種規定性。因為存在實際上不能作為存在者通達，所以

存在就由各類存在者的屬性來加以表達了。但又不是由某些隨隨便便的屬性來表達。所尋找的屬性應該滿足未經明言卻已設爲前提的存在與實體性的意義。就物質實體來說，首要的屬性就是廣袤。

於是，「世界」何以被規定爲廣袤物的存在論基礎就很清楚了：這一存在論規定實際上是由存在者的屬性來支撐的。這又造成了 substantia 這個術語的兩義性，一下用來指實體，一下又用來指實體性。在這種含義的細微區別後面隱藏著的卻是：未曾掌握根本性的存在問題。要解答這個問題，就要以正確的方式追蹤這些同義詞。這可不是無所事事的咬文嚼字，我們必須冒險深入事情本身，才能清理出個中奧妙。

第二十一節　用解釋學方法討論笛卡兒的「世界」存在論

我們要從批判的角度追問：笛卡兒的「世界」存在論究竟尋找不尋找世界現象？如果不，那麼它對世內存在者的規定是否至少能使我們看得到它的合世界性？兩個問題的答案都是否定的。笛卡兒「物質實體」或「自然」倒只有透過首先從世內上到手頭的存在者才能得到揭示。他對存在者的闡釋及這一闡釋的存在論基礎卻跳過了切近照面的世內存在者的存在，乃至他雖然截然區分了上帝、我和「世界」，卻完全無助於提出並促進關於世界的存在論問題，而是恰恰跳過了世界現象。

在第十四節講解世界之爲世界這一問題的時候我們曾提示，獲得通達世界現象的適當道路是極重要的。什麼是笛卡兒選定的通達方式呢？他把世內存在者的存在連同「世界」的存在都規定爲廣袤，而通達這種存在的唯一眞實通路是智性認識，而且是數學物理學意義上的認識。什麼東西的存在方式適合於數學認識，什麼東西就在本眞的意義下存在。這種存在者的存在，即廣袤，是始終不變的。數學所認識的就是這種以不變應萬變者。笛卡兒不是讓世內存在者自己提供出自己的存在方式，而是把某種存在觀念派定到世界頭上。他始終把存在理解爲現成存在，然而既未指出這種存在觀念的來源，又未證明採用這種存在觀念的道理何在。所以，首要的問題不在於笛卡兒似

乎偶然倚重於某一門科學，即規定著世界存在論的數學；而在於他依循「現成持存」這一存在觀念來制定方向，而這種存在方式是特別適合由數學認識來把握的。這樣一來，笛卡兒就明確地把哲學從傳統存在論扭轉為近代數學物理及其超越基礎了。

笛卡兒無須乎提出如何適當地通達世內存在者這個問題。傳統存在論早把掌握存在者的方式決定好了：開始於靜觀這種直觀方式而完成於理性思維。笛卡兒就依據這條線索來批判另一種直觀方式，即同知性認識相對的感覺。按照笛卡兒的表述，首先給予感官的是有色、有味、有硬軟、有冷暖、有音調的蠟塊般的物。而這種東西以及一般由感官給予的東西在存在論上無關宏旨。感官根本不讓我們就其存在來認識存在者，而只不過報導出「外部」世界內的物體是否有益或有害於寓於肉身的人這種東西。物體的本性不在於硬度、重量、顏色這些刺激我們感官的屬性，而只在於它是一個具有長、寬、高三度廣袤的存在物。

我們在第十九節扼要介紹了笛卡兒對硬度經驗與阻力經驗所作的闡釋，現在我們將透過對這一闡釋的批判來表明：要把顯現在感性裡的東西就其本身的存在方式提供出來乃至於規定這種存在方式本身，笛卡兒是何等無能為力。

笛卡兒把硬度理解為阻力。但阻力像硬度一樣，幾乎沒有在現象意義上被理解為就其本身被經驗到的東西和可以在這種經驗中加以規定的東西。阻力無非是：不從現有位置上退縮，也就是說，不發生位移。一個物體具有阻力就等於說：它相對於另一移動著的物體停留在某一確定的位置上，或其移動速度低於那另一個移動的物體。這種闡釋取消了感性覺知，從而也就使我們不可能規定在感性覺知中照面的存在者。笛卡兒把感性覺知翻譯為他所知的唯一方式，即兩個現成廣袤物的共同存在。而且，這種共同存在本身也是由廣袤來描述的。廣袤主要是描述現成狀態的範疇，因而，共同存在就是共同現成存在。笛卡兒用兩個物體的不同速度來解釋硬度，而完全忽視了硬度是在觸碰行為中顯現的，若所談的存在者不具有此在的存在方式或至少生物的存在方式，就根本顯示不出硬度。笛卡兒依賴於某種特定的存在觀念來描

述通達世內存在者的方式，而這種存在觀念本身卻是從世內存在者的某一屬性掇取的。

笛卡兒所持的存在觀念說明了他爲什麼以上述方式規定世內存在者的存在，爲什麼會把世內存在者同一般世界混爲一談。不僅如此，這一存在觀念還妨礙他恰當地看待此在的行爲舉止，看不到一切感覺和知性原本都是在世的可能樣式。結果笛卡兒倒把此在的存在像廣袤物的存在一樣理解爲實體性。

然而，這番批判討論不是把某種完全處在笛卡兒視野之外的任務塞到他名下然後再指責他不曾解決這一任務嗎？如果他根本不知世界現象，那他怎麼會把某種存在者同世界混爲一談呢？在原則性論爭的園地裡，不可僅僅拘泥於文本提出的論題，還必須以提出問題的實質傾向來判定方向。透過思執與物執的討論，笛卡兒不僅想要提出「我與世界」的問題，而且他還要求澈底解決這個問題，這在他的《沉思錄》裡表現得十分清楚。

人們也許會這樣爲笛卡兒辯解：他儘管跳過了世界問題，但畢竟提供了物質自然這種存在者的存在論，而現實的其他層次都是在物質自然這一基礎層次上建立起來的。透過廣袤的量變，物體便具有了種種性質；而在這些性質之上，又有了美、醜、適當、不當、有用、無用等不可量化的價值，自然物也就被補足爲使用物等等了。如此分層遞進，既穩當又容易。

然而，且不談世界這一特殊問題，沿著這條道路果真能達到世內事物的存在嗎？物質的物性不是未曾言明地假設了一種存在嗎？——那就是現成存在。事後爲這種存在配上價值述語並不能得到什麼補充，因爲「價值」仍然是屬於現成性的一個範疇，「有價值的事物」這一提法已經把現成的物質實體設定爲基礎層次了。先於現象學的經驗已經在臆想爲實體的存在者身上覺察到了某種不可能憑藉物性充分理解的東西，所以單純物性才需要補充。洛采把價值或其「有效性」把握爲「讚許」的一種樣式，而這些東西的存在究竟說的是什麼？價值是怎樣「附著」在實體上的？這些疑問只能表明，問題從原則上已經提歪了。幹麼要先把使用物剝掉了皮然後再修補上呢？修補工作又以什麼爲藍本呢？要獲取這種藍本，豈不仍然需要把世內首先來照面的

存在者的整體現象收入眼簾嗎？那麼，我們為什麼不一開始就積極地從這種現象整體開展我們的分析工作呢？

笛卡兒把自然物性當作首先可以通達的世內存在者，又把世界問題等同於自然物性的問題，這樣就把問題收得更狹隘了。他臆想出一種最嚴格的認識方式，並堅持認為對存在者的這種認識也就是通達其存在的唯一可能的通道。然而，廣袤這種屬性根本無法說明實體的存在。我們同時還應看到：對這種物性存在論的種種「補充」仍然活動在笛卡兒式的教條基礎之上，根本不能把握使用物的上手存在。

我們在第十四節已經提示過：跳過世界及首先照面的存在者不是偶然的，不是僅僅需加彌補的疏忽，而是植根在此在本身的存在方式之中的。所以，至關重要的始終是分析此在的主要存在結構，從而獲得藉以理解一般存在的概念的視野。我們從業已理解了的存在概念出發，將能夠原始地理解上手狀態與現成狀態這些存在方式。到那時我們才能夠更充分地思考以下這些問題——

1　為什麼我們的存在論傳統從一開始就跳過了世界現象？——巴門尼德是明顯的例子。為什麼這種情況一再重演？

2　為什麼世內存在者跳進來代替了被跳過去的世界現象而成為存在論課題？

3　為什麼首先在「自然」中發現世內存在者？

4　當人們覺察到這種世界存在論必須加以補充的時候，為什麼要藉助價值現象來補充？

透過這些問題的答案，我們才能對世界問題的提法有積極的理解，才能說明為什麼這一提法始終闕如，而我們對如今仍頗流行的笛卡兒式的世界存在論所作的批判也才能充分言之成理。

笛卡兒把廣袤視作世界的基本存在論規定。但我們上面的考察應已擺明：廣袤這種屬性並不曾提供藉以理解世界現象的基地。不過，廣袤參與組建空間性，而空間性又對世界具有組建作用。就這一點而言，笛卡兒把廣袤提出來作為世內存在者的一切規定性的前提，有其現象上的道理，並為理解

某種先天事物做了準備。康德則更深入地確定了這種先天事物的內容。所以，我們雖然不像笛卡兒那樣把廣袤同空間性錯認爲一回事，對笛卡兒的世界存在論的討論卻仍然有助於我們從正面解說世界的空間性以及此在本身的空間性。當然，僅僅回溯到廣袤這一規定性並不就能理解世界及世內存在者的原始空間性，更不說理解此在本身的空間性了。

C.世內存在者的空間性與此在的空間性

我們在第十二節曾把「在之內」與「在之中」加以區別。「在之內」說的是一個具有廣袤的存在者被另一種具有廣袤的存在者包圍，而這兩者都現成擺在空間之內。此在的在世界「之中」卻不是以這種方式擺在空間容器之內。這不是拒絕承認此在具有空間性，而是要標識出此在特有的空間性。有待規定的則是：「在世界之中」的這種空間性質在何種意義上參與組建世界。特別有待表明的是：在周圍世界中照面的存在者本身的空間性植根於世界之爲世界，而不是反過來，彷彿世界倒現成存在在空間中。然而，只要世界之內的存在者同樣也在空間之中，那麼這種存在者的空間性就和世界具有某種存在論連繫。探索此在的空間性與世界的空間規定，這項工作要從分析世內存在者的空間性出發。

第二十二節　場所與位置

空間參與組建世界，所以我們在描述上手事物的時候，已經涉及它的空間性。不過我們尚未規定空間在何種意義上參與組建世界，尚未展示空間性如何包括在上手事物的存在結構中，而這就是當前的任務。

上手的東西是切近來照面的存在者，也就是「在近處」的存在者。「上手」這話已經提示出「近」。用具器物具有切近的性質，只不過這種切近不能由現成距離來衡量，而是由操作使用的尋視來了解的。操勞的尋視同時又是著眼於通達用具的方向來確定其遠近的。用具並非隨便擺在哪個空間點

上，而是在相互配置的整體中有其位置。即使它們四下堆著，也不同於單純擺在隨便什麼空間地點。工具聯絡使各個位置互為方向，這些方向又從聯絡整體得到規定。每一用具器物各依其何所用而各屬其所。因此，用具的何所用是它們各屬其所的條件，其何所用把它指派到它的何所在。我們把這些指向的整體稱為場所。

場所不僅標識用具的指向，也標識著用具處在某種環境之中。位置的方向與遠近都是在某個場所裡面得到規定的。所以，我們必須先揭示場所，才能確定各個位置。依場所確定用具器物的形形色色的位置，這就構成了世內存在者的周圍性質，顯明了從周圍世界上到手頭的事物環繞我們周圍的情況。空間性說的絕不是先有三個維度標識出種種可能的空間點，然後有現成物體擺到這些空間點上來。空間的維性還掩藏在上手事物的空間性中。「上面」說的是「屋頂那裡」，「下面」說的是「地板那裡」，「前面」說的是「門那邊」。一切「何處」都是由日常操勞的步法和途徑來揭示的，由尋視來解釋的，而不是以空間測量的辦法來確定的。

場所是就位置之間的連繫說的，位置是就存在者有其場所說的。場所在各個位置中向來已經上到手頭。上手事物的位置是向著操勞活動提供出來的，並向著其他上手事物制定方向。太陽的光和熱為人所利用，而太陽隨著這種利用的不斷變化而有其位置：日出、中午、日落、午夜。太陽不斷變化但又恆常上到手頭，它的位置變成了突出的「指標」，指示出我們「地上」生活的各種位置所處的場所。房子有向陽面與防風面，各個房間及房間裡的家具擺設就依照這兩面來配置。教堂與墓地分別面向日出和日落，那是生與死的場所。此在在操勞活動中總已先行揭示出了對它具有決定性牽連的場所。

場所雖然是位置的條件，但它通常是熟悉而不觸目的。往往當我們不曾在其位置上碰到某種東西的時候，位置的場所本身才首次成為明確可以通達的。操勞尋視首先把空間理解為用具整體的空間性。整個空間作為用具整體的位置向來就屬於存在者本身。這裡還談不上「純粹空間」。空間分裂在諸位置中。但既然具有空間性的事物是一個因緣整體，空間也就透過這種因緣

整體而有自身的統一。空間的空間性向來屬於世界自身。並非周圍世界擺在一個事先給定的空間裡，而是周圍世界特有的世界性質在其意蘊中展現出整體的因緣聯絡。因緣聯絡歸根到底是爲了此在的存在之故。只因爲此在在世並因而具有空間性，所以才可能讓上手事物在其周圍世界的空間中來照面。

第二十三節　去遠與定向

如果空間性參與組建此在的存在，那麼，「在空間中存在」顯然必得由這一存在者的存在方式來解釋。現成占據一個空間點，或在一個位置上上手，這兩者都是世內存在者的存在方式，不能說明此在的空間性。此在在世界之中，說的則是它操勞於世內存在者。操勞的空間性具有雙重性質，一重是定向，另一重是「去遠」：去除其遠而使之近。

此在在操勞中讓向來存在著的東西到近處來照面。這種去除其遠的活動揭示出存在者相去之遠近。此在唯通過這種相去之遠近才能規定世內存在者互相之間的距離。兩個空間點或兩個物體之間有大大小小的距離，但說不上有遠有近，因爲這些存在者哪一個都不能去除其遠而使之近。

辦到、準備好、弄到手，這些操勞活動都具有去其遠而使之近的性質。就連某些純認識的方式也具有這種性質。此在本質上有求近的傾向。我們當今或多或少都一起被迫提高速度，而提高速度的目的都是克服相去之遠。例如：無線電的出現使此在如今在擴展和破壞日常周圍世界的道路上邁出一大步。把「世界」帶到如此之近對此在都意味著什麼，現在還無法一目了然呢。

相去之遠近不在於明確計算距離。我們說：到那裡有一程好走，有一箭之遙，要一支菸工夫。這類估計也許不準確，也許變動不定，但它們在日常生活中自有其完全可以理解的確定性。即使官方核准的固定尺度已經熟爲人知，人們仍然以這種尋視的方式估計遠近。說一段路要走半個鐘頭，並不是說要走三十分鐘，而是一段綿延；而這段綿延又不是時間延伸的「長度」，而是透過走路這種操勞得到解釋的。這些尺度不僅不是用來測量距離的，還

表達出：相去之遠近屬於人們正操勞尋視的存在者，從而同上手事物一樣保持著自己特有的世內性質。上手事物不是對一個免於此在的永恆觀察者現成擺在那裡，而是在此在的尋視操勞的日常生活中來照面的。人們可能準確地知道客觀距離，但這個知卻還是盲的，它不具備以尋視揭示的方式接近周圍世界的功能。人們只是為了向「切身相關」的世界去存在並在這一存在之中才運用那種知識。接近與遠去向來就是操勞著向某種存在者存在。一段道路甚至可能日異其長度。「客觀上的」遙遠之途其實可能頗近，而「客觀上」近得多的路途卻可能行之不易，乃至永遠走不到盡頭。此在走在它的道路上，而此在上了路，並不是為了穿越一段空間。

若說對相去遠近的尋視是「主觀的」，那這樣一種「主觀性」大概揭示著世界的實在性中最為實在者。這和「主觀任意的看法」毫不相干，因為這類看法所看到的東西和存在者的自在存在完全是兩碼事，而操勞尋視所揭示的恰恰是此在向來就依之存在的「真實世界」的自在存在。

一上來就把遠近當作測定的距離，就掩蓋了「在世界之中」的原始空間性。切近的東西根本不是離我們距離最短的東西。切近的東西一旦用雷同的尺度去計量，它倒相去得遠了。此在以去其遠而使之近的方式具有其空間性，因此，我們首先越過在距離上最近的東西去聽去看。看與聽被稱為遠距離感覺，而此在卻主要逗留在它們之中。眼鏡近在鼻梁上，然而對戴眼鏡的人來說，這種用具比起對面牆上的畫要相去甚遠，乃至於往往不覺察它。用來遠距離通話的電話筒也有這種不觸目的性質。我們走路的時候，腳就觸在街道上，但比起20步開外的熟人，街道卻相去甚遠。周圍世界的空間首先是活動空間。尋視操勞逗留之處就是切近之處，就是藉以規定遠近之處。

去其遠而使之近並不意味把某種東西移到離身體距離最小的某一空間點。接近是以首先在操勞之際來照面的東西為準的。雖然也可說此在占據一個位置，但我們必須把這種占據位置理解為：去除上手事物之遠而使它進入由尋視先行揭示的場所。此在從周圍世界的「那裡」理解自己的「這裡」。此在就其空間性來看首先從不在這裡，而是在那裡；此在從那裡返回到它的這裡。而這就是說，此在透過從那裡上到手頭的東西來解釋自己有所操勞的

存在。

　　既然操勞活動始終具有去其遠而使之近的性質，上手事物就不可能沒有遠近。此在所能做的始終只是改變遠近，而不可能跨越這種遠近。此在當然可以跨越某一距離。不過，跨越距離本身是一種去其遠而使之近的操勞活動。此在隨身攜帶著去其遠使之近，而這就是此在本質上的空間性。此在以揭示空間的方式具有空間性，這就是說，以去其遠而使之近的方式對在空間中來照面的存在者有所作爲。

　　去其遠而使之近同時具有定向的性質。接近總是向著一定的場所接近。去遠與定向作爲「在之中」的組建因素共同規定著此在的空間性。標誌突出地具有指示方向的功能，這種用具使上手事物的何所來何所往對操勞尋視保持開放。

　　就像此在隨身攜帶著去其遠而使之近一樣，它也隨身攜帶著定向活動。左和右這些固定的方向就源自這種定向活動。此在空間化在它的「肉體」中，而這種空間化也依循這些方向標明。所以，用在身上的上手事物必須依左右來定向，例如：手套就是這樣。相反，其他用具雖然需要稱手，卻不是用在身體上的。所以，錘子雖然由手來掌握使用，卻無左錘右錘之說。

　　不過須得注意：左右不是主體的「主觀感覺」，而是像其他定向活動一樣來自此在的在世，是面對總已上到手頭的世界制定的方向。透過康德所說的那種「對我的兩側之區別的單純感覺」，我絕不可能在一個世界中辨清方向。具有這種「單純感覺」的主體是一個虛構的入手點。眞實的主體，即此在，總已在一個世界之中，並在這個世界之中爲自己制定方向。從康德所舉的那個例子就可以看清楚這一點。

　　假設我走進一間熟悉卻昏暗的屋子。我不在的時候，這間屋子完全重新安排過了，凡本來在右邊的東西現在都移到了左邊。我若要爲自己制定方向，除非我掌握到了一件確定的對象，否則「對兩側之區別的單純感覺」是毫無助益的。談及這一對象時康德附帶說道：「我在記憶中有其地點」。但這意味著什麼呢？無非是我必定從我一向寓於其中的某個熟悉的世界爲自己制定方向。某個世界的用具聯絡必須先已給予此在。我一向寓於某個世界，

這對制定方向是起組建作用的，其作用絕不亞於對左右的感覺。此在的這種存在建構是不言而喻的，但不能以此為理由來壓低其組建作用。康德實際上也不可能無視這種基本建構，他所說的「我在記憶中有其地點」利用的正是這一建構。然而，他卻從心理學來闡釋這一在世建構，從而遠離了適當的存在論解說。此在的整體建制即在世是制定方向的基礎，而一般的定向活動又是按照左右制定方向的基礎。當然，康德並非意在專題闡釋定向活動，他不過是要指出凡制定方向都需要某種「主觀原則」。但在這裡，「主觀」所意謂的應是：先天。然而，依左右而定向的先天性卻植根於在世的先天性，這種先天性和先行侷限於無世界的主體完全是兩回事。

我們解說了世內上手事物的空間性與在世的空間性，這才使我們得以清理出世界的空間性現象，得以提出空間的存在論問題。

第二十四節　空間性與空間

此在在世隨時都已揭示了一個世界。尋視在世是具有空間性的在世。只因為此在以去其遠而使之近以及以制定方向的方式具有空間性，周圍世界上到手頭的東西才能在其空間性中來照面。用具器物在一定的方向和遠近上定位。這樣展開的空間尚不是純粹的三度空間，而是定位的聯絡。上手事物包含著位置和場所的空間因緣。基於這種空間因緣，「讓世內存在者來照面」就是一種「給予空間」或「設置空間」，即向空間性開放上手的東西。設置空間的活動揭示出、先行提供出位置的整體性，從而我們能夠實際上制定方向，能夠移動事物、清除事物、用事物來充塞等等。既然是在世的此在展開了空間，那麼應該說空間在世界之中，而非世界在空間之中。但這並非說空間處在主體之中，亦非說主體把世界「當作」在一空間之中，而是說，從存在論上正當理解的「主體」即此在本身具有空間性。因為此在以上述方式具有空間性，所以空間顯現為先天的東西。先天在這裡不是說空間先行屬於一個尚無世界的主體而事後從這個主體拋射出來，而是說凡上手事物來照面之際，空間也已經作為場所來照面了。

　　先行得到揭示的場所首先是不觸目的。然而，空間性也可以成為專題，成為計算和測量工作的任務，例如：在蓋房和丈量土地的時候就是這樣。這些專題化主要還是以尋視方式進行的，但這時空間就其本身而言已經以某種方式映入眼簾。空間首先就在這類專門的操勞尋視中隨著在世而被揭示。認識活動基於如此這般專題化了的空間性才得以通達空間本身。我們可以靜觀空間，並透過對空間的「形式直觀」揭示出純粹空間的各種可能關係，而這樣做的代價是使空間性失去了它原本包含的意蘊。對空間的靜觀使周圍世界的場所中立化為純粹的維度，使原本屬於用具器物的位置淪為隨便什麼物件都可以占據的地點。空間性失去了因緣性質。世界失落了特有的周圍性質，周圍世界變成了自然世界。「世界」作為上手用具的整體經歷了空間化而成為只具有廣袤的現成物體的聯絡。具有世界性質的上手事物異世界化了。單質的自然空間就在這種異世界化的存在者那裡顯現出來。總之，我們需要通過一段階梯才能達到純粹的單質的空間，但考察這些階梯的連繫超出了本書的範圍。

　　對於在世的此在，空間總是作為已經揭示了的空間出現的。但空間又是某種東西的純粹空間性存在的條件；就此而論，空間本身首先仍然掩蔽著。空間誠然在一世界之中顯示出來，但單憑這一點還不足以決定空間的存在方式。此在先天具有空間性，但空間的存在方式不同於此在的存在方式。在衍生的意義上，上手事物和現成事物也具有空間性，但空間不一定和它們具有相同的存在方式。我們不能從廣袤物的存在方式來理解空間的存在方式。但它也不是這類廣袤物的「現象」——那樣的話，空間就其存在來說就和這些物體無所區別了。但更不能由此推論說空間的存在等同於主體的存在，可以理解為僅僅「主觀的」存在——且不談這種主體的存在本身還疑問重重呢。

　　空間的存在論地位直到今天還游移不定，這主要不是由於對空間的內容缺乏知識，而主要是由於對一般存在的諸種可能性缺乏原則性的透視。要從存在論上理解空間問題，關鍵在於把空間的存在從那些偶或可用、多半卻頗粗糙狹窄的存在概念解放出來，放眼看到空間性實際上如何現象，從而把空間存在的討論引導到一般存在問題的討論方向上來。

　　空間規定不是世內存在者的首要規定，也不是首要規定之一，更不是世界現象的首要規定。不可能透過周圍世界的異世界化通達空間，唯回溯到世界才能理解空間。只不過，在世的此在本質上具有空間性，所以空間也參與組建世界。

第四章

共在與自己存在，以及常人

　　前面對世界之爲世界所作的分析始終都把在世的整體現象收在眼中。不過，日常此在主要透過操勞活動在世界之中存在，所以，我們首先透過用具器物對世界進行闡釋。現在我們將探討在世的另一個組建環節，即日常生活中的此在本身。這一課題的主導問題是：日常此在是誰？這一問題將把我們引到共同存在與共同此在這些此在結構。透過這些結構，我們將看到，日常生活中的此在自己乃是「常人」。

第二十五節　此在是誰？

　　我們在第九節提出：此在就是我自己一向所是的那個存在者。這一形式上的提法似乎已經回答了此在爲誰這個問題。人們把這個存在者稱作 subjectum 或「主體」，即在形形色色的他性之下的自一者。更進一步，主體就是在變換不定的行爲及體驗中保持同一的「自我」。人們所理解的「主體」或「自我」其實是在一個封閉域中始終現成存在的東西，是一種比其他根據更優越的根據而已。人們現在不願再把靈魂、意識、人格稱作實體，但人格等等的存在方式卻始終未經規定，這恰恰因爲人們其實仍然不言而喻地把主體理解爲以實體那樣的現成方式存在。然而，我們絕不可把此在的存在方式倒錯爲現成存在，即使在看似無關緊要之處也不行，這是生存論問題的提法不容破壞的紀律。

　　此在向來所是者就是我。這是一個存在論規定。實際存在上有一個與之

相應的提法：我，而非他人，是這一存在者。然而，這個提法相當粗糙，我們不可誤以爲它在存在論上已經提供了理解此在的可靠指示。甚至就實際存在而言，這個提法也不一定適合於重現日常此在的現象實情。日常此在也可能恰恰不是我自己。關於此在爲誰的問題，最爲自明的答案自古流行至今，從中又衍生出形形色色的提法。我們必須在這種種答案和提法面前保持警惕，堅持從我們所要探討的存在者本身所展示的現象來進行現象學闡釋，而謹防把問題提顛倒了。

　　然而，健康的方法論不是要求我們從明白無誤的給定性著手嗎？有什麼東西比我的給定性更毋庸置疑呢？爲了牢牢抓住這個我的給定性，就得撇開一切其他連同給定的東西——不僅要撇開「世界」，而且要撇開其他「諸我」。這種「給」的方式是素樸的、形式上的、反省的「我」之知覺，而給出的東西是明白無誤的。也許如此。關於這些內容的討論甚至還可能爲「形式上的意識現象學」制定框架，從而形成一項獨立的現象學任務。但即使上述方式開展了此在，我們仍須問一問：它是就此在的日常生活開展出此在來嗎？對自我的素樸知覺和反省究竟是不是先天自明的？也許日常此在基於其本身的存在方式通常就以扭曲的形式給出「自我」，其通常的自我解釋適足把生存論分析引入迷途。此在也許首先和通常不是它自己。此在總是說：我就是我自己；但也許偏偏它不是自己的時候它說得最起勁。「我就是我自己」這一說法在實際存在上盡可以是正確的，但在存在論工作中採用這類命題則要求在原則上有所保留。「我」只可理解爲某種東西的不具約束力的形式標記：這種東西在某些現象的存在聯絡中也許會綻露自身爲它的對立面。但這絕不等於說「非我」在本質上缺乏「我性」。「非我」是「我」本身的某種確定的存在方式，例如：失落自我。

　　如果我們意在從現象上充分回答日常此在爲誰的問題，那麼前此提供的正面的此在闡釋就已經禁止我們從自我的形式給定性出發了。我們已再三提示，無世界的單純主體並不首先存在，也從不曾給定。同樣，無他人的絕緣的自我也並不首先「給定」。但又不像舍勒所說的那樣，彷彿因爲他人共同在此的現象是「給定的東西」，因而這種現象的存在論結構也就不言而喻無

須探索了。不過，日常此在爲誰不僅在存在論上是個問題，而且在實際存在上也晦暗不明。把日常生活中的共同此在的方式從現象上收入眼簾並從存在論上加以適當解釋，這正是我們的任務。

關於此在存在的基本建構，第九節與第十二節曾做過兩個形式上的提示：此在就是我；此在的「本質」根基於它的生存。就眼下的任務來說，後一個提示是更重要的指導線索。「我」只有從生存論上才能得到解釋，因爲此在既可以作爲獨立自依的此在生存，又可以在喪失自我的方式中生存。人們也許會擔心，若把自我理解爲此在的存在方式之一，那就取消了自我的核心意義。滋養這種擔心的仍是把此在看作現成事物的成見。然而，人的「實體」不是綜合靈魂與肉身的精神，而是生存。

第二十六節　他人的共同此在

我們應當從日常此在滯留於其中的那種存在方式來追索日常此在爲誰。此在的任何一種存在樣式都是由此在在世這種基本建構規定的。迄今爲止，我們只討論過世內存在者前來照面的情況，這個限制有助於簡化我們的闡釋。然而，第十五節已經說到，勞動產品原是爲承用者製作的，所以承用者隨著世內存在者一道照面。同樣，材料的製造者或供應者也隨著操勞所使用的材料一道來照面。手頭的書是從某人那裡買來的，或是某人贈送的。我們沿著一片園子的外圍走，而不是穿過園子，因爲它是別人的園子，由這個人維護得井井有條。靠岸停泊的小船在它的自在中就指向用它代步的人。他人隨著來照面的用具器物不是一些現成物體，彷彿他人只是附加在這些物體上。這些用具器物在它們由之而來照面的世界中對於他人是上到手頭的，而這個世界自始也總是我的世界。

可見，此在的世界開放出來的不僅有用具與物體，而且有以在世方式存在的存在者，他們和此在本身具有同樣的存在方式。他們在這個世界中以在世界之內的方式來照面。他們也在此，他們共同在此。

但對他人來照面的情況的描述卻又總是以自己的此在爲準。然而這樣一

來，我們豈不照樣先把「我」高標特立加以絕緣，然後才從這個主體過渡到他人嗎？但必須注意，這裡說到他人，並不等於說在我之外的全體餘數，而這個我則從這全部餘數中兀然特立。他人倒是我們本身多半與之無別、我們也在其中的那些人。共他人在此不等於共同現成存在。這裡的「共同」是一種此在式的共同，即共同在世，所以世界向來也總是我和他人共同分有的世界。此在的世界是共同世界，在世就是與他人共同存在，他人的自在存在就是共同此在。

說到他人，一下子就會湧上來一批把他人解釋爲現成存在者的理論虛構，因此我們必須格外強調他人從周圍世界來照面的現象實情。此在並非先針對他人把自己的主體區別開來，也非先把一個靜觀到的自我擺在那裡藉以把他人區別開來，彷彿唯有這樣做了他人才能來照面。他人是從此在操勞於其中的那個世界來照面的。凡此在都首先從世界方面來照面，甚至包括自己的此在。恰恰當此在不在那裡玩味自己的體驗，當此在不在其行爲舉止中總意識到一個主體中心，它的此在才自然湧現。此在首先在它所經營、所需求、所防備的東西中發現自己。

甚至「我這裡」這個說法也必須從生存論空間性來理解。第二十三節曾提示，「我這裡」不是指我這物體特具的一個空間點，而須從上手的世界「那裡」來加以理解。此在日常操勞之際就滯留於「那裡」。洪堡指出，有些語言用「這兒」表達「我」，用「此」表達「你」，用「那兒」表達「他」，並說這些語言是用地方副詞來表現人稱代詞。表達地點的詞是副詞還是代詞，其原始含義究竟是什麼，人們爭論不休。但若注意到地方副詞和作爲此在的我有一種關聯，這種爭論就喪失立足之地了。「這兒」、「那兒」與「此」原本都不是純粹的地點規定，而主要是此在的規定，具有生存論空間性的含義。它們也不是代詞，它們的含義發生於地方副詞與人稱代名詞分野之前。而這種原始含義提示：此在之解釋在未經理論上的歪曲之前是直接就此在寓於世界的情況來看待此在的，是直接就此在有所定向地去其遠使之近的操勞來看待此在的。在說「這兒」時，消融於其世界的此在並不是向自身說過來，而是從自身說開去，說到一個在尋視中上到手頭的東西「那

兒」去，但這時此在還是意指自身。

　　他人的共同此在同樣從世內存在者方面來照面。但即使「他人自己的此在」成為課題，他們也不是作為現成的人稱物來照面。我們仍然是在他們的在世中和他們相遇。即使我們看到的他人「空佇立」的時候，看到的仍然不是現成的人這對象。「佇立」是一種生存論上的存在方式：無所操勞無所尋視，心遊目想而不滯留於任何事情。人人都在其共同在世的此在中照面。

　　但「此在」這個術語明白表示：此在作為存在者可以與他人區別開來，可以與他人無涉。然而就其存在而言，此在本質上就是共同此在。他人能夠作為共同在世界中的存在者為某一個此在開展出來，只因為此在自己本來就是共同存在。同樣，只因為自己的此在具有共在的本質結構，自己的此在才能為他人照面。此在本質上是共在，這話卻不是說：我並非獨自現成存在，還有我這樣的他人與我並列。那樣的話，此在是不是共在就每一次都要由他人是否出現而定了。即使他人實際上不現成擺在那裡，不被感知，共在也從生存論上規定著此在。他人只能在一種共在中而且只能為一種共在而不在。獨在也是共同在世，是共在的一種殘缺樣式。此在可能獨在恰是共在的證明。另一方面，有第二個人或更多的人排列在我旁邊並不能消除實際上的獨在。有一大群人在側，此在也能獨在。然而，那一群人也非只是現成排在那裡而已。他們即使陌同路人，他們也共同在此 —— 以冷漠的方式共同在此。我們不能把共在理解為許多現成主體的總計。只有在某種特定的衍生的共在方式中，我們才會把他人當作一些數字來計量。這種計量卻沒有認真和他人共在，沒有真把他人「算數」。

　　我們把此在的一般存在規定為操心。這一點將在本篇第六章詳細闡釋。現在需要講明的是，共同此在也是從操心的現象得到解釋的。我們用操心的現象來解釋此在對用具器物的作為，從而把這些總稱為操勞。雖然共在也是面向在世內照面的存在者的存在，但操勞這個術語不適合於共在，因為此在作為共在對之有所作為的存在者不具有用具器物的存在方式，而具有此在的存在方式。為此我們選用操持（Fürsorge）這個表達式。

　　供給衣食，看護病人，這些都是為他人操持的實際事例。但像「操勞」

一樣，我們把「操持」專用爲生存論結構的術語。例如：社會福利事業這種實際的操持活動就植根於共同此在的生存論建構。之所以實際上迫切需要社會福利，正因爲日常此在生存在操持的殘缺樣式中，各自顧各自的。互相慈恵、互相拆臺、各掃門前雪，這些也都是操持的樣式。這些殘缺樣式恰恰表明日常相處的特點。事不關己的日常相處很容易把存在論闡釋引入歧途，使得人們把共在首先解釋成許多主體現成擺在一起。然而，無關緊要地擺在旁邊和冷漠相處實有本質上的區別。

就其積極的樣式來看，操持有兩種極端的可能性。一種是代庖，這種操持方式多半關乎對用具器物的操勞：此在把有待操勞之事從他人那裡攬過來，使他人完全脫卸其事。這種做法把他人擠出原地，用自己的此在代替了他人的此在，竟至於取消了他人的操心。這種操持方式很可能把他人變成依附者，雖然這種控制也許默不作聲，而被控制者也始終無所覺察。代庖這種操持方式在廣大範圍內規定著日常共在。

另一種操持則與此相反：不去代庖，而爲他人自己的生存做出表率；不是從他人那裡攬過操心來，而是把操心眞正作爲操心給回他，讓他人在他自己的操心中明見自己而得自由。這種操持方式涉及的不是他人所操勞的事務，而是涉及他人的生存，涉及本眞的操心。

在這兩種極端的可能性之間，操持活動有多種多樣的混合形態。總的說來，操持既涉及世內存在者，也涉及此在的本眞存在。日常共處通常卻限於共同操勞的事務。源於從事共同事務的共處多半不僅流於表面，還需小心謹愼地保持距離。僱來共事的人們常常只靠猜疑來滋養他們的共處。反之，爲共同事業齊心勠力卻基於每一參與者各自掌握了自己的此在。眞實團結在一起的此在才能做到實事求是，從而讓他人的此在自由湧現。

操持爲共他人同在所固有，一如操勞爲使用用具器物所固有一樣。操持也同操勞一樣，其日常樣式不言自明，從而並不觸目。與操勞尋視相應，操持由顧視、顧惜得到指引。不管不顧、無所顧惜、見死不救都是顧惜的殘缺樣式。

第十八節曾指出，用具器物之能夠來照面，之能夠爲尋視所揭示，歸

根到底是爲此在的存在之故。而此在本身也正是爲這種存在之故而存在。這裡又表明，他人的存在是共同此在。因而此在作爲共在本質上是爲他人之故而存在。即使此在不屈就他人，即使它以爲無需他人，或者當眞離群索居，它也是以共在的方式存在。共在就是生存論上的「爲他人之故」。他人的此在已經透過共在展開了。這種先行開展參與組建意蘊，參與構成世界之爲世界，因爲世界之爲世界是在「爲何之故」中確定下來的。

此在對存在的理解中包含對他人的理解。這種理解同樣不是由認識得到的知識，而是一種原始生存論上的存在方式。此在的自我認識也以對共在的理解爲基礎。此在和他人一起在周圍世界中有所操勞有所尋視有所發現，而自我認識首先來自對這些活動的理解。日常操持往往以操勞於用具器物的方式出現，所以，此在也首先從操勞所及的事務來理解操持活動和他人。再則，日常共在多以殘缺的操持樣式出現，所以此在需要熟悉種種交往共事才能認識他人和自己的共在。但若共處採取了矜持、隱祕、喬裝的形式，那就還需要透過某些特殊的途徑繞到他人後面才能接近他人了解他人。

向他人公開自身或封閉自身都以共同在世爲基礎，而且其本身就是共同在世的方式。同樣，對他人的認識也來自與他人共同在世。我們和他人打交道，有時需要專門了解他人，琢磨他人的行止，但這種認識還不就是對「他人心理」的理論認識。然而，對共在的理論研究很容易最先注意到對他人的專門認識，結果反把它當成了共在的基礎和條件。「移情說」就主張，我們若要眞正理解他人，就需要把自己的感覺移置到他人身上，直至於感同身受。「移情」這個名稱就不很恰當，彷彿首先給定了一個煢煢子立的自己，透過移情的橋梁作用才通到原本封閉著的其他主體。向他人存在是一種不可還原的現象。不可否認，對他人認識得是否貼切有賴於各個此在自我認識得是否透澈。但透澈的自我認識原就包含無所僞飾地洞見自己的此在如何與他人共在，而這種洞見則只可能基於與他人共同在世。移情像一般認識一樣絕不是原始的生存論現象，並非移情產生共在，而是移情基於共在。而且，移情之所以不可或缺，其原因在於占統治地位的乃是共在的殘缺樣式。

共他人同在是此在對此在的存在。移情論者會說：每一此在都包含對自

身存在的理解，因此包含一種此在對此在的存在。於是，對他人的存在仍是一種投射，即把自己對自己本身的存在投射到對他人的存在上，而他人仍是自我的一個複本。不難看出，這種講法假設此在在對自己有所理解有所作為的時候是把自己當作一個他人來理解來行動的。這個假設是站不住腳的。我們將在後面，特別是在第六十四節，討論此在在何種意義上向它自己存在。

本節表明：共在是在世的生存論環節之一。共同此在具有世內照面的存在者的存在方式。而自己的此在在日常操勞之際也首先和通常消融在對他人的共在之中。那麼，日常此在是不是它本身？日常共在一處的究竟是誰？

第二十七節　日常的自己──常人

他人隨著所操勞之事來照面，他們是他們所從事的東西。此在在操勞活動中或與他人合謀或反對他人，無論怎樣，反正它總在為與他人的差距操心，或者為自己的此在落在他人後面而要奮起直追，或者已經優越於他人還要壓制他人。為這種差距而操心使日常共處擾攘不寧──雖然這一點對共處本身諱莫如深。但愈是諱莫如深，它就愈是頑強地發揮作用。

然而，無論是要縮小與他人的差距還是要保持或擴大差距，此在恰恰是以他人為準來衡量自己，從而使自己的存在消解在他人的存在方式之中。如今，此在透過公共交通工具與他人交往，透過報紙等媒介與他人溝通消息，在這樣的公共世界裡面，此在更其消解在他人的存在方式之中。此在不是自己存在，他人從它身上把存在拿去了。在日常共處中，此在處於他人的號令之下。然而，各具特點的他人卻也消失不見了，每一個他人也都和其他人一樣。發號施令的不是確定的他人，與此相反，每個人都屬於他人之列並鞏固著他人的權力。誰代表這些他人無關緊要，要緊的只是他人在不知不覺之中取走了此在的各種可能性而形成對日常生活的統治。稱之為「他人」，只是為了掩蓋自己從屬於他人的情形。誰日常在世？這個誰不是這個人，不是那個人，不是人本身，不是一些人，不是一切人的總數。這個誰是日常共處中首先和通常在此的人，是個中性的東西：常人（das Man）。

　　在這種含含糊糊的局面中，常人展開了他的獨裁。常人怎樣享樂，我們就怎樣享樂；常人對什麼東西憤怒，我們就對什麼東西憤怒；常人對文學藝術怎樣閱讀怎樣判斷，我們就怎樣閱讀怎樣判斷；竟至常人怎樣從大眾抽身，我們也就怎樣抽身。

　　常人把公眾世界保持在平均狀態中，而日常此在也就為平均狀態操勞。平均狀態是一種常人的生存論性質。平均狀態規定了什麼是本分之事，什麼是容許去冒險嘗試的事情。平均狀態看守著可能冒出頭來的異品奇才，不聲不響地壓住一切特立獨行。一切遠見卓識都在一夜之間磨平為早已眾所周知，一切奮鬥贏來的成就都變成唾手可得之事，一切祕密都失去了它的力量。常人把生存的一切可能性都規劃平整。

　　常人透過輿論獲得自我解釋。輿論始終正確，並調整著對世界與此在的一切看法。這當然不是因為輿論具有格外的透視能力，倒是由於輿論從不深入事情本身，由於它對水準高低與貨色真假毫無敏感。輿論把一切都變得半明半暗，在這種朦朧之中，事物的本質差別掩蔽不彰，結果倒彷彿人人都可以通達任何事情。

　　常人預定了一切判斷與決定，已經從每一個此在身上把責任拿走了。尤其當此在輕舉妄動之時，常人就用卸除存在之責的辦法去迎合它。這種迎合鞏固了常人的頑固統治。信誓旦旦的常人到處在場，為一切擔保。然而，凡此在挺身出來決斷之處，常人卻總已經溜走了。因為一直為事情擔保的，原是「查無其人」。日常生活中的大多數事情都是由我們不能不說是「不曾有其人」者造成的。

　　上面的描述揭示出此在的常態。「常態」不是指持續的現成存在，而是指此在作為共在的存在方式。在日常共在中，本己此在的自我以及他人的自我都還沒有發現自身或者是已經失去了自身。常人的存在是非自立非本真的存在。這卻絲毫不減日常生活的「現實性」。剛剛相反，倘若我們竟要把此在式的存在稱為「實在」，常人就是日常生活中「最實在的主體」。當然，常人的實在無須乎像一塊現成的石頭那樣觸之鑿鑿。我們不能從現成性來了解常人。常人愈是躲躲閃閃不可捉摸，它就愈不是空無。它也不是把大量主

體身上的共同品質加以總結得出來的「一般主體」。人們這樣設想，是因爲已經認定：凡不是個別事例，就只能是種和類。傳統邏輯在我們所討論的現象面前無能爲力：常人不是一些個別的此在，也不是飄浮在許多此在之上的類。但若想一想傳統邏輯原根基於關於現成事物的存在論，這也就不足爲奇了。即使依循「人文科學」爲方向來改善與擴充傳統邏輯，原則上還是費力不討好，反倒徒然增加存在論的迷亂。

　　日常此在從常人那裡汲取自我解釋。存在論闡釋也有首先追隨這種解釋的傾向。於是，此在及其存在就都被理解成了現成狀態。這樣一來，作爲此在在世的基本環節的世界現象也被跳過去了。我們正面展示出日常在世的現象，同時也就說明了傳統存在論的錯失的根源：這一根源正是此在日常存在的存在建構本身。

　　自己的此在的「主體性質」與他人的「主體性質」都須從生存論上得到規定，從某些去存在的方式得到規定。常人作爲生存論上的原始現象，是此在的積極的組建環節之一。對此在日常狀態的考察提供了對此在的基本建構的具體理解。常人這一生存論環節又可能有種種不同的具體表現，常人統治的突出程度在歷史上也變居不定。

　　這個常人，就是日常此在爲誰這一問題的答案。日常此在消融在常人之中，日常生活中的此在自己就是常人自己。我們把這個常人自己和本眞的亦即由自己掌握的自己加以區別。我首先從常人方面被「給予」我自己，此在所熟悉的他自己就是這個常人；用具器物也是在常人的限度之內以平均方式向日常此在照面的。此在首先是常人而且通常一直是常人，它若要開展出它的本眞存在來，就還得發現自身，而這要求把它自身的僞裝拆除，同時也要求把蒙在「世界」之上的假象掃清。本眞生存並非從常態解脫出來的非常狀態，而是常人的一種生存變式。日常共處好像近乎現成存在而實不然。至於本眞的存在就更不能被理解爲現成狀態了。本眞生存中自己的自一性與在形形色色的體驗中保持一個現成自我的同一性，完全不是一回事。

　　我們已經闡釋了操勞與操持這兩個本質環節。關於此在的在世，還有什麼東西可以進一步加以展示呢？從哲學人類學著眼，前此從生存論上提出來

的先天的東西還頗需要整理和補充，我們至少還可以描述操勞及其尋視和操
持及其顧視的種種衍化形式。我們也可以透澈解說世內存在者的種種存在形
式。但這些不是本書的目標所在。我們將從基礎存在論著眼，轉而專題追問
在世的另一本質環節「在之中」。

第五章

「在之中」之爲「在之中」

第二十八節　專題分析「在之中」的任務

　　準備性的此在分析工作旨在展示「此在在世界中存在」的原始統一結構。我們在前兩章分別討論了世界現象和日常此在爲誰，本章將闡釋「在之中」（In-Sein）這一環節，透過這一闡釋，我們將來到此在原始存在的整體——操心。的確，對「在之中」這一環節的闡釋特別有助於我們逼視在世結構的整體，正因爲此，本篇第二章先就略述過「在之中」，以便我們在後來分析在世諸環節時能夠始終保持整體的眼光。無論討論的是哪一個環節，我們都要記取：它們在生存論上是同等原始的。這一點常遭忽視；這是因爲人們在方法上未經管束，事無鉅細，總傾向於歸結到一個簡單的元根據上。

　　我們曾經提示，生存論上的「在之中」有別於某一現成事物在另一現成事物「之內」。它也不是一個現成主體與一個現成客體之間的交往。把此在理解爲主體和客體「之間」的存在倒離現象實情近些，但這種提法仍會導向歧途，因爲這樣一來就仍然設定了有兩個現成的存在者，從而才有「兩者之間」。一旦事先割裂了「在之中」這種現象，就別指望再用那些碎片重新合成這一現象。不僅沒有泥灰，也沒有可藉以進行拼合的圖紙。關鍵在於從一開始就防止割裂，保障正面的現象實情。這些本來不言而喻，不講也罷；但「認識問題」的傳統處理方式卻始終割裂了「在之中」這一現象，所以我們有必要再次做一番說明。

此在向來就是它的「此」。「此」既可以解作「這裡」，又可以解作「那裡」。必須這樣規定此在在世的「處所」：「我這裡」總是從操勞所及的「那裡」來理解自身的。而這個「那裡」則是有所操勞地「向那裡存在」。此在本質上秉有解除封閉的性質。「此」這個字指的就是這種本質性的開展。人之中有「自然之光」這一形象的說法指的無非是：此在只要存在著就是它的此，就是已經明敞的。不是靠其他存在者照明——此在本身就是明敞。就像一片林中空場，有了這片空場，存在者才可能由光線澄照，才可能在晦暗中掩蔽。此在從來就攜帶著它的此；此在就是它的展開狀態；此在作爲它的「此」存在，爲它的「此」存在。

我們將在現身與理解中看到組建此在之「此」的兩種同等原始的方式；接著我們將討論現身與理解的一些重要的具體樣式；然後我們將分析現身與理解怎樣由話語加以規定。除了描述展開狀態的主要存在建構而外，我們還將闡釋此在日常在此的方式。

A.此的生存論建構

第二十九節　現身情態

此在透過其此情此境的切身感受向自己顯現自身。我們在存在論上用「現身情態」這個術語來指稱這種身處其境而有所感有所知的情形。在實際存在上，現身情態是最熟知的日常現象：感覺、情緒、情感，例如：心平氣和，心煩意亂，從昂揚轉而爲沮喪或反之。存在論一向把諸如此類的情緒當作游離易變而無足輕重的東西束之高閣。甚至情緒心理學的園地也是一片荒蕪。然而，這些現象在存在論上並非一無所謂，而是組成了最基本的生存論環節。在對情緒進行任何心理學研究之前，就應當先從生存論存在論上廓清其存在結構。

情緒可能變來變去，但此在總具有情緒。無精打采、了無情緒也是一

種極端意義上的情緒。恰恰在這種揮之不去的平淡淡懶洋洋之中，此在對它自己厭倦起來，存在作為一種負擔公開出來。為什麼？不知道。此在不可能知道這些，因為相對於情緒的原始開展來說，認識的各種開展方式都太短淺了。在情緒中，此在被帶進它的處身之所。不識盧山面目，只緣身在其中。另一方面，昂揚的情緒則能夠解脫存在的負擔。在這裡，透過使負擔解脫的情緒，存在的負擔性質成為可通達的。情緒把存在帶進它的「此」。

情緒向此在開展出此在在此的存在：只要此在作為存在者存在，它就已經託付於這個存在者，它存在且不得不存在。正是在種種錯以為最無關宏旨的情緒中，此在的存在才能夠作為赤裸裸的「它存在著」綻露出來。而這一存在的何所來何所往仍留在晦暗中。在日常情況下，此在常常不向情緒「讓步」，不追隨情緒開展出來的此之在。在這種不肯屈就的情緒中，此在以閃避的方式是它的「此」。

此在的何所來何所往掩蔽不露，而「它存在且不得不存在」本身卻越發昭然若揭——我們稱之為被拋（Geworfenheit）。這一存在者被拋入它的此，這個被拋境況從生存論上標識出此在的生存實際。生存實際指的不是有塊岩石橫在那裡或諸如此類的事實，它根本不是現成狀態上的事實性。生存實際所說的是：此在從來已經在世界之中，從而它能夠理解到依照自己的「命運」它就同那些在它自己的世界之內向它照面的存在者的存在縛在一起了。

被拋境況只有通過現身在世才向此在展開，而不是由靜觀發現的僵硬事實。此在在現身在世之際才展現它自己的生存實際。現身把此在自己帶到它自己面前。此在屈就或逃避它的生存實際，而它的實際生存就是透過這類屈就和逃避展現的。此在通常不屈就情緒公開出來的負擔性質，當這種負擔性質在昂揚的情緒中被解脫的時候，此在更不去屈就它。日常此在通常以逃避的方式現身為它所是的東西。我們在討論沉淪現象時將更進一步分析這種逃避的生存論意義。

現身同發現自己處於某種心態大相徑庭。現身沒有覆去翻來內省之意。我們能夠體驗，能夠內省，倒因為「此」已經在現身中展開了。現身情態把

此開展得更原始些。然而，比起無所體驗無所反省，現身情態的封鎖作用也來得更頑固些。所以，我們不可把情緒展開的東西和此在在情緒中認識到的乃至自以爲認識到的東西混爲一談。那樣一來，我們就完全誤解了情緒開展了什麼以及情緒如何開展。「展開了」不等於說「如其本然地被認識了」。情緒把此在帶到「它存在著」面前來。即使此在確信如此展開的東西將往何處去，或透過理性追查認識到它從何處來，這個「它存在著」仍在一團不爲所動的謎樣氣氛中同此在面面相覷。我們絕不允許用理論認識到的確定性來描述現身情態的明白性質，因爲這麼做倒減少了現身情態的明明白白。非理性主義與理性主義唱對臺戲，理性主義看不見的東西，非理性主義也並不正視，只是把情緒現象推進非理性事物的避難所了事。我們卻不可自限於消極地劃分現身同內心反省之間的區別，而須進一步積極地洞見到現身的開展性質。

　　現身情態遠不是經由反省的，它恰恰是在此在無所反省地委身任情於它所操勞所操持的事情之際襲擊此在。情緒襲來。它既不來自外部也不來自內部，它就在此在在世的整體中升起。例如：在情緒沮喪的時候，此在面對自己，相視無睹，周圍世界也沉入抹去了差別的灰色，操勞的尋視和操持的顧視面對一片迷茫。情緒把在世作爲整體展開，而非首先藏在心靈內部，事後又以不可索解的方式升騰而出，在物和人上面抹上一層「情緒色彩」。此在、共在和世界在現身情態中同樣原始地展開。而展開狀態本身本質上就是在世。

　　現身情態參與規定世內存在者來照面的方式。用具器物以有用、無用、可喜、可厭、可怕等等有所牽動的方式來照面。唯由於此之在具有能受牽動的現身情態，它才能讓用具器物在這些方式中照面。只有現身在懼怕或無所懼怕之中的存在者才能讓事物作爲可怕的東西展開。只因爲「感官」屬於現身在世的存在者，所以感官才可能被觸動，才可能「產生感覺」，從而使觸動者在感觸中顯現出來。否則，無論壓力多強大，都不會有所觸動。我們原則上必須把對世界的原本揭示歸功於現身情態。純直觀即使能深入到一種現成事物的最內在的脈絡，它也絕不能揭示其可怕或可愛等等。現身情態參與

組建世界的開展。理解這一點有助於我們更深入地理解世界之爲世界。

按照絕對認識的尺度來衡量，現身的開展活動廣泛地發生誤差、造成錯覺。這種說法往往忽視了「錯覺」的積極性質。恰恰透過這種隨情緒閃動的感知，上手事物才以其特有的世界性顯現出來。世界之爲世界沒有一天一成不變，理論靜觀卻把世界淡化到現成事物的齊一性之中。誠然，透過平整齊一的理論規定可以獲得關於存在者的一種新的知識財富。然而，即使最純的理論也不曾甩開一切情緒。亞里斯多德指出，理論研究要求閒暇和愉悅。唯當平靜地逗留於事物之際，它們才僅僅作爲現成的東西在其純粹外觀中向理論顯現。我們指出理論認識以現身在世爲基礎，這和聲稱科學認識只是某種形式的感情表達是兩回事。

此在可以憑藉知識與意志成爲情緒的主人，而且有時應該或必須這樣做，這也許意味著知識與意志在某些實際生存情形中具有優先地位。但不可由此看不到情緒是此在的原始存在方式，先於且超出一切知識與意志的開展程度就對它自己展開了。再說，我們從來都靠一種相反的情緒而非靠消滅一切情緒而成爲情緒的主人。

哲學史上不乏對情緒的考察。亞里斯多德在他的《修辭學》第二部分中對激情做了探討。流傳下來的第一部系統的情緒闡釋不列在「心理學」名下，這並非偶然。傳統一向把修辭學理解爲一種教科書上的東西；與此相反，我們必須把亞里斯多德的《修辭學》看作日常共處的第一部系統詮釋。公衆意見不僅具有情緒，而且需要情緒並爲自己製造情緒。演講者必須了解種種可能的情緒，以便入乎情緒出乎情緒，以適當的方式喚起它，駕馭它。

斯多噶學派也曾對情緒做出闡釋，這種闡釋又透過教父神學和經院神學傳至近代。其中我們可以找到一些有益的指導線索。奧古斯丁提出「只有憑藉善才可獲得真理」。巴斯卡繼承了這一思路，認爲要認識神靈之物必須先愛它們。然而自亞里斯多德以來，對一般情緒的闡釋原則上幾乎不曾取得任何值得稱道的進步。後來，人們乾脆把情緒和感情劃歸到心理現象之下，通常又降格爲副現象，與表象和意願並列作爲心理現象的第三等級。

現象學研究的一項功績就是重建了一種較爲自由的眼光來對待這些現

象。不僅如此，舍勒還率先接受了奧古斯丁和巴斯卡的挑戰，把討論引向觀念的行為和事關利害的行為之間的根本連繫。當然，即使在這裡，一般行為現象的生存論存在論基礎仍然晦暗不明。

基於現身的開展作用，它對生存論分析工作本身就具有根本的方法論含義。這項工作必須緊緊追隨此在的種種與眾不同的、至為迢遠的伸展，從此在本身聽取這個存在者的啟示。可以說，現象學的闡釋必須讓此在自己解釋自己。因此，我們絕不可先用某些情緒概念限制住此在的現身情態，而必須讓此在充分現身，現象學闡釋則追隨其原始的開展，以便把展開的現象內容上升為概念。

基本的原始現身情態是畏。第四十節將闡釋畏的現象。有鑑於此，我們現在先來闡釋與畏相連繫的現身樣式——怕。

第三十節　怕

這裡談到的害怕和會害怕不是個人氣質，而是生存論性質。可以從三個互相連繫的方面著眼來考察怕這種現象：怕之所怕、害怕以及怕之所以怕。這三個方面不是偶然提出的，它們規定了一般現身情態的結構。

怕之所怕就是可怕的東西，它可以是上手事物、現成事物或共同此在。可怕的事物包含有幾個因素。1.它在某種因緣聯絡中是有害的。2.由於這一因緣聯絡，有害的東西來自一個確定的場所。3.場所本身以及從那裡前來的東西本身都是熟知的，但其中卻有一段蹊蹺。4.有害的東西還未近在身邊，但它毫光四射地臨近著，威嚇著。5.它在近處臨近。一種東西即使極度有害，甚至還不斷臨近前來，但若它還在遠處，就不顯得那麼可怕。6.有害的東西可能擊中也可能不擊中。隨著它的臨近，「它可能，但最終也可能不」就同時漸次增加。它可能期而不至，也可能擦身而過，這並不減少害怕，反倒構成害怕。

就害怕本身而言，是害怕讓怕之所怕來牽動自己，從而把怕之所怕開放出來。並非先斷定了一種未來的折磨才害怕，但害怕也並非先確定有某種現

成事物臨近前來再在其上發現某種有害的屬性。害怕先就在其可怕中揭示來臨者。此後當然也可能一面害怕一面觀察來臨者，把它的屬性弄明白。必須會怕，才能看到可怕的東西。只有現身於怕或不怕之中，只有在由「會怕」展開的世界內，可怕的東西才能來接近。

　　怕之所以怕，是會害怕的存在者本身，即此在。唯有爲存在而存在的存在者能夠害怕。害怕開展出此在的危險，開展著它對自己的擔心。儘管明確程度不一，怕總展露出此在的此之在。我們之所以害怕的緣故可能是家園等等，這不構成反證。這是對此在寓於某處存在的威脅，而此在向來就從它的所寓之處存在。害怕在開展出可怕的東西這種世內存在者的同時開展「在之中」。不過，怕主要以褫奪方式開展此在：怕使人魂飛魄散。怕在開放可怕之事的同時封鎖著「在之中」，乃至直到怕隱退了，此在才得以重辨身在何方。

　　我們也會爲他人害怕，但這並不取消他人的怕。最能表明這一點的是：我們爲之害怕的他人自己並不見得害怕。恰恰在他不害怕的時候，在他恃蠻勇迎向威脅者的時候，我們爲他害怕得最甚。爲他人害怕是和他人共同現身的方式。它不一定是連帶著爲自己害怕，更不一定是各自爲對方害怕。但細究起來，爲他人害怕就是爲自己害怕，怕不能同他人共在，怕他人會從自己這裡扯開。害怕的人知道事情不牽動自己，但因共同此在受到牽動而一道被牽動了。以何種方式受到牽動和感受強度無關，爲他人害怕時害怕的程度可以絲毫不弱於爲自己害怕，可以害怕得更甚。

　　害怕會演變爲種種形式。具有威脅性質的東西突然闖來，怕就變成驚嚇。引起驚嚇的首先是某種熟悉的東西。若威嚇者是全然不熟悉的東西，怕就變成恐怖。威嚇者若既突然又全不熟悉，引起的就是驚駭。羞怯、慌亂、尷尬也都是怕的變式。怕的所有變式都是現身的可能性，都說明此在在世是會害怕的。

第三十一節 理解

現身情態是此之在活動於其中的生存論結構之一。現身向來有其理解，即使以壓制理解的方式亦然。理解則總是帶有情緒的理解。理解和現身一樣原始地構成此之在。不過，認識論上的理解，以及與理解並列的分析、解釋等等，從生存論上看，則都是原始理解的衍生方式。

作爲此在存在的基本樣式，我們當然已經碰到了理解這一現象，無非還不曾對它進行專題討論罷了。我們在第十八節曾提出，此在在世本身是展開了的，並把這一展開狀態稱爲「理解」。此在爲其本身之故存在，其中就包含對「爲其故」的理解。而在對「爲其故」的理解之中，植根於這種理解的意蘊是一同展開了的。這一展開狀態涉及整個在世。意蘊就是世界本身向之展開的東西。「爲其故」和意蘊是在此在中展開的，這就是說，此在是爲它自己而在世的存在者。

理解不是一種單純的智力活動，理解的首要內涵是「領會」，包含有「會」和「領」：會做某事、勝任某事、能領受某事。從根本的生存上說，所要領受的不是這件事那件事，而是領受生存本身。生存向來包含領會和理解，生存就是有所領會有所理解地存在。我們把有所領會有所理解的存在規定爲能在。此在不是一種現成事物，其上還附加有做這事做那事的能力。此在原是可能之在。此在從來是它所能是者：此在如何是其可能性，它就如何存在。此在的本質性的可能之在涉及種種操勞和操持，而在這一切之中卻總已經涉及向它本身並爲它本身之故的能在了。這種生存論上的可能之在有別於空洞的邏輯上的可能性。它也有別於現成事物的可能性，那不過是偶或在某個現成事物那裡發生的事情罷了。這些可能性說的無非是不具備必然性的或尚非現實的，從而低於必然與現實，所以我們會說它「只不過是可能的而已」。生存論上的可能性卻是此在的最原始最積極的規定性。在這裡，可能性高於現實性和必然性。

存在論上的可能性並不意味著爲所欲爲。此在已經現身在此，已經陷

入某些可能性。作爲能在的此在讓這些可能性滑過去，或捨棄這些可能性，或抓住這些可能性或抓錯這些可能性。但這是說：此在委託給了它自身的能在。此之在本質上包含理解。在種種不同的可能的方式和程度上，可能之在對此在本身是透澈明晰的。此在是爲最本己的能在而自由存在的可能性。

能在並非尚未現成，因此還期待什麼事情發生。能在以從不現成的方式已經在此。此在對這樣去存在或那樣去存在總已有所理解或無所理解，它知道它於何處隨它本身一道存在，也就是說，隨它的能在一道存在。這個「知道」並非生自一種內在的自我感知。對自己的何所在有所理解，這屬於此之在。只因爲此在作爲能在對它的此有所理解，它才能夠迷失自己和認錯自己。只要此在向來在被拋之中理解自己，那麼它向來就已經迷失自己、認錯自己了。從而，此在一向是重又發現自己的可能之在。

能在向來就是能在世界之中。理解始終關涉到在世的整個基本建構。不僅世界是作爲可能的意蘊展開的，而且世內存在者也是向它們的種種可能性開放的，作爲可用、可喜、可怕的事物得到揭示。甚至把形形色色的現成事物攏在一起的自然，也只有根據它的可能性才能得到理解。自然之存在的問題終歸於「自然之可能性的條件」，這是偶然的嗎？爲什麼我們理解了非此在式的存在者的可能條件就理解了它的存在呢？康德看到了這一類前提，但我們還必須說明這種前提本身的道理。

生存論上的理解不是一種純智力活動，而是把在世的種種可能性開展出來的能在。因此，理解具有我們稱之爲「籌劃」（Entwurf）的生存論結構。無論所要理解的是什麼，理解總是突入諸種可能性之中，這正是因爲理解具有籌劃性質。籌劃是使實際上的能在得以具有活動空間的生存論建構。理解向著「爲其本身之故」籌劃此之在，向著使此在的當下世界成爲世界的意蘊籌劃此之在，這兩種籌劃是同樣原始的。此在一向從可能性來理解自身。只要此在存在，它就對自己有所籌劃。此在作爲被拋的此在被拋入有所籌劃的生存方式之中。可見籌劃所說的，完全不同於此在有時擬想出一個計畫來安排某些事務。何況，籌劃並不把可能性作爲專題來把握。專題把握恰恰取消了可能之事的可能性質，把它降低爲給定的內容，籌劃卻讓可能性作

爲可能性來存在。此在在籌劃中就是它的種種可能性。要是眞能夠把此在當作現成事物來記錄它的存在內容，那麼可以說，此在不斷地比它事實上所是的「更多」。但它從不比它實際上所是的更多，因爲此在的實際性已經包含能在。只因爲此之在就是它所成爲的或所不成爲的，所以它才能夠有所理解地對它自己說：「成爲你所是的！」

此在一向已經置身於理解的一種可能性中。理解可以是本眞的理解，這種理解源於如其本然的此在，並如其本然地籌劃其生存。但它也可以是非本眞的理解，首先從世界方面來理解自身。不過，這個「非」並不意味從它本身割斷而僅僅理解世界——世界原本就是此在在世的一個基本環節。置身於理解的這兩種基本可能性之一並不排斥另一可能性，毋寧說這兩者都是此在的整體開展的變式。無論本眞的理解還是非本眞的理解都可能是眞實的正確的或不眞實不正確的。

此在在各種生存活動中都隨身帶著眼睛而有所視見。我們曾把操勞本身包含的理解稱爲尋視，把操持本身的理解稱爲顧視。現在我們把首要地關涉到生存的理解稱爲透視。透視與通常所說的「自我認識」不同，不是對一個自我點的靜觀，也不在於蒐集關於這個自我的種種知識，而是貫穿在世的所有本質環節的理解。唯當此在的寓世之在及共他人之在都對自己成爲透澈明晰的，它才透視自己。反過來，此在缺乏自知而渾噩不明也主要不在於對自我認識得不夠，自迷自欺同樣來自看不清世界。

尋視、顧視和透視都是對存在本身有所視見的可能性。每一種感官都可以通達存在者，然而，哲學傳統一開始就把「看」定爲通達存在者及其存在的首要方式。這與強調對現成事物的靜觀是有連繫的。不過，爲了同傳統保持連繫，我們仍然使用「視」和「看」這些概念，並且是在更廣泛的意義上使用它們，用以概括任何通達存在者和存在的途徑。我們用明敞來描述此的展開狀態，「視」和「看」就對應於這個明敞的境界。「直觀」和「思維」則是兩種遠離這種原始展開的源頭的衍生物。純直觀在認識論上的優先地位原本就同現成事物在傳統存在論上的優先地位相適應。就連現象學的「本質直觀」也植根於生存論上的理解。

在此在的籌劃中，有著一般存在的展開狀態。無論向何種可能性作籌劃，都已經先行設定了存在之理解。存在首先在籌劃中得到理解，而不是從存在論上得到理解。存在之理解屬於此在的存在建構，這一點我們在第四節就已經提出來了，不過那時候還難免有點獨斷，現在則獲得了更充實的意義：此在透過對存在的理解而是它的此。當然，只有從時間性上對存在做出了充分解釋，才能令人滿意地闡明存在之理解的生存論意義。

現身和理解描述出在世的原始展開狀態。此在在它的被拋境況中籌劃其能在。然而，這些解說不是把此在變得更加撲朔迷離了嗎？確實如此。我們無論如何都要先讓此之在的整個謎團湧現出來，哪怕只是爲了在解開這個謎團的嘗試中能夠以眞實的方式失敗，哪怕只是爲了把此在實際上被拋在世卻又有所籌劃作爲一個問題重新提出來。

第三十二節　理解與解釋

理解面向可能性。展開的可能性反衝到此在之中，從而理解本身就是一種能在。理解在其可能性中成形，就是解釋。解釋是成形的理解。在解釋中，理解並沒有變成什麼別的東西，而是成爲它自身。解釋植根於理解，它把理解中所籌劃的可能性整理出來。按照日常此在分析的進程，我們將從對世界的理解，亦即就非本眞的理解著手來論述解釋現象，不過我們是從非本眞理解的眞實樣式來進行論述的。

此在操勞於用具器物，是爲了用它們做這做那。在尋視中上到手頭的東西，就從它的「爲了做某事之用」得到理解。尋視問：這個東西是什麼？尋視的回答是：它是爲了做某事用的。此在在操勞活動中理解用具器物的意蘊，理解自己與它們能夠有何種因緣。上手事物具有「某某東西作爲某某東西」的結構。理解透過明確占有這個「作爲結構」（Als-Struktur）而成爲解釋。

此在並非首先經驗到現成事物，然後才把一種意義或一種價值貼到這一赤裸裸的物體上面，把它作爲門戶、作爲房屋來看待。用具器物一向就在因

緣之中來照面，解釋無非是把這一因緣整理出來而已。「作爲結構」組建著解釋。在操勞活動中，解釋把上手的東西看作爲桌、門、車、橋。這不是貼標籤式的單純命名；原始的命名把上到手頭的東西認作爲某種東西，被命名的東西也就作爲那種東西得到理解。對得到理解的東西，我們總可以明確地提出它「作爲什麼」存在。「作爲結構」使理解明確成形。

　　然而，素樸知覺不正由於沒有這個「作爲結構」才是素樸的嗎？不然。單純的看就已經有所理解、有所解釋。用具器物正是在它們的指引關聯中被看見的。「作爲結構」並非在專門命題中剛剛出現，它只是剛剛被道出。必須先有可能被道出的東西，才能道出。對存在者有所作爲的素樸的看原始地具有解釋結構，僅僅凝視眼前的東西反倒是一種經過了變形的看。這樣的看脫離了指引聯絡，無所理解，的確不再說得上「作爲結構」，但它並不比素樸的看更原始，倒是從素樸的看衍生出來的。

　　不過，因緣整體本身卻無法得到專題解釋。它在任何解釋中都隱退到不突出的理解中去，並恰恰因此才成爲解釋的最根本的基礎，成爲解釋必然先行具有的理解和意圖。解釋總是從這些先行具有的理解和意圖獲得自己的著眼點，以某種特定的眼光把已經有所理解卻還未具明確形式的東西整理出來。這個著眼點就是解釋先行具有的識見。解釋由這一著眼點引導，行進在先行具有的理解之中，把所要解釋的內容上升爲概念。解釋可以從有待解釋的存在者自身汲取概念方式，也可以把這個存在者迫入一些不適當的或空洞的概念，乃至迫入一些與這個存在者的存在方式相反的概念。但無論哪種情況，解釋都已經斷然地或有所保留地採用了某種先行掌握的概念方式。

　　解釋透過先行具有、先行識見與先行掌握進行。解釋從來不是無前提的。經典注疏固然處處要有典可稽，然而最先的「可稽」之典源不過是解釋者的不言而喻、無可爭議的先入之見。任何解釋工作之初都必然有這種先入之見。如何解釋這個「先」呢？如果我們從形式上說成「先天」，事情是否就了結了？爲什麼這個結構爲理解所固有，爲此在的這一基礎存在論環節所固有？被解釋的東西本身所固有的「作爲」結構對這個「先」結構有何種關係？「作爲結構」顯然不能拆成片段，那又怎麼來解釋這個結構呢？我們要

不要把諸如此類的現象當作「終極性質」接受下來？可是問題依然存在——爲什麼？也許理解的「先」結構以及解釋的「作爲」結構顯示出它和籌劃現象有某種生存論存在論連繫？而籌劃則又反過頭來指向此在原始的存在建構？

　　前此的準備工作早已不夠用來回答這些追問了。在回答這些追問之前，我們必須先探索一下：那個能夠作爲理解的「先」結構和作爲解釋的「作爲」結構映入眼簾的東西，是不是本來已經提供出一種統一的現象，雖然哲學討論已經大量利用著這種現象，然而卻不願賦予這種用得如此普遍的東西以相應的存在論解釋的原始性？

　　操勞在世依循意蘊的指引聯絡來理解和籌劃存在者。所以我們說：存在者具有意義。不過，嚴格地說，我們理解的不是意義，而是存在者和存在。我們說某個存在者可以理解，就是說這個存在者可以向某種特定的方向得到籌劃。而先行具有、先行識見與先行掌握構成了籌劃的何所向。意義就是這個籌劃的何所向。依循籌劃的何所向，某某東西作爲某某東西得到理解。存在者作爲分成環節互相勾連的東西得到理解和解釋，而意義標識出勾連種種環節的形式構架。所以，意義必須被理解爲存在者得以開展的生存論形式構架。意義是此在的一種生存論性質，而不是世內存在者的屬性，依附在存在者上面，或躲在存在者後面，或飄遊在存在者之間的什麼地方。只有此在的生活能「充滿意義」，而這是說，此在讓存在者充分地在其意蘊中照面，並以這種方式充分地開展自己的在世。意義唯屬於此在，所以，唯此在才能夠有意義或沒有意義。這等於說，此在自己的存在以及隨著這個存在一道展開的存在者能夠在理解中被占有，或者，對無理解保持其冥頑不靈。

　　這麼說來，所有非此在式的存在者都必須被理解爲無意義的存在者。在這裡，「無意義」不是一種估價，而是一個存在論規定。只有無意義的東西能夠違背意義從而顯得荒誕。突發的自然災害壓頂而來，卻不是在意蘊的指引聯絡中來照面的，所以它雖然強烈地危害此在，卻仍然是無意義的、荒誕的。

　　如果說我們追問存在的意義，這部探索卻並不會因此更有深義，它也並

不會因此去尋思任何藏在存在後面的東西。只要存在進入此在的理解，追問存在的意義就是追問存在本身。絕不能夠把存在的意義與存在者對立起來，或與承擔著存在者的根據的存在對立起來。根據只有作為意義才是可以通達的。雖然根據本身沒有意義，可以說是無據深淵。

理解作為此在在世的開展，一向涉及在世的整體，在對世界的每一理解中，生存都一道得到理解，反過來說也是一樣。其次，一切解釋都活動在前已指出的「先」結構中。對理解有所助益的任何解釋無不已經對有待解釋的東西有所理解。人們其實早已經注意到了這個事實，即使只是透過語文學解釋這一類衍生方式注意到的。語文學解釋是一門科學，要求對根據作出嚴格論證，而不得把它本應該為之提供根據的東西設為前提。然而，如果解釋一向就不得不從已經理解了的東西那裡汲取養料，甚至根本上就依賴於對人和世界的一般理解，那麼，解釋怎樣既嚴守其科學性而又避免循環論證呢？由於這一兩難，歷史解釋這項事業就一直被放逐在嚴格認識的範圍之外。歷史學家似乎只能依靠其專業的人文意義來彌補這一缺憾，或希望自己有朝一日竟能避免這種循環論證，創造出一種獨立於考察者的立足點的歷史學來，就像人們心目中的自然科學那樣。

然而，把這一循環看作惡性循環，找尋避免它的門徑，或即使只把它當作無可避免的不完善性接受下來，這些都是對理解的徹頭徹尾的誤解。問題不在於拿理解和解釋去比照一種理想的認識方式。所謂理想的認識只是理解的一種變體，是某一系統認識的形式化的要求。這一系統本身則依賴於一系列不言而喻的在先的領會和理解。理想的認識把它所理解到的事情形式化為現成事物，然而，脫離了意蘊和意義的單純的現成事物本質上是不可理解的。如果在單純形式化的認識方式中出現了循環，從某一點開始沿著某種邏輯軌道滑了一圈又回到起點，那當然是一種沒有根基從而也不會有收穫的惡性循環。

原始理解的循環則在於生存論固有的「先」結構。決定性的事情不是從循環中脫身，而是依照適當的方式進入這個循環。理解的「循環」屬於意義結構，從而也屬於此在的基本存在結構。就理解的生存論意義說，理解就

是此在本身的能在，所以，歷史學認識的前提在原則上超越於精密科學的嚴格性觀念。數學並不比歷史學更嚴格，只不過數學的生存論基礎比較狹窄罷了。

在生存論理解的循環中包藏著最原始的認識的一種積極的可能性。當然，要實現這種可能性，解釋工作必須從事情本身出發來清理它先行具有的東西，從而保障課題的科學性，而不可讓先行具有的某種識見脫離了事質本身的連繫冒出來成爲偶發的奇想，也不可把流俗之見硬套到先行具有的事質內容上。

第三十三節　判斷和命題

一切解釋都植根於理解。解釋依據意義把有待解釋之事分解爲互相勾連的環節。把分解開來的環節連結在一起形成判斷，是解釋活動的一種衍生樣式。如果判斷依循意義來連結用以解釋的各環節，判斷及其道出的命題本身也就具有意義。然而卻不能因此把意義定義爲隨著判斷出現的東西。

本節對判斷和命題的分析含有多重意圖。首先，我們可以借命題來說明「作爲結構」的成形樣式，從而也將能更鮮明地把握「作爲結構」所屬的理解和解釋。其次，在古代存在論的決定性開端處，人們就把 λογος 理解爲判斷，作爲規定本眞存在者的唯一指導線索。所以對判斷的分析對於基礎存在論的討論還具有一種特殊地位。最後，人們自古以來就把判斷當作眞理的首要處所，對判斷的分析將爲我們下一步討論眞理問題做好準備。

如今占統治地位的命題理論或判斷理論所注重的是「通行有效」。自洛采以來，「通行有效」竟被當作無可追本溯源的元現象。通行首先指現實性的形式和判斷的內容相吻合，因爲相對於可變的判斷心理過程，判斷內容是不變的，通行的。其次，通行又指判斷的客觀有效性。第三，如果判斷就它本身而言就「無時間性地」具有通行有效的意義，其意義又對存在者通行有效，那麼，它也就對任何理性的判斷者都通行有效。這時，通行說的是普遍的約束性。這三種含義不僅本身未經透視，而且它們互相之間還不斷迷混。

方法上的謹慎要求我們別選擇這些五光十色的概念來作解釋的線索。我們並不首先把意義概念侷限於「判斷內容」，而是把意義概念理解為業經標明的存在論現象。

為了澄清判斷現象，我們首先須指出判斷——命題的三種含義，這三種含義互相連繫並在其統一中界定了判斷——命題的整個結構。

1　判斷首先意味著展示：讓人從存在者本身來看存在者。「這把錘子太重了」這一判斷所揭示的不是「意義」，而是上手的存在者。即使這一存在者不在伸手可得或目力所及的近處，展示的仍然是這個存在者，而不是這個存在者的某種表象——不是單純表象，更不是判斷者的心理活動。

2　判斷也等於說是述謂。述語對主語有所陳述，而主語由述語得到規定。這時，判斷成為分立的兩項之間的連繫，即「錘子」和「太重」的連繫。這一連繫必須有所展示才成其為判斷，所以，主語和述語都是從展示生長出來的。判斷的第二種含義基於第一種含義。並非判斷才開始揭示，它倒是對展示作出限制，限制於錘子本身，以便使錘子在明確的規定性中顯現出來。面對已經揭示的東西即太重的錘子，規定活動先退回一步。判斷現在只涉及錘子本身，因此被判斷的東西就其內涵而言變得比較狹窄了。

3　判斷作為命題還意味著傳達。這一含義首先來自第一種含義：讓人共同看展示出來的東西。它也直接同第二種含義相連繫：讓人共同看以規定方式展示出來的東西。傳達所傳布的是向著展示出來的存在者的共同存在。這種共同存在植根於此在的共同在世。透過傳達，他人不必到伸手可得、目力所及的近處去獲得被展示、被規定的存在者，卻仍然能夠把命題傳開去。風傳開來的判斷卻可能把展示出來的東西重又掩蔽起來。不過，即使這種捕風捉影的判斷仍然意指存在者本身，而非風傳某種流行的意義。捕風捉影仍然是向著聽到的東西存在，是在世的一種變式。

判斷的這三種含義合為一種整體現象，而構成解釋的一種樣式。既然它是解釋的一種樣式，解釋的本質結構必然要在判斷中重現。判斷是根據已經在理解中展開的東西和尋視所揭示的東西進行展示的，而這些就是判斷先行具有的東西。它以進行規定的方式把已經展開的東西展示出來。再則，判斷

在進行規定的時候，已經具有著眼的方向了，這就是判斷的先行識見。在原始的展示中，述語彷彿還暗暗束在存在者本身之中，而在先行識見中，這種述語鬆脫出來。判斷透過命題和傳達使它所展示的東西在含義上分環勾連。分環勾連是透過某種概念方式進行的，例如：錘子是重的，重屬於錘子，錘子具有重這種性質。可見，判斷已經包含一種先行掌握。但這種先行掌握多半並不顯眼，因爲語言本身已經包含著某種成形的概念方式。

　　判斷是解釋的衍生樣式。它是怎麼衍生出來的？可以把邏輯教科書中「最簡單的」命題看作判斷的極端例子，並以此來作說明。邏輯把「錘子是重的」這樣的句子看作典型的判斷。其實，邏輯在作任何分析之前就已經不管不顧把這個句子設定爲邏輯句子了，把「錘子這物具有重這一性質」設定爲這個句子的意義了。在操勞尋視中原沒有這樣的命題。即使用理論判斷來翻譯操勞尋視對這個句子的解釋，它說的也該是：「這把錘子太重了」，「太重了」、「換一把！」之類。原始的解釋不在命題中，卻可以透過一言不發扔開不合用的工具進行。不可從沒有言詞推出沒有解釋，即使形諸言詞的解釋也還不必是明確定義的命題。

　　保持在先行具有中的存在者，例如：錘子，首先上手作爲工具。它在命題中變成了對象，而操勞活動的「用什麼」則變成了命題的「關於什麼」。先行識見從一個明確的角度靜觀這一存在者。現成狀態的揭示就是上手狀態的遮蓋。靜觀無視用具器物的上手性質，使它作爲現成事物顯現出來，以便就其屬性來規定它。解釋的「作爲結構」經歷了一種變異，不再伸展到因緣聯絡之中，而成爲整齊劃一的物體和整齊劃一的屬性之間的連繫。只有透過這種整齊劃一的連繫，才可能用一些命題來證明另一些命題。我們把尋視理解的原始「作爲結構」稱爲存在論解釋學的「作爲」，以別於判斷和命題的「作爲」。

　　當然，在操勞尋視的解釋和理論命題這兩個極端中間，有著形形色色的中間階段：講述周圍世界中發生的事情，描寫用具器物，報導時事，記錄事實，講解形勢。我們不可能把這些語句都聽作理論命題而不從本質上扭曲它們的意義。它們像理論命題一樣，其意義從根本上來自操勞尋視的解釋。

　　邏各斯用單詞和語序道出自身，而單詞和語序似乎首先像物一樣現成擺在面前。人們尋找邏各斯的結構，首先找到的是若干詞彙的共同現成的存在。是什麼把這些詞彙統一在一起？柏拉圖認識到：邏各斯總是某種東西的邏各斯，這種東西在邏各斯裡公開出來，正是透過這種東西，各語詞合成一個語詞整體。亞里斯多德的眼光更為澈底，他指出，任何邏各斯都既是綜合又是分解，而非要麼是所謂「肯定判斷」要麼是「否定判斷」。毋寧說，無論它是肯定的還是否定的，是真的還是假的，它都同樣原始地是合成與分離。誠然，亞里斯多德不曾進一步追問：邏各斯究竟具有何種結構，從而允許我們並要求我們把一切判斷都描述為綜合與分解？

　　綜合的形式結構與分析的形式結構，或更確切地說，這兩種結構的統一，指涉的原是「某某東西作為某某東西」這一現象。按照這一結構，我們向著某種東西來理解某種東西，隨同某種東西一起來理解某種東西；這一過程既是把所要理解的東西分開又同時是將其合在一起。邏各斯通過既分環又勾連的方式使存在者公開出來。

　　存在論問題一向對邏各斯的闡釋產生深入的影響，反過來，「判斷」概念又透過其引人注目的反衝對存在論問題產生了深入的影響。由於「某某東西作為某某東西」這一現象還始終遮蓋著，亞里斯多德分析邏各斯時的現象學開端就難免碎裂成為外在的「判斷理論」：判斷活動即是表象與概念的連結和分割。邏輯更進一步，把判斷當成了一種計算的對象。然而，形式上的「關係」對邏各斯結構的分析不能提供任何助益。那麼，連繫動詞這個名稱所指的現象歸根到底也同形式上的關係毫不相干。其實，「是」或「在」始終是存在論闡釋的課題：只有在特定的存在論視野上我們才能決定究竟能不能進一步分析綜合與分解，進一步分析一般判斷中的「關係」。在最終梳理清楚存在問題的時候（參照第一部第三篇），我們還將重新遇到這個邏各斯範圍之內特有的存在現象。

第三十四節 話語和語言

上一節已經談到邏各斯的概念，這個概念，我們叫做話語（Rede）。在生存論上，話語同現身情態和領會理解是同樣原始的。話語把可理解的整體分成環節並勾連在一起。而甚至在解釋之前，可理解的東西已經是分環勾連的了。從而，話語已經是解釋的根據。我們曾把透過解釋加以分環勾連的東西稱作意義（Sinn）。而解釋加以分環勾連的東西更原始地在話語中已經分環勾連。我們現在把在話語中得到分環勾連的東西稱作含義整體。含義整體可以分解爲種種含義。含義來自可加以分環勾連的含義整體，所以具有意義。此在現身在世而有所理解，這樣的理解作爲話語道出自身。於是含義整體達乎言詞，言詞生於含義而包含含義。並非先有言詞，再爲它們配備含義。

把話語道說出來即成爲語言。語言在此在的展開狀態中有其根源，其生存論存在論基礎即是話語。語言是言詞的整體。由於言詞有它「塵世的」存在，所以，言詞整體就像上手事物那樣，又可以被拆碎成現成的言詞。

話語就是生存論上的語言。話語對此在在世具有構成作用。前文對判斷和命題所作的分析已經指出，必須在廣泛的存在論意義上理解傳達這一現象。傳達活動從來不是把某些體驗——例如：某些意見與願望——從這一主體內部輸送到那一主體內部。共在本質上已經在共同情感和共同理解中公開了，只不過它在話語中才以明確地形諸言詞的方式被分享。

在世包含有共在，而共在一向活動在某種操勞共處之中。讚許、呵責、請求、警告、協商、說情，這些都是透過話語的共處，說出的話語是話語之所云。但話語不只是說說而已，話語是關於某種事情的話語，雖然通常不是關於這種事情的專題討論。命令、願望、說情也各自有其「關於什麼」。

話語不僅是關於某種東西的話語，而且它透過這種東西道出此在本身。此在通過話語道出自身，卻並非因爲它首先是包裹起來的「內部」，而是因爲此在本來就在世，就已經在「外」。此在的在世包括其現身情態，包括其情感。情感透過聲調、抑揚、緩急、「言談話語的方式」把自身公布出來。

而這樣公布自身可以成為「詩的」話語的目的。

如前所述，我們可以在話語中鑑別關於什麼、所云本身、傳達和公布這三個組建因素。這三個因素不是僅僅憑藉經驗斂在一起的，而是植根於此在的存在建構的生存論環節。在實際說話的時候，某一環節有時闕如，或未經注意，或常常不「在字面上」得到表達，這只說明人們採用了話語的某種特定方式；而話語之為話語，必然一向處在上述諸結構的整體性中。然而，現存的語言思想通常依循上述的某一環節來制訂方向，把「表達」、「象徵形式」、「傳達」、「吐訴」、「生命的形式化」之類的觀念確定為「語言的本質」。即使我們用調和的方法把這些五花八門的定義堆砌到一塊，恐怕於獲取一個十分充分的語言定義仍無所裨益。決定性的事情始終是在此在的分析工作的基礎上先把話語的生存論結構整體清理出來。

聆聽和沉默都屬於話語的道說。聆聽把話語和理解的連繫擺得清清楚楚：「說話聽聲鑼鼓聽音」，否則我們就沒「理解」。這種說法不是偶然的，因為聽的確對話語具有構成作用。語言上的發音基於話語，聲學上的收音則基於聽。人們在心理學中首先把聽規定為接收響動，其實我們從不「首先」聽到一團響動，我們首先聽到轔轔行車，聽到摩托車和汽車，聽到行進的兵團、呼嘯的北風、篤篤的啄木鳥、劈啪作響的火焰。要聽到「純響動」，反倒需要非常複雜的技藝訓練。這是一種現象上的證據，證明此在一向已經寓於世內事物，而絕非首先寓於「感知」，彷彿這團紛亂的感知先須整頓成形，以便提供一塊跳板，主體就從這塊跳板起跳，才好最終到達一個「世界」。此在本質上有所理解，它首先寓於被理解的東西。聽他人說話之際，我們首先理解的也是話語之所云，而非首先聽到說出的聲音。甚至他人說得不清楚或說的是一種異族語言，我們首先聽到的還是尚不理解的語詞，而非各式各樣的音素。

此在作為共在對他人是敞開的，聽就是這種敞開之在。每一個此在都隨身帶著一個朋友，當此在聽這個朋友的聲音之際，這個聽還敞開此在對其最本己的能在。此在聽，因為它理解。言與聽皆植根於理解。理解既不來自喋喋不休也不來自東打聽西打聽，僅僅東聽西聽倒說明理解的缺失，雖然恰

恰是這種無所理解的人最可能到處伸長耳朵「聽」。唯有所理解者能聆聽。此在有所理解，從而才能聽，才能聽話，才能「聽命」於他人和它自己，且因聽命而屬於他人和它自己。共在是在互相聽中形成的；這既包括聽話、追隨、同道等等，也包括不聽話、反感、抗拒等等。

　　當然，我們在聽話語所及的東西之際，也自然而然聽到說出這種東西的方式即所謂「表達方式」。但這也只在於我們先行理解著話語之所云，因為只有這樣我們才可能依照話題所及的東西來估價人們如何說出這種東西。同樣，對答也首先直接出自對話語所及的東西的理解。共在先已「分有」了話語所及的東西。

　　像聆聽一樣，沉默也是話語的一種本質的可能性。比起口若懸河的人來，在交談中沉默的人可能更本真地有助於交談者形成理解。滔滔不絕絲毫也不保證理解得更闊達，相反，漫無邊際的清談起著遮蔽作用，所談之事似乎公開在眼前，其實卻進入瑣瑣碎碎不可理解之中。要揭露閒言並消除閒言，沉默往往是最佳之方。沉默卻不叫喑啞。啞巴反倒有一種「說」的傾向。啞巴不僅不曾證明他能夠沉默，他甚至全無證明這種事情的可能。像啞巴一樣，天生寡言的人也不表明他在沉默或他能沉默，從不發話的人也就不可能在特定的時刻沉默。為了能沉默，此在必須有東西可說，也就是說，此在必須具有真實而豐富的內容可供展開。緘默這種話語樣式如此原始地表達出什麼是可理解的，可以說真實的能聽和透澈的共處都原始於它。

　　話語對於此之在即情感與理解具有構成作用。希臘人的日常活動主要在於交談。儘管希臘人極其重視「看」，但他們終究把人定義為「話語的動物」。後人把這一定義解釋為「理性的動物」，這一解釋雖然不全錯，卻遮蓋了這一定義所從出的現象基地。希臘語裡沒有哪個詞相應於我們所說的「語言」，他們首先從說話來理解語言現象。但哲學卻首先把邏各斯看作命題，看作命題的邏輯。從這種邏輯中又產生出各種語法範疇，這些範疇的基本成分傳入後世的語言科學，並且至今還從原則上提供尺度。倘若我們反過來從生存論上了解話語現象的原始性和廣度，那麼我們就必須把語言科學移置到存在論上更原始的基礎之上，把語法從邏輯中解放出來。僅僅把流傳下

來的東西加點改善和補充是不夠的。把盡多盡僻的各種語言找到一起加以比較也不會自動產生出恰當的意義理論。洪堡在一種哲學視野之內使語言成為問題，但把他的視野接受下來仍然不夠。語言意義學說植根於此在的存在論，它的榮枯繫於這種存在論的命運。

我們眼下所作的，不過是要指出語言現象處在此在的存在建構之內。歸根到底，哲學研究終得下決心尋問一般語言具有何種存在方式。那是用具的存在方式抑或是此在的存在方式？抑或二者都不是？語言有興衰，甚至語言會是「死」語言，這在存在論上說的是什麼？含義首先和通常是「塵世的」含義，甚至往往主要是空間性的含義，這是偶然的嗎？為了追問「事情本身」，哲學研究將不得不放棄「語言哲學」，將不得不把自己帶到在概念上業經澄清的問題提法面前來。

B. 日常的此之在與此在的沉淪

在回溯在世的展開狀態的生存論結構之際，我們不曾專題闡釋此在的日常生活。我們現在必須回到那裡。第一步是要分析屬於常人的理解和解釋，從而我們就能夠知道：此在作為常人展開了哪些存在方式。我們將逐一考察話語、顧視與解釋的日常樣式，即閒言、好奇、兩可。這些樣式將公開出日常此在的本質傾向即沉淪。

第三十五節　閒言

閒言這個詞在這裡不應用於位卑一等的含義之下。作為術語，它意味著一種正面的現象，這種現象組建著日常此在的理解方式和解釋方式。話語說出來就是語言，而語言已經包含了某種理解與解釋。說出過的東西分成環節，成為含義之間的聯絡。在這些環節及其聯絡之中保存著對世界、對他人和對此在自己的理解。這種理解涉及傳統是怎樣揭示事物的，也涉及要重新解釋事物時我們都有哪些可能的概念及視野。成形的解釋方式具有此在的存

在方式，像語言本身一樣根本不是現成的東西。但若說出過的話語不是現成的東西，那麼它的存在方式是什麼呢？它的日常存在樣式又是什麼呢？

語言包含了某種理解，這種理解是平均的理解。話語就憑著這種平均的可理解性達乎遠方而爲人理解。聽到話語的人卻可能對話語原始所及的是什麼不甚了解，聽到的只是話語本身。誰說的意思都差不多；那是因爲人們始終平均地理解所說的事情。人們並不曾分享對所談及的事情的原始連繫，在日常共處中，要緊的只是把話語說來說去。只要有人說過，只要是名言警句，似乎就一定眞實不欺合乎事理。話語也許從未獲得過對所談及的事物的原始連繫，也許先前獲得過而後來喪失了。話語本身卻愈傳愈廣，愈傳愈權威。事情是這樣，因爲有人說是這樣。開始就立足不穩，經過鸚鵡學舌、人云亦云，就變成全然的閒言，全然失去了根基。閒言還不限於口頭上鸚鵡學舌，它還透過筆墨之下的陳詞濫調傳播開來。人們閱讀時不求甚解，他們依靠平均的理解，從不能夠斷定什麼是原始創造、原始爭得的東西，什麼是學舌而得的東西。更有甚者，平均理解也不要求這種區別，因爲它本來就什麼都懂。誰都可以大談特談，對什麼都可以大談特談。對於閒言的漠無差別的理解來說，再沒有任何東西是深深鎖閉的。閒言無須先與所談的事情建立切身連繫就什麼都懂了。要嘗試眞實地理解事質，就可能誤入歧途，更其困惑，而人們沉浸在閒言裡就免於因嘗試眞實理解而遭受失敗的危險了。

話語原是此在藉以展開自身的途徑，可一旦變成閒言，就鎖閉了在世，掩蓋了事物。我們自然而然認爲話語有所說，即對事物有所揭示，可閒言停留在話語本身而從不費心回溯到所談及的事物。這裡無須乎有意欺騙——閒言以扭曲的方式開展在世，從而起到封閉作用。更有甚者，閒言也是一種話語，這種話語包含著平均的理解，人們雖然未能理解眞實的事物，卻仍自以爲達到了某種理解，這就加深了封閉。由於這種自以爲是，人們就把所有富有新意的詰問和分析都束之高閣。

事物透過平均的理解得到解釋，形成自明而自信的公眾講法。許多東西我們最先都是透過公眾講法得知的，不少東西從不曾超出公眾講法。沒有哪個此在出生在自由的國土，天然看到自在的世界。此在是在公眾講法中生長

起來的，公眾講法甚至已經決定了此在藉以同世界發生牽連的基本樣式，決定了我們會有何種情緒，規定著我們「看」什麼，怎樣「看」。一切真實的理解、解釋和傳達，一切重新揭示和重新據有，都是在公眾講法中、出自公眾講法、針對公眾講法獲得的。

　　然而，閒言並不是一種現成狀態。閒言持續不斷地把此在同原始真實的存在切開，從而切除了此在的根基，讓它滯留在飄浮不定之中。此在以這種去除根基的方式開展自身，開展世界。只因為此在有所開展，它才有可能以這種去除根基的方式存在。此在並不因為去除了根基而不存在，它倒因此才是最日常最頑固的「實在」。

第三十六節　好奇

　　在對理解進行分析之時，我們立刻會碰到「看」這一現象。日常的「看」有一種特別的傾向，我們稱之為「好奇」。不過第一，好奇不侷限於用眼睛看，它也出現在其他感知方式中。第二，我們是在生存論的廣泛意義上來闡釋好奇的，而不侷限於闡釋狹義的認識活動。

　　巴門尼德說過一句話，人們通常把它譯作「因為思維與存在是同一的」。但若逐字從其原始含義來理解，這句話說的是：一個東西是什麼、這個東西的所是，就是在純直觀中顯現的東西，而只有這種看揭示著「是」或「存在」。原始的真相乃在純直觀中。較後的希臘哲學家明確地把巴門尼德的這一命題接受下來。《形而上學》是亞里斯多德的存在論的論文集，其首篇論文開篇就說：求知乃人的本性；按照原始含義來翻譯就是：人從本質上就有看之欲求。亞里斯多德就從這裡看到了研究存在者及其存在的科學是怎樣發生的。好奇之「好」產生出一種快樂。而早在希臘哲學中人們就從「看的快樂」來理解認識活動，這不是偶然的。應該說，巴門尼德的論題香火流傳，始終是西方哲學的基礎。直到黑格爾，也唯基於這一論題才可能提出他的辯證法。

　　「看」的優先地位首先是奧古斯丁在闡釋欲望時注意到的。他說，看

本是眼睛的專職，但我們用其他感官進行認識的時候，我們也說「看」。我們用眼睛而且只能用眼睛看到光亮。我們不能說：「聽聽這東西有多亮」或「摸摸這東西何等耀眼」。但對聲音、氣味、味道、硬度都能通用「看」字，例如：「看，這聲音多響亮」，或「看，這東西多硬」。一般的感覺經驗都名爲「目欲」，這是因爲其他的感官在進行認識的時候，也擁有類似於看的功能；眼睛有某種認識上優先性。

我們應當怎樣看待這種突出單純直觀的傾向？在好奇現象這裡可以理解到此在的何種生存論建構？此在首先操勞於世界。操勞是由尋視引導的。尋視所關心的是用具的使用，機會的適當等等。在暫停工作或完成了工作的時候，操勞休息下來。但這時候尋視並未消失，它只不過不再束縛於用具，變成了無拘無束的等閒尋視。等閒尋視不再有用具上到手頭，於是它離開切近的事物而趨向於遙遠陌生的世界。這時候的看是只就其外觀來看。此在一任自己由世界的外觀所收攬；它在這種存在樣式中擺脫對切近事物的依存。不過，看總具有帶近前來的性質。此在尋找遠方的事物，只是爲了在其外觀中把它帶近前來。

等閒的看就是好奇。它忙於東看西看，卻不是爲了理解它看見的事物，而只是爲了看看而看。它貪新騖奇，只是爲了從這一新奇重新跳到另一新奇上去，爲了能放縱自己於世界。好奇無所逗留。所以，我們必須把好奇和亞里斯多德所說的驚奇與閒暇區別開來。存在者的存在使我們驚奇，嘆爲觀止，於是我們尋求閒暇，以便逗留，做一番考察。好奇卻從不肯逗留，它透過存在者的花樣翻新尋求激動。好奇什麼都要知道而什麼都不要理解，到處都在而無一處眞在。

在好奇這種在世方式中，日常此在不斷地被連根拔起。由此可見，閒言和好奇是相輔相成的。沒有什麼對好奇封閉著，沒有什麼是閒言不曾理解了的；它們自擔自保，滿以爲自己過得眞實而生動呢。然而，從這種自以爲是中卻顯現出此在日常開展自身的第三種方式。

第三十七節　兩可

在日常相處中來照面的那類東西是人人都可得而通達的；關於它們，人人都可以隨便說些什麼。既然如此，人們很快就無法斷定什麼東西在眞實的理解中展開了而什麼東西卻不曾。萬事不過模稜兩可。

不僅擺在眼前的事情，人人都知道都議論；而且將要發生的事情，人人都已經會大發議論了。別人料到的，人人也都先已料到了。這種捕風捉影來自道聽塗說，因爲誰要是認眞捕捉一事的蹤跡，他是不會聲張的。唯當可以對將要發生的事情不負責任地預料一番，人們對它才有興趣，人們才共在群集，察蹤訪跡。一旦預料之事投入實行，兩可就興趣索然，甚至立刻反過來扼殺這種興趣。因爲一旦實施，此在就被迫回它自身，閒言和好奇便失其大勢。剩下的只有施加報復，其方式是易如反掌地斷定：這事人們也一樣做得成的，因爲人們的確一起料到了這事。

公眾解釋事情的這種兩可態度把好奇的預料假充爲眞正發生的事情，倒把實施與行動說成姍姍來遲與無足輕重之事。此在於「此」總是兩可的。在那裡，彷彿萬事都已經靠閒言決斷好了；在那裡，最響亮的閒言與最機靈的好奇「推動」著事情發展；在那裡，日日萬事叢生，其實本無一事。投身於實行的此在緘默無語地行動，去嘗眞實的挫折。這時閒言早又來到另一件事情上，來到最新的事情上。在公眾看來，終於投入實施的事情總已爲時太晚。它本質上比閒言來得緩慢，不似閒言那般節奏迅速。閒言與好奇讓眞實的創新在來到公眾意見面前之際已變得陳舊。不過，本來唯當好奇消退之時，眞實的創新才能自由地展開建設性的事業。

模稜兩可不僅伸及世界，而且同樣伸及與他人的共處乃至此在自己。此在首先是從人們聽說他、談論他、知悉他的方面在「此」。每個人從一開頭就窺探他人，窺探他人如何舉止，窺探他人將應答些什麼。在常人之中共處是一種緊張的、兩可的相互窺探，一種互相偷聽，在相互贊成的面具下唱的是相互反對的戲。

還須注意，兩可並非來自故意僞裝，也不是個別的此在引發的。此在被

拋入世界，它就已經以兩可的方式共處。但這種兩可在公眾場合恰恰是掩蓋著的，所以，若要用常人的認可來驗證我們對這類現象的解說，那只會是一種誤解。

我們已提供出閒言、好奇與兩可這些現象，並表明它們之間具有某種連繫。現在應從生存論存在論上來把握這種連繫，以便理解日常存在的基本方式：沉淪。

第三十八節 沉淪與被拋

閒言、好奇和兩可是此在日常藉以在「此」、藉以開展其在世的方式。這些方式組成了日常生活的基本方式，我們稱之為此在之沉淪。

這個名稱並不表示任何消極的評價。它是說：此在首先與通常寓於它所操勞的「世界」，混跡於他人，消融於常人的公眾意見之中。此在首先總已從它自身脫落，從本真的「能是自己」脫落。我們曾談到此在的非本真狀態，沉淪則對這種狀態作出更細緻的規定。但非本真絕不意味此在根本失落了它的存在。此在在非本真狀態中仍然在世，而且完全被「世界」和常人攫獲。此在不是它自己，然而這卻是此在的一種積極的可能性。這種「不是」必須被理解為此在最切近最通常的所是。

我們關於沉淪及其諸樣式的討論，同日常此在的道德化的批判和「文化哲學的」旨趣大相徑庭，我們的闡釋工作的意圖是純存在論的。沉淪是此在存在論上的結構。如果我們把沉淪當作此在作為存在者而沾染的某種壞品質，也許可能在人類文化的進步階段被消除掉，那麼我們就誤解了這種結構。

然而，是何種結構顯示出沉淪這個動詞的「動態」呢？剛剛討論過的此在日常在此的那些現象中已經透映出沉淪的運動方式——

閒言與在閒言中得出來的公眾解釋事情的講法是由日常共處組建起來的。閒言並不躲藏在「普遍」中，因為「普遍」在本質上不歸屬於任何一個人。日常閒言的無非是各個此在。但若此在寧願鎮日閒言碎語而讓自己失落

在常人之中，那麼這就說明沉淪在世本來就有誘惑力。

　　好奇鉅細靡遺地開展出一切來，此在什麼都見過了；兩可不求甚解，此在卻什麼都懂得了。這些東西培育著自以為是。一切都在「最好的安排中」，一切大門都敞開著。常人自以為生活得完滿而又真實，根本無須乎現身在世並從原始現象那裡獲得理解。這種自以為是傳布著苟安的情緒。沉淪的諸方式不僅有誘惑力，而且把此在牢牢地保持在它的沉淪之中。沉淪既自我誘惑又自我麻痹，起誘惑作用的苟安加深了沉淪。

　　但這種苟安卻不是寂靜無為。常人從自己的根基脫落，飄浮無據。常人即使足不出戶，也要涉足最陌生的文化，以為知道了這些文化，或把這些文化和自己的文化加以「綜合」，此在就全面地理解了自己。多方探求的好奇卻始終不曾問一問：它所要理解的究竟是什麼？理解是能在，是讓此在能是它自己。所以唯有在最本己的此在中才有理解。日常此在卻只知拿自己和其他一切相比較，從而趨向異化。這種異化杜絕了本真的能在，哪怕只是本真地面對失敗的能在。在異化中，最本己的能在對此在隱而不露。沉淪在世不僅具有誘惑力，不僅苟且偷安，而且不斷異化著。

　　但此在不斷異化，卻並不是要真正關心遙遠而陌生的文化，它關心的實不過是常人自己。所以，異化驅使此在進行近乎極度的「自我解剖」，遍試一切可能的解釋，產生出數不清的「性格論」與「類型論」來，乃至來不及對種種分類方法進行分類。異化不僅不曾把此在從常人自身解脫出來，反而更深地把此在拘囚在非本真的生活之中。

　　誘惑、苟安、異化、拘囚，這些現象都是沉淪特有的動態。我們把這些動態組成的運動方式稱為跌落。此在跌落到無根基狀態中去，而且是在這種無根基狀態之中跌落。此在從它本身跌入它本身中，跌入非本真的日常生活中。公眾講法看不見這種跌落，反把這一跌解釋為「上升」到「具體實在的生活」之中。

　　跌落這種運動不斷把此在從本真性拽開，拽入常人的視野而假充本真性，從而形成跌落運動的漩渦。漩渦把此在拋來拋去，此在被拋擲。並非此在先好好待在那裡而後被拋擲起來，只要此在實際生存著，只要此在是其所

是，它總已被拋而捲入非本真生存的漩渦之中了。實際生存恰恰是在被拋境況中顯現出來的。

此在向什麼沉淪？它向之沉淪的就是屬於它的實際在世的那個世界。然而，此在並非一個絕緣的主體，一個自我點，有時脫離這一自我點而去沉淪於世界。那樣的話，世界就被理解成了一個客體，沉淪也成了世內事物的現成存在方式。然而，此在不是現成的東西，我們這裡也根本不談此在與現成事物的現成關係。此在在世無論如何不是一個主體與一個客體共同現成存在。而且我們現在通過沉淪現象已經說明，就連把此在在世誤解為某種現成存在的這種臆想本身也是由沉淪的存在方式產生的。我們若堅持從生存論上理解此在，始終把此在的存在理解為在世，那就顯而易見：在沉淪中，主要的事情不是別的，正是為能在世，能有所理解地現身在世，即使是以非本真狀態的方式亦然。反過來說，本真生存並非飄浮在日常生活上空，它只是透過某種改變而對日常生活有所掌握。

從而，沉淪所談的也不是「人性之墮落」。從存在者狀態上無法斷定人是否原初處在一種純潔狀態中，而後淪落了，「沉溺於罪惡」了。而在存在論上，我們也沒有作出這種闡釋的任何線索。沉淪是存在論上的運動概念，先於種種關於墮落與純潔的提法。信仰或「世界觀」一言不發則已，但凡它說到此在說到在世，那麼，無論所說的是什麼，只要它要自命為概念的理解，就都勢必要歸結到各種生存論結構上來。

這一章的主導問題是此之在。此在的展開狀態的存在論建構是由現身、理解與話語組建起來的。展開狀態的日常存在方式則由閒言、好奇與兩可描述出來。此在的生存論結構整體的主要特徵到這裡都得到了剖析，從而我們獲得了把此在的存在概括為操心的現象基地。

第六章

操心 —— 此在的存在

第三十九節 此在結構的整體性問題

　　本書第十二節已經提出，「在世界之中存在」是一整體結構。但在最初進行一般性描繪的時候，整體的現象學眼光難免有些空洞。前面第二章到第五章的具體闡釋應已消除了那種空洞——這幾章在此在在世的結構整體的基礎上一一闡釋了這一結構的組建環節。當然，現象上的多樣性頗容易障蔽整體本身的統一，所以我們現在要問：應得如何從生存論存在論上規定業經展示的結構整體的整體性？這個問題其實就是準備性的此在基礎分析致力解答的問題。

　　此在實際生存著。實際生存是怎樣和生存論結構統一起來的？或實際生存怎樣歸屬於生存論結構？此在在其被拋中向它自身展開。但此在向來就是它的種種可能性本身，它在這些可能性中並從這些可能性出發來理解自己，把自己籌劃到這些可能性上去。此在向來為它自己之故而存在。但這個自己首先和通常是非本真的，是常人自己。把這些情況概括起來，我們可以把此在的日常存在規定為：以沉淪方式開展著的、以被拋方式籌劃著的、為最本己的能在而寓「世」存在和共他人存在。

　　我們能夠成功地把握此在日常生活的整體性嗎？我們能夠同時把握整體性而又使這一整體的諸結構在同等的原始性中得到理解嗎？我們現在是否已經有一條道路通向統一的此在之在？從否定的方面看，把諸因素合建在一處

肯定達不到這種整體性。我們不是按照畫紙來建築一座樓房，我們追問的問題本質上有別於追問現成存在的問題。對周圍世界的日常經驗始終都是面向世內存在者的，無法爲我們提供追問所需的原始現象。同樣，種種內心體驗也提供不出充分的線索。此在之在也不能從某種關於人的觀念演繹出來。我們若要通達此在的整體存在，就須得充分透視這一整體，直至找見一種原始統一的單一現象。我們是否已有一條通道，在實際存在上及存在論上可以通往此的原始統一？若有，它又是此在從它本身出發所要求的唯一合適的通道嗎？對自身存在的領會和理解本質地屬於此在的存在。而此在以現身在世的方式來理解。那麼，有沒有一種有所理解的現身情態使此在在最原始處向它自己展開呢？

　　這種現身情態就是畏。畏爲鮮明地把握此在原始存在的整體性提供了現象基地。透過畏這種現象，我們得以把此在之在把握爲操心。操心不同於意志、願望、嗜好與追求。操心也不是從這些東西衍生出來，這些東西倒奠基在操心之中。傳統曾給人下過種種定義，其中有些曾得到驗證。我們現在把這些都撇在一邊而把此在闡釋爲操心，人們難免會覺得我們牽強附會，提出的是一種理論上的虛構。平庸的理智只會從熟知的東西著眼；我們從存在論上認識到的東西對它陌生特異，這原無足爲怪。不過，我們並非沒有先於存在論的證據。我們將表明，此在剛剛開始理解自己的時候，就早已把自己解釋爲操心了。

　　我們清理出操心這種現象，並不限於生存論上的人類學這種特殊任務，而是爲了提出基礎存在論的問題，即一般存在的意義問題。所以我們必須回過頭來更中肯地把握住那些同主導問題連繫得最緊密的現象。我們曾經討論過兩種主要的存在方式：上手狀態和現成狀態。傳統存在論主要是透過這些來理解存在的，所謂「實在性」、「現實性」莫不如是。此在之存在則始終未獲經規定。所以我們必須討論操心與上手狀態、現成狀態（實在性）的連繫，重新審視實在概念。與此相連繫，我們將討論實在論和唯心論在認識論問題上的提法，這些提法原是依循實在概念來制定方向的。

　　存在者不依賴於我們藉以揭示它的經驗和認識而存在，但「存在」或

「是」卻唯透過此在才「存在」——無論存在者是它自身或不是它自身，這個「是」或「不是」都屬於此在的理解。所以存在可以未被明確理解，但它絕不是完全未被理解。在存在論的提法中，自古以來，是與真，存在與真理，即使未被視爲一事，也始終相提並論。這就表明了存在與領會和理解的必然連繫。從而，爲了充分地準備存在問題，就須澄清真理現象。

以下五節就將逐一討論上述課題。

第四十節　畏

所追問的是此在的整體存在。爲此我們必須堅持從此在的日常生活出發，從沉淪出發。沉淪表明，此在逃避它自己。在這一逃避中此在恰恰沒有把自身帶到它本身面前。那麼，這不恰恰證明沉淪現象最不適合用來追問此在的整體存在嗎？然而，我們在這裡必須提防把實際生存上的描述與生存論上的闡釋混爲一談，或者忽視了在前者中對後者起積極作用的現象基礎。

從實際生存上看來，沉淪封鎖了此在自己的存在。然而，這種封鎖狀態只是展開狀態的褫奪，只有當此在在其開展中面對它自己，它才可能在它自己面前逃避。在逃避中，此在可能根本沒有經驗到它所逃避的，更別說對它加以把握了。然而，逃避之爲逃避，所逃避者一定就在「此」，就已展開。生存狀態上的這一實情使我們有可能在生存論上把握此在所逃避者。據此看來，從沉淪現象出發進行存在論分析並非註定了沒有希望。正相反，我們在這裡恰恰最不受虛矯的自我解釋的擺布。我們知道，此在是在有所理解的現身情態中展開的。有所理解的現身情態應能爲生存論提供出關於此在本身作爲存在者的「消息」。我們的闡釋工作本來就追蹤著此在自己的開展，與此在的現身情態同行，從生存論上進一步解說此在自己已經在實際生存中開展出來的東西。從方法上說，我們挑選的現身情態愈是原始，逼向此在之在的可能性也就愈大。我們暫先斷定畏能起這樣的作用。

畏的別具一格的原始性何在？此在如何透過畏這種現象把它帶到它本身面前，從而使我們能夠從現象學上規定此在本身的存在？這些雖然還都不清

楚，但對畏進行分析，我們並非完全沒有準備。我們在第三十節曾經分析過怕。二者顯然有現象上的瓜葛，乃至人們通常根本不區分怕和畏。下面的解說就要與怕對照來嶄露畏（Angst）這種現象。

此在沉淪於常人就是在它本身面前「逃避」。但我們在某種東西面前退縮，轉身放棄它，並不一定都是逃避。基於怕而在有威脅性的東西面前退縮，才是逃避。我們在討論怕這種現象的時候已經說明：怕之所怕總是一個世內事物，它是有害的、從一定場所來的、在近處臨近的。這個事物雖然臨近著，但最終不一定出現。在沉淪中，此在轉身放棄它本身。它所放棄的東西雖一定具有威脅性質，但它不是世內事物，並不「可怕」；它原是此在本身，是自己就具有能退縮這一存在方式的存在者。所以沉淪的背棄根本不是因怕世內事物而逃，所謂轉身放棄，倒恰恰是要轉回到世內事物中去，是要消融於其中。沉淪之背棄倒起因於畏，而畏又才使怕成為可能。

此在逃避它自身，而此在的基本建構就是在世。畏之所畏者就是在世本身。而怕之所怕者卻是世內事物。我們怕有害的事物，但一種事物只會在實際生存的某個特定方面對我們是有害的。而畏之所畏者卻不來自任何特定的連繫。畏之所畏是完全不確定的，這種不確定不僅在於我們根本不曾判定是什麼造成了威脅，而且在於無論什麼世內事物都一無所謂。畏之所畏者不是這個那個世內存在者，也不是它們的整體，事物的相互連繫整個陷沒了，一切上手事物與現成事物都「一言不發」。世界全無意蘊。

因而畏也不從某個角度來看威脅者。威脅者並非來自某個方面，某個場所，威脅者乃在無何有之鄉。畏之所畏也非一步步臨近而來——臨近者可能出現也可能最終不出現，而畏之所畏卻已經在「此」。它就在此，以致它迫人窒息——然而又在無何有之鄉。畏「不知」其所畏者是什麼。

世內事物一無所謂。這告訴我們：畏之所畏就是世界本身。全無所謂全無意蘊並不意味著世界不在場，反倒意味著：世內事物原無所謂，乃至即使它們全無所謂，世界之為世界仍然獨獨地湧迫而來。畏原始地直接地把世界作為世界開展出來。我們並非先行考慮了一番，把世內事物撇開而只思世界，然後在世界面前產生出畏來。畏是原始的現身情態，唯它才原始地把世

界作爲世界開展出來。
• • • • • • • • • •
　　當畏已平息，人們會說：「本來也沒什麼」。這話其實就在實際存在的層次上說中了那本來是的什麼。日常話語談的總是上手事物，而畏之所畏者卻不是任何上手事物。無上手事物之「無」就植根於某種最原始的「什麼」，即植根於世界。畏之所畏就是世界本身，而世界之爲世界乃是上手事物之能夠上手的條件。然而，從存在論上來看，世界屬於「在世界之中存在」，亦即屬於此在的存在。因而，畏之所畏者就是在世本身。

　　畏不僅有所畏：其爲現身情態同時也有所爲而畏。威脅者本不確定，所以，畏所爲而畏者，不是此在的一種確定的存在方式。畏所爲而畏者，就是在世本身。在畏中，世內事物整體沉陷了，「世界」已不能呈現任何東西，他人的共同此在也不能。所以畏使此在不能再從「世界」以及從公眾講法方面來理解自身。畏把此在拋回此在所爲而畏者那裡，即拋回本眞的能在世那裡。畏使此在個別化爲其最本己的在世，使它從最本己處領會自身理解自身，從本質上向各種可能性籌劃自身。畏所爲而畏者把此在開展爲個別化的存在。畏在此在中公開出最本己的能在，公開出選擇與掌握自己的自由。畏把此在帶到它的自由存在之前，帶到它的本眞生存之前。不過，我們已經說過，本眞生存不是脫離世界的生存，自由總是沉浸在某種事業之中的自由。

　　畏之所畏與畏之所爲而畏都是在世。這種一而二二而一的情況甚至擴展到生畏本身，因爲生畏作爲現身情態原是在世的一種基本方式。在這裡，開展活動與展開的東西在生存論上是一而二二而一的。這就證明：畏是一種別具一格的現身情態。畏使此在個別化並開展出來成爲 solus ipse（唯我）。但這種生存論的「唯我主義」並不是把一個絕緣的主體放到一個無世界的無關痛癢的虛空之中，而是在最根本處把此在帶入它的世界，帶入其本己的在世。

　　關於這一點，日常的此在解釋又是最少先入之見的旁證。人們說，一旦生畏，人就「茫然失所」。「茫然」說出了畏之所畏的不確定，「失所」說出了無何有之鄉。但「茫然失所」同時也說出了此在背井離家。此在作爲常人苟安自信地沉溺於它所熟悉的存在者，把沉淪當作「在家」，而畏卻將此

在從其沉淪中抽了回來，日常熟悉的「世界」沉陷了。此在今作爲個別的此在而在世，所謂「茫然失所」指的無非是這種不在家的存在方式。

反過來，我們又可以更清楚地看到沉淪所逃避的是什麼了。不是逃避世內存在者，而恰恰是要逃避到它們那裡去，逃避到它可以苟安於其中的事物那裡去，逃避到熟悉的公眾意見那裡去。沉淪的此在在那裡安家，逃到那個家裡就是逃避自己的不在家，逃避其茫然失所。然而，此在在世，原有茫然失所的性質：這種茫然失所緊隨著此在，即使不曾明言也實際威脅著它安家於常人的苟安狀態。這種威脅可以和日常此在的苟安無求並行不悖。畏可以在無關痛癢的境況中升起。也不必須身處黑暗，雖然人在黑暗中大概比較容易茫然失所。在黑暗中，我們一「無」所見的實情格外突出，然而世界恰恰還在「此」，而且更咄咄逼人地在「此」。

畏展開了我們茫然失所的實情。但此在在實際生畏之際不見得在存在論意義上理解了茫然失所。此在日常用以理解茫然失所的方式倒是讓這種現象變得模模糊糊，以便逃避這種現身情態。日日的逃避常常的逃避反倒顯示：茫然失所原始而基本地屬於此在。在熟悉的世內事物中安家是茫然失所的一種樣式，而非反之。從生存論存在論來看，不在家倒是更爲原始的現象。

只因爲畏暗中總已規定了在世，所以此在才能害怕。怕是沉淪於「世界」而不自知其沉淪的、非本眞的畏。

實際上，茫然失所的情緒即使在實際生存上也多半未被理解。而且，在沉淪與公眾意見占主導地位的時候，罕有眞正的畏。畏往往還有「生理學方面的」條件。然而，我們必須首先從存在論上來理解畏，而不可僅只從存在者層次上的起因與發展來理解。只因爲此在在它存在的根基處有所畏，所以才可能從生理學上解說畏。不過，實際生存中本眞之畏固已罕見，但更罕見的是從生存論存在論來闡釋畏這種現象的建構與功能。這部分是由於人們一般地忽略了對此在進行生存論分析，而特別是由於忽視了現身現象。基督教神學曾在存在者層次上注意到畏與怕的現象，甚至在很窄狹的限度內對之做過存在論上的討論，雖然對畏和怕始終不曾稍加區別。這種情形總是發生在人對上帝的存在的人類學問題占了上風的時候，或像信仰、罪過、愛、悔

等現象決定了問題的提法的時候。奧古斯丁在其注疏性的著作與通信中多處討論到無瑕的怕與奴性的怕。他在「關於八十個不同的問題」中的問題第三十三、第三十四和第三十五還曾討論過一般的怕。路德也在談到懺悔與愧窘的時候討論過怕，此外他還在對創世紀的注釋中作過討論。對畏的現象作出最深入分析的是齊克果，這一分析是在對原罪問題作「心理學」解說時進行的。爲此可以參考《「畏」這個概念》。

　　任何現身情態都會開展出在世的所有組建環節：世界、在之中、自己。然而畏卻是一種別具一格的開展方式，因爲畏造就個別性，讓此在毫不假託世內存在者而顯現自身。此在總是我的此在，雖然它首先和通常附著於世內存在者。那麼，畏的生存論闡釋應已爲我們準備好了現象上的基地來回答此在的整體存在這一主導問題了。

第四十一節　此在之存在 —— 操心

　　要從存在論上掌握結構整體，我們必須首先問：畏能夠從現象上原始地給出此在的整體嗎？我們可以先從形式上列出畏的全部內容：生畏作爲現身情態是在世的一種方式；畏之所畏是被拋的在世；畏之所爲而畏是能在世。據此，畏的整個現象就把此在顯示爲實際生存在世的存在，包括生存、實際性與沉淪。這些生存論規定並不是組合在一起的部件，而是由一種原始的連繫編織在一起的。這種連繫即構成結構整體的整體性。

　　此在是爲存在本身而存在的存在者。它是什麼，要由它自己去是。此在以能夠去是自己的方式籌劃自身。此在之所是乃是它本身的一種可能性。能夠自由地是它自己，能夠自由地成爲本眞的或非本眞的，這些都在畏的原始現象中具體呈現出來。能夠最眞切地成爲自己，從存在論上卻是說：此在在其存在中已經先行於它自身。此在總已經「超出自身」。

　　此在並非與世界無關就能先行於自身，先行於自身是在世的一種特點。但在世的另一個特點是：此在總已經被拋入一個世界了。這一點也具體顯現在畏中。從而，此在已經在世而先行於自身。生存領先於自己，但生存總是

實際的生存。

此在不僅一般無差別地是被拋的能在世，而且總也已經消融在所操勞的世界中了。沉淪的此在寓於「世界」，在茫然失所面前逃避，這也或明或暗透露出來了。所以，已經在世而先行於自身是和沉淪連在一起的。

綜上所述，我們應把此在的存在論結構整體從形式上規定爲：先行於自身而已經在世寓於世內存在者的存在。這一存在滿足了操心（Sorge）這個名稱的含義。我們只在純粹存在論生存論意義上使用操心這個名稱。此在爲生計憂慮，爲子女忙碌，這種實際生存中的操心和我們所說的操心完全不是一碼事。只因爲此在在存在論上就是操心，諸如忙碌憂慮之類的東西以及反過來像無憂無慮和歡快這樣的東西在實際存在上才是可能的。

因爲在世本質上就是操心，所以我們才一直把和用具打交道理解爲操勞，把與他人共在理解爲操持。操心是操勞操持之中的基本結構。操心並不是與沉淪脫節的生存論結構，而是把它包括在統一之中的。因此操心也不是首先專指孤立的我照料我自己的心。「自己操心」這種用語是恆眞句。操心不會特別用來指對自己的行爲，因爲我們已經從存在論上把「自己」理解爲先行於自身的存在了；操心的其他兩個環節，已經在世和寓於世內存在者，總是隨著先行於自身的存在一起被設定了。

先於自身的存在就是通向最本己的能在的存在。這種存在是由自由規定的，因此，此在也就可能非本眞地存在。實際上，此在首先和通常正是以非本眞的方式存在著，它把自己的籌劃交付給常人處理了。因而在先行於自身的存在中，這個「自身」總是指常人自身。即使在非本眞狀態中，此在仍然先行於自身，仍然爲它的存在而存在。

在此在的任何實際行爲與狀況之中都有操心，因此，操心處在任何實際行爲與實際狀況「之前」。因此，我們用操心來標識此在的整體存在，並非主張「實踐」優先於「理論」。純粹直觀也是一種活動，一樣需要操心，就像「政治行動」或休息消遣一樣。「理論」與「實踐」都是操心的此在的存在方式。

操心從存在論上規定著此在的整體存在，欲望、願望等等，都必須由操

心來說明，而不是反之。願望從存在論的角度看來必然植根於此在，即植根於操心，而不單純是出現在意識流或其他什麼「流」中的體驗。此在在世，就和世內存在者有關聯，操心總是操勞與操持。願望也是面向存在者的，它是向著有待於操勞或操持的可能的存在者作籌劃。此在始終是可能之在。然而，常人的此在自始就已經把自由挑選的各種可能性敉平爲日常可獲致的東西，這就使可能事物的可能性質變淡了，從而此在可得而安定地耽溺於「現實事物」，它不是去意求各種積極的可能性，而是把日常可獲致的東西拿來代替真實的可能性，並透過這種「策略」產生出有某種事情在發生的假象。

　　常人不肯努力去實現真實的可能性，因爲這種努力也包含著真實失敗的可能性，相反，常人耽於對這些可能性想入非非，這就是所謂單純願望。願望仍是一種能在，仍然先行於自身，不過，它是本真籌劃的一種變式。願望充塞之處，堵塞了對各種實際可能性的理解。能夠認真去嘗試的可能性所需的條件，若和我們可以願望的東西相比，當然永遠稀缺不足。然而，沒有要操心之事，就不會有所願望。願望在存在論上也以操心爲前提。只不過單純願望封閉了本真的操心，只剩下對過去的可能性緬懷不已，所以，常人在不斷追逐單純願望的同時，又特別喜歡沉湎於往事。

　　由願望和沉湎組建起來的操心同時也是已經寓於世界的存在，這種非本真的寓世之在就是上癮。上癮也包含先行於自身的指向，但這種指向不過是身不由己被癮頭拉了過去。癮頭汲走了此在的生命力，此在不再生機飽滿地經歷世界，它被世界的吸盤吸住；不是它活個世界，倒是世界活它了。此在沉迷於癮頭的時候，看上去萬事皆消，只要過癮就行；其實操心的整個結構都還在，只是改變了樣式：一切籌劃都轉而爲過癮服務了。

　　即使「生命衝動」也不足以說明操心。固然，生命衝動與上癮不同，它的動力來自此在自身，然而，即使這種「不惜任何代價的」指向仍不是本真地先行於自身。在所謂純粹衝動中，此在還不能夠自由地操心。其實，此在從來不是「單純的衝動」，彷彿生命衝動從本質上控制著此在。此在作爲操心，總是由在世的完整結構規定的，只不過這一完整結構會作爲某種變式出現。操心的現象本質上是不可割裂的原始整體，不可以還原爲某種特殊的行

動或心態。上癮與衝動都植根於此在的被拋。生命衝動是消滅不了的，對世
內事物的癮頭是剷除不掉的，但因爲二者在存在論上都植根於操心，所以二
者都可以透過本眞的操心而轉變爲本眞的實際生存樣式。

操心在存在論上比上述諸現象「更早」，雖然在一定界限之內，無須
具備完整的存在論視野也可以適當地看到這些現象。本書限於基礎存在論的
研究，既不打算成爲鉅細靡遺的此在存在論，更不打算成爲一部具體的人類
學。就本書的目的而論，只消指出這些現象在生存論上如何植根於操心也就
夠了。

操心是生存論上的基本現象。這卻不是說它是一種簡單的現象，更不能
把它還原到某種實際存在上的基本元素。我們最終還會表明，一般存在也和
此在的整體存在一樣不是簡單的。操心的規定是：先行於自身而已經在世寓
於世內存在者的存在。這就擺明了：這個現象分成環節具有結構。但這豈不
提示我們還需要找出一種更原始的現象，而它必須能夠從存在論上把操心的
多重環節的統一結構承擔起來？我們將在第二篇深入探討這個問題。在這之
前，還有兩件事情要做。其一是提出一項先於存在論的證據，表明我們從存
在論上提出的「新東西」在歷史上其實甚爲古老。其次是回顧這一章作過的
闡釋，藉助我們已經獲得的見地重新審視實在問題和眞理問題。

第四十二節　前存在論的操心觀念

即使我們不把「操心」僅僅從實際存在上理解爲「擔心憂慮」，而是堅
持從存在論上來理解，把此在之存在概括爲操心，仍然和「人」的傳統定義
相去甚遠，難免顯得生僻。所以現在我們來援引一項先於存在論的證據。這
雖然只是歷史方面的旁證，但這項證據的有利之處在於，這裡出現的此在自
我解釋是「原始的」，不摻雜理論因素。而且，此在之存在從根本上就是歷
史的，所以，歷史上的說法具有特殊的分量。

下面引用的是一則古老的寓言。筆者是在布爾達赫的〈浮士德與操心〉
一文中發現的下面這個故事的。他還告訴我們，歌德從赫爾德那裡把它吸收

過來，加工後用於他的《浮士德》第二部。

> 從前有一次，女神「操心」橫渡一條小河，在岸邊看見一片膠土，
> 她若有所思，從中取出一塊膠泥，動手把它塑造。她正琢磨著自
> 己造出來的東西，朱比特神走了過來。「操心」便請求朱比特為這
> 塊成形的膠泥賦予靈魂。朱比特欣然從命。可是事後兩位天神爭
> 執起來，各自要用自己的名字來為這塊成形的膠泥命名。這邊還
> 爭執不下，又冒出了土地神特魯斯，爭說該用她的名字來命名，
> 因為是她從自己身上貢獻出了泥胚。他們爭論不休，請農神來作
> 裁判。農神的評判看來十分公正：你，朱比特，既然你提供了靈
> 魂，你該在它死時得到它的靈魂；既然你，土地，給了它身軀，你
> 就理該得到它的身體。而「操心」最先造出了這東西，那麼，只
> 要它活著，它就歸「操心」所有。至於它的名稱，就叫「homo」
> （人）吧，因為它是由 humus（泥土）造的。

這則寓言說得很明白，人只要活著，人只要在此，就隸屬於操心。特
別重要的還在於，寓言接受了人是軀體（泥土）和精神的複合這一熟知的看
法，而同時仍給予操心以優先地位。「操心最先造出了它」：人的存在源於
操心。「只要它活著，它就歸操心所有」：人生在世，離不開操心，由他的
源頭統治著。人的名稱來自他的肉胚，人的存在卻是由他的源頭即操心來規
定的。對此作出裁決的則是司時間四季的農神。這一本質規定一開頭就從人
生在世的時間性著眼來規定人的存在方式。這則寓言表明，我們的生存論闡
釋絕不是一種虛構，而是一種存在「建構」，而這種建構自有種種初級的草
圖。

歷史上使用的「操心」（Cura）當然還不是一個存在論概念。但它的確
透露出此在的某些基本結構。布爾達赫就提醒我們注意「操心」具有雙重意
義：一重是擔心將有什麼事情發生而未雨綢繆，另一重則是十分投入、被牢
牢地吸住。人籌劃自己的種種可能性，通過這些籌劃而成為他所能是者，這

就叫人的完善。人的完善是操心的勞績。但操心也同樣原始地意味著人被拋擲到世界之中，被世界牢牢吸住。這就是我們所說的「被拋的籌劃」這一雙重結構。所以，塞涅卡寫道：「樹、獸、人、神這四類有生之物，唯後兩類賦有理性。而這後兩類的區別則在於神不死而人有死。於是在這兩類中，神的善由其本性完成，而人的善則由操心完成。」

我們從存在論上提出操心，意在指明根本的存在建構，而不僅在於說明操心在實際生存中十分普遍，在人的行為態度中總能找出某種擔憂，某種投入。存在論意義上的操心是人在實際生存中之所以可能擔憂可能投入的條件。操心在這個意義上是普遍的，廣闊的，乃至無論我們在實際存在層次上認為人必定不斷為生計操心還是一葉扁舟無牽無掛，反正所有這些世界觀式的此在解釋莫不活動在操心這一概念已先行提供的基地之上。

不過，我們提出操心，不是要為人類學設置存在論基礎。我們的目標始終是基礎存在論。既然我們現在已經透過操心這個概念獲得了此在存在的統一現象，我們就可以把前此只能粗略加以提示的一些問題引向更集中更深入的理解了。

第四十三節　此在、世界、實在

必須對存在有所領會有所理解，才可能追問存在的意義。而對存在的理解屬於此在。我們對這個存在者的解說愈適當、愈原始，我們就愈可靠地走向最終解決基礎存在論問題這一目標。

我們已再三表明，世界隨著此在在世一同展開。在世界展開之際，世內存在者的存在也總以某種方式得到理解。然而，前存在論的存在之理解尚未在存在論上形成適當的概念，還不曾把它自己的種種不同的存在樣式解說清楚。由於此在的沉淪，它首先把對自己的理解錯置到對世界的理解之中。就存在論來談，情況也是一樣。它跳過了首先上到手頭的東西，而把存在者理解為現成事物。於是，存在被理解為實在，存在的基本規定性成了實體性。而它還退回到這種實體性來理解此在，認為此在也像別的存在者一樣是現成

的。在存在論問題的提法中，實在概念具有特殊的優越地位，從而此在的存在，一般世內事物的存在，以及一般存在，所有這些問題的提法都被迫向歧途。它處處從實在著眼，以實在為準繩來規定存在的其餘樣式，從反面來看這些存在樣式離開實在有多遠。

所以，我們必須從根本上扭轉分析的方向，證明實在只是種種存在方式中的一種，而且它在存在論上根源於此在、世界和上手事物。從而我們須得澈底討論實在問題，討論該問題的條件及界限。

a.能否證明「外部世界」的實在性

人們一向用來把握實在的主要方式是直觀認識，是一種意識活動。所以首當其衝的問題似乎就是：實在事物是否「獨立於意識」而存在，或反過來，意識是否能超越自身而通達實在事物。要回答這類問題，我們先就要問：實在對之獨立的那個東西、應當被超越的那個東西到底是怎樣存在的？同時我們也就不得不問：意識或認識是不是通達實在事物的本來方式？

前面的生存論分析中已經表明：認識是通達實在事物的一種衍生途徑。實在事物本質上只有作為世內存在者才是可通達的，而世內存在者隨著此在在世的基本建構一道展開。此在無論透過什麼方式總已經在世，而已經在世界之中的此在怎麼會問出「有沒有一個世界？」這樣的問題來？然而，除在世的此在，又有誰會提出這個問題？

不過，人們這裡所說的「世界」也許根本不是本來意義上的世界，甚至不是一般的世內存在者，而是具有實在這一存在方式的世內存在者，即僅僅現成的事物。世內存在者總已隨著世界的開展得到揭示，但它不一定作為實在之物得到揭示；在這種意義上，倒的確可以問「有沒有一個實在『世界』」。但像這樣把實在事物與世界混為一談適足造成混亂。因為只有世界已經展開，才可能揭示實在事物；正因為此，只有世界已經展開，才談得上實在事物仍然隱蔽不彰。人們不曾事先澄清世界現象，卻在「外部世界」的「實在性」問題上糾纏不休。

康德把始終沒有人為「我們之外的物的此在」提供令人信服的證明這件

事稱爲「哲學和一般人類理性的恥辱」。他本人提供了這樣一個證明，並把它作爲下面這條「定理」的根據：「對我自己的此在的純粹的、但爲經驗所規定的意識，證明了在我之外的空間中的對象的此在」。

首先應當注意：康德所說的「此在」，無非是指現成存在，既指意識的現成存在，又指物的現成存在。「對我的此在的意識」就是笛卡兒意義上的對我的現成存在的意識。

康德爲「我之外的物的此在」提供的證明大致如下。我的現成存在，即觀念的現成存在，不斷變易。但變易和持久不可分割地屬於時間，變易已經把某種持久的現成事物設爲前提。而這種持久的東西不可能在「我們裡面」。所以，只要有「在我之內」的變易，就一道設置了一個「在我之外」的持久事物。

這個證明不是因果推論，所以也就沒有因果推論的不利之處。乍一看，康德似乎放棄了笛卡兒的入手點，不再把獨立地擺在那裡的主體作爲因果系列的開端，而是從時間性出發給出了一個「存在論證明」。但這只是假象。康德要求爲「在我之外」的物提供證明，這就已經表明，他是從主體、從「我之內」提出問題的，而且實際的證明過程也正是從「在我之內」的變易出發的，因爲承擔著這一證明的「時間」只「在我之內」被經驗到。「在我之內」的時間提供了基地，使證明得以跳到「我之外」去。

何況，充其量康德也不過證明：變易的存在者和持久的存在者共同現成存在，主體和客體共同現成存在。然而，物理的東西和心理的東西的共同現成存在仍然完全不同於此在在世。康德把「在我之內」和「在我之外」的區別以及連繫設爲前提，這原本不錯。然而他沒有指出：若依時間爲線索來談變易的東西和持久的東西的共同現成存在，所得的結果也適合於「在我之內」和「在我之外」的連繫。談到「在我之內」，也就一道設置了「在我之外」。如果康德看到了這一點，他就不會認爲「我之外的物」尚未證明且必得證明了。

若認爲外部世界無須論證，而必須純憑信仰接受下來，那也一樣是本末倒置。這裡仍然有一種以孤立主體作爲開端的構想在作怪。信仰「外部世

界」的實在性，無論對還是不對，證明「外部世界」的實在性，無論充分還是不充分，諸如此類的嘗試都不曾充分透視自己的根基，都把一個最初沒有世界的或對自己是否有一個世界沒有把握的主體設為前提，而這個主體到頭來還必須擔保自己有一個世界。於是，「在一個世界中」從一開始就被歸於看法、臆測、信仰，而所有這些，其本身都已經是在世的一種衍生樣式。

「哲學的恥辱」不在於我們至今尚未提供這個證明，而在於人們一而再再而三地期待和嘗試這樣的證明。這是因為設置了一個無世界的主體之類的東西，從而就需要證明有一個現成的世界獨立於它、外在於它。有所欠缺的並不是這些證明，而是這個進行證明和渴望證明的存在者的存在方式。能否證明外部世界的實在？這是一個不可能的問題，倒不是在求解過程中會碰上某些解不開的死結，而是因為在這個問題中作為主角的存在者在其存在的根基處違抗這類證明：向來就屬於它的東西，卻被認為事後有必要證明是屬於它的。有待證明的並非「外部世界」是否現成以及如何現成，而是為什麼本來就在世界之中的此在會有一種傾向，先在「認識論上」把「外部世界」葬入虛無，然後才來對它加以證明。原因就在於此在的沉淪。沉淪的此在通常從現成性來理解存在。當此在進而成為反省的、批判的，它就會發現「在內的東西」才是確切現成的。然而這個孤立的主體無論如何都顯得那樣不充分，於是此在還要努力去證明或信仰外部世界也同樣現成存在。可是，在世的原始現象已經毀掉了，只有依靠殘留下來的孤立主體去和「世界」拼接了。

各類實在論和唯心論以及二者的混種構成了各式各樣解決「實在問題」的嘗試。所有這些嘗試都提出了一些正確的東西。但若以為把這些東西累積起來就能獲得對實在問題的解答，那就大錯特錯了。所需要的是一種澈底的眼光，看到這些不同的認識論流派並非只在認識論方面迷了路，而是耽擱了此在的生存論分析，從而在根本上就沒有獲得適當提出問題的基地。即使事後對主體概念和意識概念加以現象學的改善，我們也還是不能獲得這一基地。

我們說，世內存在者一向已經隨著此在在世展開了。這一命題似乎同

「外部世界現成存在」這一實在論命題相符。但是，實在論認為「世界」的實在性是需要證明且可以證明的，而這兩點恰恰是我們所否認的。而且，實在論試圖在實際存在上用實在事物之間的實在相互作用來解釋實在性，由此就更可以看清實在論和生存論之間的區別。

　　唯心論的結論頗逆乎情理，不可持信。儘管如此，設若唯心論不把自己誤解為「心理學的」唯心論的話，它在原則上還是比實在論優越。「存在和實在只在意識之中」這一命題其實透露出一種理解，即存在不能由存在者來解釋。單就此點而論，只有唯心論才有可能正確地提出哲學問題。這樣，亞里斯多德和康德一樣是唯心論者。然而，如果唯心論意味著把一切存在者都引回到主體或意識，卻始終不規定主體與意識的存在方式，最多只消極地主張它們是「非物質的」，那麼，這種唯心論在方法上就恰如最粗糙的實在論一樣幼稚了。只要唯心論沒有闡明這種對存在的理解以何種方式屬於此在的存在建構，它對實在的闡釋就還是空泛的。的確，實在只有在存在之理解中才是可能的，然而這並不取消對意識的存在的追問，對思執本身的存在的追問。唯心論認為意識本身的存在是無須也無法質疑的。其實，只因為存在是「在意識之中」，這就是說，只因為存在可以在此在中得到理解，所以此在才能夠理解獨立性、自在、實在這類存在方式，才能夠把它們形成概念。只因為這樣，尋視才能通達「獨立的」存在者。

　　把實在論和唯心論加以混合，可以得出一種看法：主體只相對於客體才是主體，反之亦然。然而，這只是純粹形式主義的提法。在這裡，相關關係的各環節和這種相關關係本身一樣都仍然無所規定。我們必須先把此在在世的基本建構展示出來，在這一基地上，我們自然可以來清理上述那種相關關係，只不過這種形式化的關係在存在論上其實是些無關宏旨的關係。

　　對實在問題的單純「認識論」解答有其不曾道出的前提；對這些前提所作的討論表明：我們必須把實在問題當作存在論問題收回到此在的存在論分析中來。

b.實在作爲存在論問題

即使欠缺明確的生存論存在論基礎，人們也曾能夠在某種限度內對實在事物的實在性進行某種現象學描述。上面提到狄爾泰的論文，那裡就有過這種嘗試：實在的東西在衝動和意志中被經驗到。他把實在性理解爲阻力。對阻力現象的分析是這篇論文中積極的東西，也是「描述性心理學」這一想法最好的具體證實。但狄爾泰仍然是從認識論上提出實在問題的，這種提法妨礙了阻力分析發揮其正當作用。狄爾泰的「現象性原理」使得他不能進一步對意識的存在進行闡釋。從而，他所謂的「生命」在存在論上就和其他存在者並無本質區別。

新近，舍勒吸收了狄爾泰關於實在的闡釋，發展出一種「唯意志論的此在理論」。他像狄爾泰一樣強調：實在從不首先在思維中被給予。而且他還特別指出：認知本身也不是判斷活動，而是一種「存在的關係」。然而，他的理論也像狄爾泰的理論一樣，缺乏存在論上的規定性。而且，「生命」的存在論基礎分析也不能事後才插到建築底下去。欲望和意志之所以能夠撞上阻力，是因爲它們本身已經寓於世界的因緣整體性。只有依據世界的展開狀態，才可能獲得阻力經驗。阻力經驗實際上只規定著世內存在者的揭示廣度和揭示方向。世界並非由這種廣度和方向合成的，倒是必須有一個展開了的世界，這二者才能合成。而且，阻力也不是自行出現的，必須有一種存在者會操心，從而具有欲望和意志，才會有撞上阻礙者這樣的事。所以，若用阻礙來規定實在，須得注意兩點。其一，這種規定只涉及實在的種種性質之一；其二，阻礙必須以已經展開的世界爲前提。阻力揭示出來的「外部世界」只是世內存在者，而絕不是世界。一切「外部世界問題」仍必須回到此在在世這一生存論基本現象上來。首要的事情是：在一世界之中。這個「在」必須被理解爲面向種種存在的可能性，而非像笛卡兒理解的那樣，在種種現成事物之中有一個我，這個我作爲無世界的思執和這些事物一道現成存在。

c.實在與操心

實在原可以用來標識世內存在者的一般存在方式。但在傳統上，它通常指物的現成存在。然而現成存在的東西不都是物。「自然」是世內存在者，但它既不是用具，也不是單純的物。無論人們如何解釋「自然」的存在方式，反正這一點是清楚的：在世內存在者的諸種存在樣式中，實在並不具有優先地位；這種存在方式更不能用來說明世界和此在。依照存在論上的順序，實在根源於操心，根源於此在的存在。這卻並不意味著：此在不再生存的時候，實在之物就消失了。

當然，只有當此在生存著，只有在或不在可能得到理解，才說得上在，才給得出「es gibt」在，才「有」（es gibt）在。到此在不生存的時候，「獨立性」也就不「在」，「自在」也就不「在」。那時，諸如此類的東西就既不是可理解的，也不是不可理解的。那時，世內存在者就既不是可揭示的，也不能蔽而不露。那時就既不能說存在者存在，也不能說存在者不存在。現在卻有對存在的理解，從而也有對實在和自在的理解，所以現在當然可以說：那時存在者還得繼續存在下去。

存在（而非存在者）依賴於存在之理解，實在（而非實在之物）依賴於操心。所以，我們不能循實在觀念為線索來闡釋此在，或據以對意識、生命之類進行實際分析。我們必須把人的實質理解為生存，把生存的整體性理解為操心。不過，把操心和實在加以劃分，卻不意味著生存論分析的終結；這只不過是把盤根錯節的問題變為追問存在的問題。因為只有對存在有所理解，才能理解存在者，而唯當此在這樣的存在者生存，才有可能對存在有所理解。

第四十四節　此在、展開、真理

哲學自古把真理與存在相提並論。巴門尼德首次就其存在來揭示存在者，同時就把存在同聽取著存在的理解「同一」起來。巴門尼德的這句名言通常被譯作「存在與認識同一」。亞里斯多德強調說：在他之前的哲人是由

「事實本身」所引導而不得不進行追問的。他還特別說到，巴門尼德不得不追隨那個依其自身顯示出來的東西。他又說：他們為「真理」本身所迫而進行研究。可見「真理」和「事實」或「自己顯示著的東西」原是一事。亞里斯多德把這種研究活動稱為「哲學」，或愛真理愛智慧的活動。哲學本身被規定為「真理」的科學。然而同時他又把哲學稱作就存在者的存在來考察存在者的科學。

　　如果真理的確原始地和存在連繫著，那麼，我們就必須在基礎存在論的問題範圍之內探討真理現象。其實，前文的分析早已接觸到真理現象了，只不過我們不曾明確使用「真理」這個名稱。我們把此在規定為存在之理解。真理和這一規定有何種連繫？能夠從這一規定看到為什麼存在必然和真理為伍，而真理又必然和存在為伍嗎？透過這些問題，我們將使真理問題成為明確的課題；並非只是把前文各處說過的東西統攬到一處，我們的探索又新發端緒。

a.符合論

　　傳統上談到真理，有三個主要的命題。1.真理的「處所」是判斷和命題。2.真理的本質在於判斷同它的對象相「符合」。3.這兩點都是亞里斯多德這位邏輯之父首倡的。

　　亞里斯多德說：靈魂的「體驗」，或「表象」，是物的肖似。他並不是在為真理下定義。不過後世形成了「認識與對象肖似或符合」這一公式，受到他這個說法的影響。直到十九世紀，新康德派才主張這種真理定義是落後幼稚的實在論，而且宣稱它和康德的「哥白尼式轉折」無法相容。其實布倫塔諾在這之前已經注意到康德也確信這一真理概念，甚至認為對此無須討論──康德曾說：「把真理解釋為認識與它的對象的符合，在這裡是被公認的和被設定的。」

　　符合是一種關係，但關係並不都是符合，一個符號的指向是一種關係，但不是符號同被指示的東西的符合。六和十六減十相符合，這是說，它們就「多少」這一方面而言是相同的。符合是從某個方面而言的。認識和對象能

在哪方面符合？二者原非同類，不能相同。那麼，二者也許相似？然而，僅僅相似可不夠，因為據說認識應當如事情所是的那樣認識它。再說，原非同類的東西怎麼能相似？可見，僅僅從關係來理解符合是不夠的。

也許我們不該超出主體之外，而牢守住「內在的真理意識」。真理屬於認識，屬於判斷。判斷則可以分解為實在的心理過程和判斷的觀念內容。真或不真是就後者而言的。心理過程則現成存在著，或不現成存在著。因此，是觀念上的判斷內容處於符合關係中，是它和判斷所及的實在事物相符合。然而，符合本身是實在的還是觀念上的？抑或二者都不是？但判斷內容的確得和對象有一種關係，而且它和判斷過程也得有關係，而且後一種關係一定更「內在」呢。

究竟是什麼使得我們不能合理地提出問題，乃至這個問題兩千多年來不曾進展分毫？是不是在著手之初就不該在存在論上未加澄清就把實在的過程和觀念的內容分割開來？心理主義就拒不接受這種分割。然而，心理主義完全沒有澄清「思維過程」中的思維具有何種存在方式，甚至還沒有認識到這是個問題。從而它就無從真正解釋判斷裡怎麼會有兩樣東西，兩個「層次」。

「符合論」十分空洞，但也不是全無道理。可是人們談到符合，談的總是認識的符合，而關於認識的說法又五花八門，於是連本有的一點道理也埋沒了。退回到判斷過程和判斷內容的區分，並不能把符合問題的討論推向前進。關鍵之點，還在於認清認識本身的存在方式。認識何時為真？當認識和對象相符合的時候，當認識得到證明的時候。從而，從真理現象著眼，符合就和證明有連繫。

某人背對牆說：「牆上的像掛歪了。」這一判斷怎樣證明自己？說話人轉身看到牆上的像斜掛著。這證明了什麼？是他「認識到的東西」與牆上的像相符合嗎？但什麼是「他認識到的東西」？如果他下判斷之際不是看著這張像而是「僅僅表象著」這張像，那他是和什麼發生關係呢？同「表象」嗎？當然不是。他不是和表象的心理過程發生關係，但也不是和牆上的像的「意象」發生關係，「僅僅表象著」進行判斷仍然是和牆上的像發生關係。

判斷所指的就是這張實在的像，而不再意指任何其他東西。判斷是向著存在著的物本身的一種存在。而什麼東西由眼見得到證明？那就是判斷曾指的東西，即存在者本身。如此而已。證實了的是：向著存在者的存在（即判斷）揭示了它向之存在的存在者。判斷有所揭示，這一點得到證明。所以，在進行證明的時候，認識始終與存在者本身相關。證實彷彿就在這個存在者本身上面發生。意指的存在者如它於其自身所是的那樣顯示出來。這裡根本沒有拿表象來進行比較：既不在表象之間進行比較，也不在表象與實在事物之間進行比較。證明涉及的不是認識和對象的符合，更不是心理的東西與物理的東西的符合，然而也不是「意識內容」相互之間的符合。證實意味著：存在者在自我同一性中顯示。證實是依據存在者的顯示進行的。這之所以可能，只因爲認識活動本來就是向著存在者進行揭示的存在。

眞理是：就存在者本身展示存在者，眞理這種展示活動是一種存在方式，這種存在方式又依據於此在的在世。此在在世是認識的基礎，也是眞理的基礎。

b.眞理的原始現象和傳統眞理概念的緣起

我們說「眞」，眞理、眞相、是眞的、眞在，無非是說「有所揭示」。從這個說法入手，也許能把符合論清除掉。不過，這樣來定義眞理太任意了吧？採用這種與傳統相去甚遠的定義，即使能避免符合論的某些弱點，但一下子葬送掉「優良的」老傳統，不是太可惜了嗎？其實我們這個貌似任意的定義不過是回到古代哲學的最古老傳統。希臘人把透過邏各斯來揭示來展示叫作 αληθευειν：把存在者從晦蔽狀態中取出來而讓人在其無蔽狀態中來看。本節開始處引用了幾段亞里斯多德，表明他把 αληθεια（眞理）與「事情本身」、與「現象」相提並論。赫拉克利特是明確討論邏各斯的第一人。我們今天所說的眞理現象，他是在被揭示狀態的意義上來說的。他說，邏各斯道出存在者如何行事。但是對於無所理解的人，存在者卻停留在晦蔽狀態中。這些人遺忘，這就是說，對於他們，存在者又沉回晦蔽狀態中去了。

引經據典，最易滑入文字玄談。但另一方面，保護最基本詞彙的力量，

免受平庸理解之害，這歸根到底就是哲學的事業。平庸理解把這些詞彙敉平
爲不可理解的東西，從這種不可理解又生發出種種僞問題來。用「眞理」這
個詞來翻譯 αληθεια，尤其從理論上對這個詞進行概念規定，在很大程度就
會遮蔽希臘人在把思想轉變爲哲學之前就已經理解到的東西。而我們現在把
「眞」和「眞理」定義爲有所揭示，無非是對希臘人原始地理解到的東西進
行必要的闡釋罷了。我們的「定義」並非擺脫傳統，倒是把傳統據爲己有。
而要眞正據爲己有，我們還須說明，對眞理現象的原始理解怎麼就演變成爲
眞理的符合論了。

　　把眞理「定義」爲進行揭示的存在方式，原不是單純的字面解釋。因
爲我們本來就把此在的某些行爲舉止稱爲「眞實的」。「眞實的行爲舉止」
的基礎，應當在一種更原始的意義上被稱爲「眞的」。揭示活動的生存論
存在論基礎，即此在的展開狀態，才是最原始的眞理現象，因爲有所開展屬
於此在的存在方式，而此在有所開展，存在者才能得到揭示。原本進行揭示
的，原本就「眞」的，乃是此在。此在在世而揭示出世內存在者，這只在第
二位意義上才是「眞的」。只要此在有所開展有所揭示，它本質上就是「眞
的」。此在存在「在眞理中」。這一命題具有存在論意義，說的是此在的展
開狀態屬於它的生存論結構，而不是說在實際存在上，此在一向都在「全眞
境界」之中。

　　結合前文對此在基本建構的討論，「此在在眞理中」這一原理的生存論
意義有以下幾點。

　　1　操心概括著此在存在的結構整體，其本身及其各環節則都由展開狀
態規定，操心同時包括寓於世內存在者的存在。世內存在者的揭示同此在的
展開是同樣原始的。

　　2　此在的存在建構包含有被拋，被拋境況是此在的展開狀態的構成環
節。此在總是在某一世界中，在世內存在者的某一範圍內展開。

　　3　此在的存在建構包含有籌劃。此在可以從「世界」和他人方面來理
解自己，但它也可以從自己的最本己處來理解自己，這就是本眞的展開狀
態，其中就有最原始的眞理現象。最原始亦即最本眞的展開狀態乃是生存的

真理。只有與此在的本真狀態連繫起來，存在的真理才能獲得生存論存在論上的規定性。

　　4　此在的存在建構包含有沉淪。在沉淪中，理解改道而向「世界」方面去了。閒言、好奇、兩可使得被揭示的事物處於偽裝和封閉之中。存在者並非完全晦蔽，而是雖被揭示同時又被偽裝，雖然呈現卻是作為假象呈現。曾經揭示的，又沉回晦蔽之中。此在本質上沉淪著。所以，此在存在在「不真」中。「不真」一如「沉淪」，在這裡所具有的是其存在論意義，而非任何實際存在上的貶義。就其完整的生存論存在論意義來說，「此在在真理中」這一命題同樣原始地也是說：「此在在不真中」。不過，只因為此在是展開的，它才也是封閉的；只因為世內存在者一向已隨著此在是得到揭示的，它才可能被遮蔽被偽裝。

　　因而，即使某種事物已經得到揭示，我們要明確理解它，仍必須和假象和偽裝抗爭，一再重新確保其揭示狀態。我們從來不是從完全的晦蔽進行新的揭示，一切新揭示都針對假象式的揭示進行。存在者看上去好像如此這般，這就是說：存在者已經以某種方式揭開了，然而還偽裝著。引導巴門尼德的真理女神把他帶到兩條道路前面，一條是揭示之路，一條是晦蔽之路。這不過意味著此在一向已在真理和不真中罷了。

　　真理總要爭而後得，實際的揭示狀態總彷彿是一種劫奪。希臘人說到真理的時候用的 αληθεια（去蔽）就是個剝奪性質的詞，帶著 α-（去除）這個剝奪性質的字頭。希臘人先於存在論已經理解到：「在不真中」造就了「在世界之中」的一個本質規定。在世由「真理」和「不真」規定。這一命題的基礎就是我們所說的被拋的籌劃這一在世建構。

　　在最原始的意義上，真理乃是此在的展開狀態。然而，傳統的真理學說怎麼就會把真理闡釋成了符合呢？僅僅指出符合論的困境是不夠的，我們還必須追溯符合論由來的譜系，說明此在本身的展開方式怎樣一來就使得符合這一衍生的開展方式首先映入眼簾並指導著對真理問題的理論解釋。

　　操勞活動一向有所揭示，而此在在操勞之際又同時透過話語有所道說。此在在判斷和陳述中道出了存在者「如何」得到揭示。存在者如何得到揭

示，這保存在命題中。判斷一旦道出，存在者的被揭示狀態就成為世內存在者，它就可以接受下來，可以傳說下去，可以人云亦云。即使在人云亦云之際，此在也不只是面向命題，而是面向命題所談的存在者本身，不過，此在這時免於重新進行原始揭示，它無須乎藉助原始經驗就把自己帶到存在者面前。

道聽塗說是常人的存在方式，在大多數情況下，人們不是藉親身揭示來占有被揭示狀態的。於是，若要確切占有存在者的揭示狀態，就需要證明命題的確有所揭示。保存在命題中的揭示狀態本來是某種存在者的揭示。那麼，證明就在於重建命題同存在者的連繫。但命題本身現在是某種世內事物，它與所揭示的存在者的連繫也就表現得像是現成連繫。某某東西的被揭示狀態變成了現成的一致性。只要我們把兩個關係項理解為僅僅現成的東西，那麼這種連繫就表現為兩個現成事物的現成符合。真理於是成為世內現成存在者之間的符合，這就是傳統真理概念的存在論譜系。

然而，按照生存論存在論譜系來說是最後的東西，在實際存在上卻被當作最先最近的。這又是此在本身的存在方式必然造成的：此在首先從世內存在者方面來理解自己。被揭示狀態本來是透過揭示活動獲得的，但對於聽取命題的此在，它卻首先擺在命題裡面。希臘人最初對真理進行思考的時候，已經有時從被揭示狀態這種現成存在來理解揭示活動了；當他們把這種理解形成科學的時候，真理乃是現成符合這一認識就取得了統治地位。不過，在那時候，那種真理理論還沒有完全遮蔽對真理的活生生的原始領會，這一點在亞里斯多德那裡可以看得很清楚。

亞里斯多德並沒有提倡過「真理的原始處所是判斷」。他毋寧是說：邏各斯是此在的存在方式。邏各斯能夠揭示，然而它也能夠遮蔽，這種雙重的可能性是邏各斯的真在的與眾不同之處。這裡的邏各斯，並不是後世所稱的「判斷」。判斷並非真理的本來「處所」；相反，判斷作為有所揭示的在世方式，植根於此在的開展。這麼說，最原始的「真理」倒是判斷的「處所」。判斷可能真可能假，可能揭示可能蒙蔽，而最原始的「真理」即是這些可能性的存在論條件。

　　真理屬於此在的基本建構，是一種生存論環節。於是問題就是：真理的存在方式是什麼？爲什麼我們必須以「有真理」爲前提呢？

c.真理的存在方式及真理之爲前提

　　展開狀態屬於此在的存在。從而，唯當此在存在，才「有」真理。唯當此在存在，存在者才是被揭示的。唯當此在存在，牛頓定律、矛盾律才在，無論什麼真理才在。此在根本不在之前，任何真理都不曾在，此在根本不在之後，任何真理都將不在，因爲那時真理就不能作爲揭示活動或被揭示狀態來在。「永恆真理」是一種空幻的主張，得不到足夠的合法性來使哲學家們共同「信仰」它。

　　在牛頓定律被揭示之前，它們不是「真的」。但它們也不是假的。這些定律透過牛頓成爲真的，這並不意味：這些定律揭示出來的存在者以前不曾在。而是說，憑藉這些定律，自在的存在者對於此在成爲可通達的。存在者得到揭示，它恰恰就顯示爲它從前已曾是的存在者。所以揭示出來的才是「真理」。

　　從實際存在上來說，真理只可能在「主體」中。真理本質上就具有此在式的存在方式，一切真理都同此在的存在相關聯。然而，這絕不意味著真理是「主觀任意的」，因爲揭示活動恰恰是要去除判斷的任意性，把此在帶到存在者本身前面。真理的「普遍有效性」也僅僅由於此在能夠開放自在的存在者。所謂開放自在的存在者，就是把關於它的一切可能判斷，亦即把關於它的一切可能展示，都繫於一處，繫於它本身。

　　可是，爲什麼一定要有「真理」？此在以對存在有所領會有所理解的方式存在，從生存論上說，此在以真或不真的方式生存，以「有真理」的方式生存。我們必須有真理，這不是說，在我們之外有一種重要的東西，我們總想掌握它，而是說，唯在真或不真中，才有生存，可說是真理掌握著我們。並非在我們之上有種種「價值」，其中有一種是「真」，那樣的話，我們倒可以追求真理也可以不追求真理。我們生存在真理中，只要我們生存，我們就已經以真或不真爲前提了。就此而論，不是我們把「真理」設爲前提，倒

是唯有眞理才有「我們」，我們也才能夠把某種東西設爲前提，我們才能夠以設定前提的方式存在。

什麼叫「以某事爲前提」？這說的是把某種東西理解爲另一存在者的存在之根據，即在存在者的存在之連繫中理解存在者。這種理解只有透過在此在的開展才是可能的。以「眞」爲前提就是把「眞」理解爲此在爲其故而存在的東西。所以，「我們」不但要把「眞」設爲前提，而且必須把「我們」也設爲前提。此在所固有的這一「設定前提」無關乎非此在式的存在者，而只關乎此在本身。眞理具有此在本身的存在方式。我們必須「造出」眞理前提，因爲它隨著「我們」的存在已經是「造好的」。

作爲此在的展開狀態，眞理必須在。這屬於此在被抛入世界的實情。此在何曾自由決定過：它願意進入「此在」或不願意進入「此在」？「本來」就根本不可能洞見到爲什麼存在者會是被揭示的，爲什麼眞理和此在必須存在。懷疑論否認「眞理」存在，或眞理可以得到認識。從形式上說，這種反駁無非在於指出：只要進行判斷就已經把眞理設爲前提了。這類反駁都停留在半道上，因爲這裡仍然設有澄清：爲什麼事情必然這樣？況且，懷疑論也沒有看到：只要此在存在，即使沒有任何人在進行判斷，眞理也已經被設爲前提了。

無法反駁懷疑論者，一如無法「證明」眞理存在。如果眞有否認眞理的懷疑論者存在，那也就無須乎反駁他。只要他存在——他眞實的自我理解原就屬於他的存在——那他就只能透過自殺來存在，從而抹掉了此在，也抹掉了眞理。因爲此在本身先就不可能獲得證明，所以也就不可能來證明眞理的必然性。就像無法證明有「永恆眞理」一樣，也無法證明眞的曾「有」過任何一個懷疑論者。不管懷疑論者都反駁些什麼，他卻相信「有」懷疑論者。只有過分天眞的人，還不知道懷疑論者是相信這一點的，才會嘗試用形式辯證法反駁懷疑論。

眞理是否存在？是否必須以有眞理爲前提？人們在提出這些問題的時候，就像在提出認識問題時一樣，其實一著手就假設了一個「理想主體」，謂之「純我」或「一般意識」。而這背後的動機則在於要求哲學把「先天

性」而不是把「經驗事實」作爲自己的課題。這個要求有些道理，不過其存在論基礎尚十分含混。再則，這個理想主體可能跳過了此在的實際狀態，只是一個理想化了的幻象。實際的主體，或此在，同樣原始地在眞和不眞之中。這不恰恰是「主體」的先天規定嗎？而假設一個理想化的主體卻不能保證此在具有基於事實的先天性。主張「永恆眞理」，把此在的基於現象的「理想性」與一個理想化的絕對主體混爲一談，這些都是哲學範圍內長久以來仍未澈底肅清的基督教神學殘餘。

　　唯當眞理在，才說得上誰「是」誰，才有「是」和「存在」——而非才有存在者。而唯當此在在，眞理才在。是與眞，存在與眞理，同樣原始。然而，要具體而微地闡釋是與眞的連繫，我們就必須先澄清存在的意義。我們是否已爲此做好了準備？透過準備性的此在分析，我們已表明，此在的基本建構是在世，由此，我們把此在的存在方式與其他種種存在方式如上手狀態、現成狀態、實在性等等區別開來，並把此在的結構整體性規定爲操心。在世的諸本質結構集中在展開狀態中，而我們也廓清了理解活動本身的存在方式。有了這些準備工作，我們一定能夠把包含在操心中的存在之理解變成概念，也就是說，一定能夠把存在的意義界說清楚。

　　然而，隨著操心開展出來的眞是此在的最原始的生存論存在論建構嗎？至今的探索究竟可曾把此在作爲一個整體收入眼簾？

第二篇　此在與時間性

第四十五節　原始闡釋此在的任務

　　我們發現我們所尋求的是一般存在的意義問題的答案。爲此必須把藉以理解一般存在的視野開放出來。存在之理解屬於此在，所以首先須原始地把此在闡釋清楚。

　　但某種存在論闡釋具有原始性，這究竟說的是什麼？存在論探索是解釋的一種方式。解釋是某種理解的整理，一切解釋都先已經看到了什麼掌握了什麼，我們把這些「前提」的整體稱爲解釋學處境。解釋工作需要從對有待開展的對象的基本經驗方面先行澄清和保障這些「前提」的整體。存在論闡釋應當就課題所涉的存在者所特有的存在建構來剖析這種存在者，從而把這種存在者帶入闡釋工作先行具有的東西之中。這一過程需要由對有關存在者

的存在方式的先行視見得到引導。先行具有和先行視見於是也就標識出存在結構得以升入其中的概念方式，這就是先行掌握或先行概念。

但存在論闡釋不僅要求保障解釋學處境，它還必須保障帶入了先行具有之中的是課題所涉的存在者的整體，這樣才可能追問並回答這個存在者的統一性的意義問題，從而保障基礎存在論所要求的原始性。前此的分析是否已經獲取了這種原始性呢？

生存即是能在。能在作為向來是我的能在，自由面對本真生存或非本真生存以及生存的無差別樣式。我們曾從日常生活入手，只限於分析無差別的或非本真的生存。如果我們的生存觀念不把本真生存的結構包括進來，我們的闡釋就缺欠整體性和原始性。前此的生存論分析不能聲稱自己具備原始性，它所先行具有的，一直只是此在的非本真存在和不完整的存在。

生存論分析若要具備整體性，就必須把此在自「始」至「終」包括進來。日常生活恰恰是生與死「之間」的存在。作為能在，此在能是某種東西，但這同時也表明它尚不是某種東西。此在本質上就抗拒從整體上對它加以掌握。那麼，要原始地闡釋此在的整體存在豈非註定會失敗呢？

要把此在作為整體置入闡釋工作的先行具有之中，卻首先要求把能否整體把握這一存在者當作問題提出來。在此在的生存本身之中就有某種它所能是、所將是的東西虧欠著，終結本身就是一種虧欠。在世的終結就是死亡，死亡界定著此在的整體性。然而死亡卻不是一個現成的終點，從生存論上說，死亡是一種生存的可能性，死亡只存在於向死亡存在之中。只有透過生存論的死亡概念才能有效地討論此在的整體生存。

但此在也能本真地整體生存嗎？要回答這個問題，我們必須從實際的本真生存活動的可能性著眼，而不能從存在論上來杜撰出一種本真性來。良知提供出本真生存的證明。這種生存上的可能性透過向死亡存在而明確展現出來。

我們將透過死亡與良知展示出本真的能整體存在，從而落實生存論的分析工作的原始性。這樣，我們就能立足在可靠的基礎上來對此在的存在意義進行原始闡釋了。

　　此在存在的意義是時間性。我們不僅要從生存論上對時間性進行分析，而且要就其時間意義反過頭來剖析先前已經初步提供出來的此在諸結構。這不僅意在具體驗證我們的時間性分析，而且時間性現象本身也將變得更加透澈明晰。於是我們將能理解：爲什麼此在是歷史性的，爲什麼它能夠建立歷史學。

　　時間性是此在存在的意義，而此在的整體存在是操心，所以，操心需用「時間」，並從而需要「計時」。時間性透過計時所計的時間最切近地現象。日常的時間理解就從這種時間現象生長出來並發展成傳統的時間概念。時間被當作時間之內的狀態，而世內存在者就在這種「時間」之中照面。我們從這種「時間」尋本溯源，將表明時間性的本質在於到時或時機。時機奠定了存在之理解。在時間的視野上，我們將完成對一般存在的意義所作的探討。[1]

---

1 《存在與時間》沒有寫完，未能完成最後一句所設定的任務。

第一章

此在之可能的整體存在，向死存在

第四十六節　能否從存在論上把握此在的整體存在

上一節提到，此在本身的存在建構似乎就使得我們不能從根本上通達此在的整體存在。此在一向先行於自身，它直至其終都對自己的可能性有所作爲。即使無所希冀的此在也不曾擺脫生存的可能性，不抱幻想，對一切都做好了準備，倒讓此在更本己地先行於其身。操心這一整體存在無疑表明：在此在中始終有某種東西虧欠著，尚未成爲「現實」，從而，此在本質上是未封閉的。一旦此在全然不再有任何虧欠，它也就不再在此了，它就被死亡終止了。此在從不曾達到它的整全，贏獲這種整全就是在世的全盤損失。

我們無法從本體上經驗到此在的整體，從而就無法從存在論上規定這個整體。這不是由於我們的認識能力的不夠完滿，而是這一存在者的存在方式本身使然。這麼說來，從存在論上把握此在存在的整體性豈不就是一項無望的事業嗎？

先行於自身無可置疑是操心的本質環節。但我們由此所作的推論卻可能只是單純形式上的推論。在上面的推論裡，我們就有意無意地把此在假設爲現成的東西，而在它前頭又有某種尚未現成的東西持續地向前移動。我們要問，在用到「死亡」這個詞的時候，它具有的是一種生物學含義還是生存論存在論含義？爲了回答這一問題，我們必須分析某種一直懸置未定的生存現象，描畫出此在式的向終結存在，從而獲得生存論上的死亡概念。

第四十七節　他人的死亡

　　自己的死亡對每一個此在始終祕而不宣。但恰恰因此，他人的死亡越發觸人心弦。此在本質上共他人同在，它可以從他人的死亡獲得某種死亡經驗。死亡的這種「客觀」給定性必定使我們能夠從存在論上對此在的整體性作出某種界說。

　　從臨終的他人此在那裡眞的能發現此在的整體性嗎？他人去世豈非同樣是喪失其在世嗎？但若從根本上加以理解，死人的不再在世卻還是一種存在，他的身體還現成存在。在他人死去之際可以經驗到一種引人注目的存在現象：從此在的存在方式轉變爲不再此在。此在的終結就是現成事物的端始。但這樣闡釋卻錯失了一種現象實情：殘留下來的身體並非只是一個物體，我們是從生命及其喪失來理解屍體的，甚至病理學家在解剖屍體之際所依循的仍然是生命觀念。而且，死者的遺族還透過葬禮謁墓等活動始終和死者連繫著。他們哀悼思念，以這些方式耽留於他。這種耽留不是寓於用具器物的操勞活動，而是共死者同在，具有此在與他人共在的存在方式。

　　然而，在這種特殊的共在之中，死者本身實際上不再在「此」。因此，這樣共死者同在仍然經歷不到死者本眞的臨終到頭。守在臨終者身旁，遺留下來的人們經驗到某種喪失，都並非在本然的意義上經歷他人的死亡過程。

　　以上思路始終設想我們可以用其他此在來代替自己的此在來討論死亡這一課題，設想在自己的此在身上始終經驗不到的東西可以靠陌生的此在通達。一個此在由另一此在代理，這是共同在世的一種常見方式，不僅在公眾生活中是這樣，而且事涉十分特殊的領域，也有可能。但這類代理總是在某種事情上的代理。固然，日常此在首先和通常從它所從事的事情方面來理解自己，人從事什麼，人就是什麼。就此而論，代理還不僅僅是可能的，它甚至就是共處的要素。一個此在在某些限度內能夠「是」甚至不得不「是」另一個此在。然而，當我們討論死亡的時候，這裡談到的代理就完全無濟於事了。任誰也不能從他人那裡取走他的死。固然有人能夠「爲他人赴死」，但這仍然是在某種確定的事業上爲他人犧牲自己。爲他人赴死不曾把他人的死

取走分毫。死不是一個事件，而是一種須從生存論上加以理解的獨特現象。每一此在都必須自己接受自己的死。死亡依其本質向來是我自己的死亡，這一點更其突出了生存向來我屬的性質。

於是，想從現象上適當地通達此在整體存在的嘗試又一次失敗了。但這些思考的結果卻並不只是消極的，我們已經確定，死亡是一種生存論現象，要對死亡進行分析，我們必須把死亡現象帶向純生存論的概念。然而，恰恰是在這裡，現成性或生命這類下層存在方式會不知不覺地擠上前來，惑亂死亡現象的最初提法以及對這一現象的闡釋。爲避免這類擾亂，我們就必須充分規定「終結」與「整體性」這些現象。

第四十八節　虧欠、終結與整體性

在本書的框架之內，我們只能初步討論一下終結與整體性，而不可能討論這兩種現象的所有演變——這些演變是非形式化的，分屬於各個領域，由各種課題所涉的特定存在者的存在決定。對本書來說，重要的是那些能夠導向對此在進行存在論規定的演變樣式。爲此，我們必須看到首先擠上前來的終結概念與整體性概念在存在論上完全不適合於此在。我們必須把這些概念放回到它們特有的領域中去，從而我們才能從此在本身獲取它臨終到頭的生存論意義並顯示這種「終結」如何組建此在的整體存在。

前面討論死亡時已經整理出了三個論題。1.只要此在生存著，它就包含有一種它尚不是而將是的東西，一種虧欠的東西。2.臨終到頭就不再是此在。3.臨終到頭是不能代理的。

此在始終是不完整的，這種「不完整性」直到死亡才消失。但是，只要此在存在，它尚不是的東西就屬於此自己。我們用「虧欠」這個詞來標識雖然屬於一個存在者但仍闕如的東西。有待收取的債務是一種虧欠。債務餘額尚未上到手頭，但它與已經上到手頭的款項具有相同的存在方式，而已經到手的款項也並不因爲債務收齊或沒收齊而改變它自己的存在方式。顯然，這種虧欠無法規定死亡。死亡屬於此在，而此在根本不是上手事物。此在並

非等到把什麼都收齊了才存在，恰恰相反，到那時它就不再存在了。此在尚不是的東西恰恰就屬於它。

不到盈滿的月亮也有一角虧欠著。它雖有所虧欠，其實卻是個整體。這種虧欠卻仍然完全不能說明死亡對此在的關係。且不說月亮即使在滿月時仍有一面隱藏著，而且這裡根本就只涉及知覺。而此在尚不是的東西卻並非我們尚未知覺到，而是它可能存在或不存在。此在根本上就尚未成為「現實」。此在生成為它尚不是的東西，它就是它尚不是的東西本身。

不成熟的果子也逐漸生成為它所是的東西。果實自己成熟，否則任何附加到果實上的事物都無法消除其不成熟。此在的不完整和果實的不成熟的確有某種相似之處，卻又具有本質的區別。成熟之為終結同死亡之為終結不是一回事。隨著成熟，果實也就完成了，它窮盡了它特有的種種可能性。然而，死亡不是倒從此在那裡取走了這些可能性嗎？到那時，此在雖未完成，卻也結束了。它多半就在半完成中結束了，要麼就是在崩潰或疲竭中結束了。另一方面，此在也不見得要隨著死亡才成熟，它甚至還可能在終結之前就熟過頭了。

以上種種虧欠都無法用來描述死亡。在死亡中，此在並未完成，也非簡簡單單地消失，更不曾變得完整可資利用。相反，只要此在存在，它就已經是它尚不是的東西。在同樣的意義上，只有此在存在，它已經是它的終結。從存在論上說，死亡並不意指一個現成過程的終結，而是意指此在向終結存在。死亡是此在剛一存在就承擔起來的去存在的方式。「剛一降生，人就立刻老得足以去死。」只有這樣理解死亡，我們才可能充分界說此在的整體性。

到此，我們已經表明，此在尚不是的東西，不是一種虧欠，死亡也不能被理解為存在到頭。我們必須倒轉過來，依循此在的存在建構來制定方向，才能廓清此在向之存在的何所向。

第四十九節　生存論死亡分析的獨特任務

　　死亡在最廣的意義上是一種生命現象。我們可以把此在的存在方式即「在世界中存在」看作生命的一種形式。然而從存在論上說，我們必須首先廓清此在在世的存在方式，才能透過某些消減來理解單純生命。我們必須把此在的死和僅僅具有生命的東西的死區劃開來。當然，我們也可以把此在和動物植物放到一起，僅僅從生命角度來考察此在，從這種角度來研究死亡的種類、原因等等。然而，即使生物學生理學的死亡研究也要求我們或多或少先行澄清究竟什麼叫生命什麼叫死亡，而只有藉助此在的存在論才能把這些概念先行廓清。

　　此在的存在論列於生命的存在論之先；而在此在存在論之內，死亡的生存論分析則又列於此在基本建構的分析之後。我們用死或死亡來標識此在向其死亡存在的存在方式。此在也在生理意義上死亡，我們稱之為亡故。亡故仍然是由此在的存在論建構參與規定的。此在只有在死的時候，才能夠亡故。如果堅持從這一次序來理解死亡現象，那麼醫學上生物學上對亡故的研究也會獲得一些在存在論上頗有意義的成果。更進一步，甚至單就醫學而論，疾病與死亡可能也應該從根本上被理解為生存論現象。

　　死亡的生存論闡釋也先於關於死亡的人種學心理學等等方面的研究。「死亡過程」的心理學與其說提供了死的消息，倒不如說提供了垂死者的生的消息。這種消息反倒告訴我們，此在在臨死之際可能對生活乃至其中的瑣事饒多興趣，遠不一定沉陷在死亡體驗之中。在原始人以魔術與偶像崇拜對待死亡的態度中，對死亡的看法首先照亮的也是此在之理解。

　　另一方面，向終結存在的存在論分析也並不預告我們在實際生存中會對死亡持何種態度，或為教化性情告訴我們應取某種態度。我們不決定實際生存的「此岸」，同樣也不決定人死後有沒有一種「彼岸」的存在，或靈魂是否不朽。不過，我們把死亡現象作為存在的可能性來加以闡釋，就這一點而論，我們的死亡分析純然是「此岸的」。也只有首先全盤從生存論上理解了

死亡，才可能獲得可靠的方法，把死後如何這個問題問得有意義、有道理。這類問題究竟是否可以表述爲一個理論問題，在這裡還懸而未決。死亡的存在論闡釋應當明確地意識到什麼是這種闡釋不能追問的。此岸的、存在論的死亡闡釋先於任何一種實際存在上的彼岸的思辨。

最後，還有「死亡的形而上學」提出來的諸種問題。死亡如何以及何時「來到世間」？死亡這種折磨與苦難具有何種意義？要回答這類問題，首先就必須從存在論上澄清死亡概念、折磨現象，以及一般否定現象。

從方法上說，生存論的死亡分析必須放在首位。死亡的存在論結構豐富錯綜，相形之下，生物學、心理學、神學等等對於死亡的研究空洞無物。我們本來就不能把此在當作現成事物來研究，更何況死亡是此在的特具一格的可能性。另一方面，在生存論的死亡分析中會連帶聽到生存上的向死亡存在，這種情況原基於一切存在論探索的本質。所以生存論的概念規定就必須格外當心，不要與生存上的情形相混。生存論問題的提法唯以整理出此在向終結存在的存在論結構爲標的。

第五十節　死亡所顯現的生存論結構

必須從此在的基本建構來闡釋死亡現象。此在的基本建構是操心，操心包括生存、實際性與沉淪三個本質環節。現在我們就必須表明，這三個環節如何透過死亡現象綻露出來。

我們不能把此在理解成一種現成事物，死亡也不是尙未現成的東西，不是漸漸減小的虧欠或懸欠，它毋寧說是一種懸臨。終結懸臨於此在。然而，有很多東西可能懸臨此在。懸臨於前的可能是現成事物如一場暴雨，或上手事物如房舍的改建，或共同在此如一位朋友的來訪。那麼，懸臨還沒有標出死亡的與眾不同之處。

死亡的與眾不同之處在於，死是此在本身向來不得不承擔下來的生存可能性，此在並非漠不關心地滑向死亡，它每時都對自己的死亡有所作爲。死在生存論上等於說：向死生存或向死存在（Sein zum Tode）。

此在的死亡是不再能在此的可能性。當此在作為這種可能性懸臨於它自身之前時，它就被充分地指引向它最本己的能在了。此在在這種可能性中解除了對其他此在的一切關聯，完完全全以它的在世為本旨。這種最本己的無所關聯的可能性同時就是最極端的可能性，此在無法超越死亡這種極端的可能性。死亡是最本己的、無所關聯的、最極端的而無法超過的可能性，這三點把死亡標識為與眾不同的懸臨。這種與眾不同的懸臨之所以可能，在於此在對它自身是展開的，而其展開的方式則是先行於自身。操心先行於自身這一環節在向死亡存在中有其最原始的具體化。

這種與眾不同的可能性卻不是偶然出現的。只要此在生存著，它就已經被拋入其中，死亡屬於在世。對此，此在通常沒有明確的知，更沒有理論的知。而在畏中，被拋進死亡這一情形鮮明綻露了。不可把畏死與怕死混為一談。畏死不是個別人碰巧具有的軟弱情緒，而是此在的基本現身情態，它昭示出此在生存著被拋向其終結的情況。被拋向死亡，這與純粹的消失、完結或死亡體驗都不是一回事。

向終結存在本質地屬於此在的被拋，此在平時對這一點知或無知，只不過說明此在在實際生存中怎樣向終結存在。不知其將死，只能說明此在以逃避的方式向死存在。只要此在生存著，它就實際上死著，但首先和通常是以沉淪的方式死著。此在沉陷在種種事務之中，藉此掩蔽最本己的向死存在。

綜上所述，可見生存、實際性、沉淪構建起了生存論的死亡概念。死植根於操心。

但若向死存在本質地屬於此在之存在，那麼它必定在日常生活中也可以展示出來──雖然首先是以非本真的方式。我們已經從生存論上把向死存在規定為向最本己的、無所關聯的和超不過的能在。這一提法貌似空洞，但我們將在此在的日常生活中看到這一提法是具備具體內容的。

第五十一節　日常的向死存在

在向死存在中，此在對它自己這種別具一格的能在有所作為。日常的自

己卻是常人，在公眾解釋事情的講法中道出自身。公眾意見把死亡看作不斷
發生的事件，這人死了，那人死了，人人都熟知「死亡事件」，因此死亡也
就沒有觸目之處，說到死也多半有所保留，躲躲閃閃。人們像是說：人終有
一死，但自己還沒碰上。在這類說法裡，死被理解爲某種不確定的東西，對
某一個自己尚未現成，因此也還不構成威脅。「有人死了」，彷彿是死亡碰
上了常人，這個常人乃是無此人。而每一個此在都可以藉這種說法使自己信
服：不恰恰是我。死雖然碰上常人，但並不本己地歸屬於任何人。死亡被說
成是偶然的現實，從而恰恰掩藏了它的可能性質，並從而一起掩藏了隸屬於
這種可能性的無所相關和不可超越。

把死掩藏起來，這種情形頑強地統治著日常生活，乃至最親近的人們
經常勸臨終者相信他將逃脫死亡，不久將重返安定的日常生活。這種安慰其
實不只要使臨終者獲得安定，也同樣要使安慰者自己安定。甚至人已死去，
公眾意見仍不願意受到打擾，還要求其安定。他人之死常被看作給社會帶來
不便，甚而至於看作公眾應加防範的不智之事。人們經常對之保持沉默，從
而顯得通情達理而獲尊敬。想到死已經算膽小，算陰暗遁世。常人不讓畏死
的勇氣浮現，並把這樣的畏倒轉成一種害怕和軟弱，而常人總是自信自得，
不識何爲軟弱。按照常人的無聲諭令，理所當然之事就是對人總有一死這件
「事實」漠然處之。這種自覺優越的淡漠的教養使此在異化於其最本己的能
在。

日常沉淪著向死存在是在死面前持續逃遁。然而，逃遁倒證明了常人也
一樣由向死存在規定著。

第五十二節　死亡的確定性

我們前面從形式上的生存論死亡概念過渡到日常的向死存在，現在我們
既已補充了對日常向死存在的具體分析，就可以反過來獲取充分的生存論死
亡概念。這一正面的生存論分析是以前此獲得的此在基本建構即操心爲基礎
的。

　　常人常說「人總有一天會死」，這話承認了對死的確知。確知就是認某事為真，因此它植根於真理。於是，「確知」和「真理」一樣具有雙重含義。真理原始地等於說「有所開展的」，這是此在的一種作為。由此衍生的含義則是存在者的被揭示狀態。與此相應，確知原始地意味著作為此在的一種存在方式。而在衍生的含義上，此在所確知的存在者也被稱作「確知的」或「確定的」存在者。

　　日常此在通常遮蔽著向死存在，由此可見日常此在的確存在在不真之中。因而，確知人終有一死必定是一種不適當的「認以為真」，而不是懷疑意義上的不確知。不適當的確知把所確知者保持在遮蔽之中。日常對死的確知就是這樣，它把死亡理解為一個現成事件。

　　由於面對的存在者不同，由於此在開展廣度的不同，確知的方式也有不同。只有確知死是最本己的無所關聯的能在，才能本真地確知死亡。而日常的確知卻掩蓋了這種能在，並從而把一種假象植入此在：彷彿它確知人終有一死。常人的確知不一定與他所確知的東西本身相對應。但日常解釋就停留在這種模稜兩可的確知上，以便繼續遮蔽死，減輕被拋入死亡的狀態。

　　日常確知的根據何在？顯然不在於單純的相互說服。人們經驗到他人的死，死是無可否認的「經驗事實」，日常的向死存在就是以這種方式來思考死亡的。即使這種思考具有批判的審慎態度，也是一樣。就人們所知，人皆有死。死對每一個人都是最高程度地或然的，但卻不是絕對確定可知的。嚴格說來，死只能具有經驗上的確定性，而無法達到某些理論認識中的最高程度的確定無疑。

　　但若停留在經驗的確知上，此在就根本沒有就死亡所是的那樣確知其死。亡故這種現成事件的確只在經驗上是確定可知的，然而，這種確知並不決定對死的確知。即使死亡事件才誘發此在注意到死，即使常人只從經驗上談論死亡，歸根到底此在仍然不固執於現成的死亡事件。即使在閃避自己的死亡之際，日常此在真正確知的也不止於它在純理論思考中認以為真的事情，只不過它不敢透視其中堂奧，對自己掩藏起兩者之間的不同。常人確知死亡，卻並不本真地「是」確知的，並不本真地以這種確知的方式存在。它

閃避對死的確知，這種閃避卻從現象上表明：必得把死理解為確知的可能性。

人們說：死確定可知地會到來，但暫時還沒來。這個「但」字否定了死亡真正的確定可知，把此在引向當下還可耽留忙碌的事務，以免無所事事地想到死。死被推遲到今後有一天去，從而掩蓋起死亡特有的性質：死隨時隨地都是可能的。「總有一天」這種說法賦予這種不確定性以確定性，並以這種方式來閃避這種不確定性。但賦予確定性卻不是說，此在經常計算死何時會碰到頭上。相反，它把切近緊迫的事務堆到何時死亡的不確定性前面。

何時死亡的不確定性與死亡的確定可知是死亡的兩種最本己的特徵，它們是連在一起的。掩蓋起何時死亡的不確定也就掩蓋了死亡的確定可知。

綜上所述，我們就可以把整個生存論存在論的死亡概念界說為：死是此在最本己的、無所關聯的、確知的、其本身的何時何地卻不確定的、超不過的可能性。死在此在向其終結的存在中存在。

這一終結囊括著、規定著此在的整體存在，而絕不是此在在其亡故的時候才最終來到的東西。此在一向向死存在，它最極端的可能性一直包括在它自身中了。所以，依循虧欠之類的概念從形式上推論出此在的非整體性是沒有道理的。此在先行於自身，這才使向終結存在成為可能，使此在可能整體存在。

日常的向死存在是非本真的向死存在，但非本真狀態以本真狀態為根據。此在可能以非本真的方式向死存在，但它並非必然與始終如此。只要不曾從存在論上規定本真的向死存在，死亡的生存論分析就仍有本質的缺陷。

第五十三節　本真的向死存在

本真的向死存在是一種生存上的可能性。這種能在需要哪些生存論上的條件？

如果此在從來不本真地向死存在，或這種本真的存在始終對他人隱而不現，那麼我們怎麼可能從存在論上對本真的向死存在作出「客觀的」闡述

呢？此在本身提供了爲此所需的指示嗎？

　　我們已經獲得了死亡的生存論概念，從而我們已經知道本眞的向死存在應對什麼有所作爲。我們已經描述了非本眞的向死存在，從而我們已經知道本眞的向死存在不能是什麼。無論從積極的方面還是從禁阻的方面我們都已有某種指示了。把這兩個方面合起來看，本眞的向死存在就是無所遮蔽地直面此在最本己的可能性存在。

　　向可能性存在，可以意謂向著一種可能的事物存在，汲汲求取一種可能事物，使之實現，使之可供使用。但這種實現，卻把可能事物的可能性消滅了。不過，所求取的東西雖然實現了，但它又是可能用來做別的事情的東西。但這仍然是現成事物之間的連繫，汲汲求取的操勞並不因此眞正揭示出可能性，倒是把視線從可能事物轉移到它爲之可能有用的東西上去。

　　向死存在顯然不是這一類汲汲求取。死不是可能上手可能現成的東西，而是此在的一種存在可能性。而且，死一旦實現，此在就抽掉了自己所需的向死存在的生存基地。也許此在「想去死」的時候，死亡還保留其一定的可能性質，但是這種念頭總盤算著要支配死亡，這無論如何減弱了死亡的可能性質。

　　期待也是一種向可能事物的存在。然而，期待總是這樣理解它所期待的東西：這種可能事物是否、何時、如何成爲現實現成的。於是，期待照樣從可能性跳出而在現實性中下腳。期待出自現實並回到現實，在這個過程中把可能性吸入到現實之中。

　　與以上所述相反，向死存在必須把可能性作爲可能性開展出來，作爲可能性加以培養，作爲可能性對之有所作爲。在向死存在中，可能性必須絲毫不減其爲可能性。這樣向可能性存在就是先行到可能性之中去。然而，先行到可能性不就是接近可能性嗎？不就是接近可能事物的實現嗎？接近現成的可能事物，只不過使得這種事物的可能性變得「更大」；而在死這種可能性的最近處，對現實事物說來仍然要多遠就有多遠。死亡之爲可能性，並不給此在任何「可實現」的東西。死這種可能性不知有度，不知更多也不知更少。按其本質說來，這種可能性不提供任何依據，可藉以盼望什麼，想像什

麼，並透過盼望和想像出某種現成事物來掩蓋死亡的可能性質。先行到死把
這種可能性作為可能性開放出來。

此在自身的存在方式就是先行。先行到死，此在就在最極端的意義上把
自身開展出來了，把本己的生存開展出來了。在這種最本己的能在中，一切
都為的是此在的存在。此在在自己的這一別具一格的可能性中揭露出它實際
上已喪失在常人之中的情況，從而才能擺脫常人的統治。最本己的可能性是
無所關聯的可能性，此在唯有從它本身去承受這種能在，別無他途。死要求
此在作為個別的此在生存。死無所關聯，從而使此在個別化為它本身。事涉
最本己的能在之時，寓於世內存在者或與他人共在統統無能為力。這當然不
是說，此在因此就不再操勞無所操持，而是說，操勞與操持不再依循常人制
定的方向，而是直接面對自己最本己的可能性。先行到死把此在逼入無所關
聯的可能性中：從它自己出發把它的最本己的存在承擔起來。

死這種可能性無可逾越。然而，先行到死直面這種無可逾越之境而給自
身以自由，從偶然擁擠上來的各種可能性中解放出來。只有先行到死，此在
才可能本真地選擇排列在那無可逾越的可能性之前的諸種實際的可能性，從
而先行掌握整個此在的可能性，作為整體的此在生存。此在先行著，從而免
於回落到自己本身之後，免於「為它的勝利而變得太老」（尼采）。面對無
可逾越的死亡，一切本己的可能性都是由有限性規定的。當此在自由面對這
些有限的可能性，它就不再會由於自己有限的生存理解而否認他人的生存能
夠逾越它，更不會因此把他人生存的可能性硬充作自己的生存。本真向死存
在使此在成為個別的此在，但它恰恰因此理解自己的有限性而對他人的能在
有所理解。

死這種可能性是確知的。這種確知把可能性作為可能性開展出來。而
此在能這樣開展可能性，在於它能夠先行著使這種可能性作為它最本己的能
在。對死的確知要求先行，而不能靠計算到底有多少死亡事故得出來。我們
根本無法比較關於死亡的確知和關於現成事物的準確知識哪一種更加確定，
因為兩者不屬一類。後者誠然也可以成為操心的任務，但此在為此必須讓自
己喪失在種種實事之中。而確知死亡卻要求此在確知在世，而且是以充分本

真地整體在世的方式來確知。體驗、我、意識，盡可以具有某種直接給定的明證，但這類明證必然落後於已包含在先行中的確知。這不是因爲明證的把握方式不夠嚴密，而是因爲它歸根到底想要把握的是此在之眞，而從原則上又做不到這一點，因爲我自己就是這個此在，而我只有作爲先行的能在才能本眞地是這個此在。

對死亡的確知始終把死亡保持爲可能性，從而這種可能性的何時何地始終是不確定的。在向著不確定的確知的死先行之際，此在就讓威脅始終敞開著。它不僅不淡化這威脅，反倒必須培養這種不確定性。威脅就從在世本身湧現出來並因此使此在作爲個別的此在來在世。向這種持續的威脅敞開的現身情態就是畏。畏使此在澈底成爲個別的此在，而且在這一過程中使此在確知它的整體能在，所以畏從此在的根底深處屬於此在的自我理解。向死存在本質上就是畏。

本眞的向死存在可以概括如下：先行到死，看清楚了喪失在常人之中的日常存在，不再沉陷於操勞和操持，而是立足於自己的生存籌劃種種生存的可能性，面對由畏敞開的威脅而確知它自己，因負重而激起熱情，解脫了常人的幻想而更加實際，在向死存在中獲得自由。

對「先行」這一概念所作的界說已經表明，從存在論上來說，此在可能在生存上本眞地向死存在。但這還是本眞整體能在在存在論的可能性。固然，生存論籌劃從來不打算提供一種生存理想，「從外面」把它強加於此在。儘管如此，只要本眞的向死存在不是此在自己從實際生存中表現出來，生存論上的可能性在生存上就仍是一種幻象，毫無意義。那麼，此在實際上可曾把自己拋入本眞的向死存在？爲解答這個問題，我們首先要追問此在自己究竟是否爲它的本眞生存作證。只有獲得了這種證詞，本眞的整體存在問題才算放到了經得起考驗的現象基地上。

第二章

良知與決心

第五十四節　本眞生存的見證問題

　　所尋求的是此在的本眞能在，爲此必須先在此在自己的生存中找到這種本眞生存的見證。但此在的自己首先是常人自己，本眞的自己存在則是常人的一種生存變式。在日常生活中，此在切近的諸種任務總已被決定好了，常人從此在那裡取走了對種種能在的掌握，甚至還把這一點掩藏起來。誰眞正在選擇，始終還不確定。這種情形只有當此在從喪失於常人之中的境況中把自己收回時才能被扭轉過來。這一收回必定以補做某種選擇的方式來進行，補做選擇卻意味著對這一補做的選擇進行選擇。藉助對選擇進行選擇，此在才使自己本眞地能在。

　　既然此在已喪失在常人之中，那它首先得找到自己，而要找到自己，它就得在它可能的本眞狀態中被「顯示」給它自己。此在需要某種見證，表明它按照本己的可能性向來就能作爲自己存在。

　　有一種見證是日常自我解釋所熟知的，那就是良知（Gewissen）。是否有「良知的聲音」，良知說的是什麼，良知對生存究竟具有何種裁決作用，對這些一向有各種不同的估價和解釋。這些紛紜的疑問幾乎會誤引我們輕視良知現象。然而，關於良知的種種可疑之點恰恰證明了這裡擺著此在的一種原始現象，擺著生存論分析先行具有的東西。我們現在面臨的工作，則是對良知現象加以專題分析。良知的生存論分析與良知的神學解釋不沾邊，更

不打算把良知理解爲對上帝的證明或對上帝的直接意識。它也先於心理學上對良知體驗的描述和分類。至於從生理學上來解釋良知，那乾脆等於抹煞良知現象。良知是此在的一種存在方式，而從不是現成的事實，時不時冒將出來。無法透過經驗歸納來證明良知的存在，這不是良知的缺陷，反倒說明良知在存在論上與現成事物根本不屬同類。

良知提供出某種需要加以理解的東西。這一形式上的特徵指示我們把良知現象收歸此在的展開狀態，更深入的分析將揭示良知是一種呼喚，呼喚是話語的一種樣式。良知呼喚此在趨往最本己的罪責存在。

生存論的良知闡釋必然與日常知性對良知的理解相去迢迢。流俗的良知解釋在某種限度內對良知也有些理解，甚至形成某些關於良知的「理論」，但其存在論基礎卻須由生存論闡釋提供。生存論闡釋將透過對流俗的良知解釋加以批判而獲驗證。我們將表明良知在何種程度上是此在本眞能在的見證。良知並非以事不關己的方式提供見證，而是以喚向自己的罪責的方式。這樣的見證透過未經歪曲的聆聽得到把握和理解。這種與良知的呼喚相應的聆聽，這種對召喚的理解，我們闡釋爲「願有良知」。此在在願有良知之中對選擇自身存在作出了選擇，我們把這一根本的選擇理解爲決心。

第五十五節　良知的生存論存在論基礎

無論透過何種方式，良知總給出某種可理解的東西。所以，從生存論上說，良知組建此之在的那些環節：現身、理解、話語。我們的良知闡釋將從此在的本眞存在著眼推進早先對這些環節所作的分析。

此在透過展開狀態是它的此。它連同它的世界爲它本身在此。此在被拋入世界，而它的被拋境況通過具有情緒的理解或多或少清楚地展開了。此在是「知道」它於何處共自己存在的，只不過此在迷失在公眾意見之中，對本己的自我充耳不聞。若要使此在去迷返本，就必須由此在本身給予它自己一種聽的可能性——這種聽將中斷對公眾意見的聽聞。而這就要求此在直接受到呼喚。聽這呼聲處處與聽公眾意見截然相反，後者沉迷於新奇兩可的嘈

雜，而這呼聲不嘈不雜、明確無疑、質樸無奇。這種呼喚即是良知。

　　說到良知，人們首先就想到把它解釋爲知、情、意這些心靈能力。這類解釋在存在論人類學上何其簡陋不足，有目共睹。我們的考察從一開始就避開這些歧途，把良知的呼喚理解爲話語的一種樣式。這絕不只是一種「形容」，像康德用法庭表象來形容良知那樣。話語使存在者以分環勾連的方式得到理解，是否付諸音聲則不重要。人們通常把良知認作一種聲音，但這種「聲音」主要也不是指付諸音聲，實際上也沒有音聲。所謂「聲音」其實就是有某種東西「供人理解」。良知的呼聲大音希聲，陡然驚動，由遠及遠，唯欲回歸者聞之。

第五十六節　良知的呼聲性質

　　良知的呼喚召喚誰？顯然是此在本身。這一回答無可爭議，同時卻相當含混，彷彿呼聲無非是一種誘因，促使此在留意於它本身。此在日常操勞於世內事物，而同時又總已對自己有所理解。正是這時，呼聲及於此在。操勞著共他人存在的常人爲呼聲所及。

　　此在被召喚向何處？向其本己的自身。不是向芸芸眾議，更不是向此在一向由之載沉載浮的事物。呼聲絲毫不從公眾意見汲取看法，它及於常人卻跨越常人的世俗見識，於是將熱衷於公眾讚賞的常人驅入無意義之境，而把這時已無處逃藏的此在帶回其本身。這個自身並不因此成爲供自己判斷的對象，並不因此充滿好奇，反覆琢磨自己的「內在生活」，也並不因此專注於分析自己的心靈及其背景。召喚並不把此在誘進它內部，從而與「外部世界」隔絕開來。呼聲越過並摧毀所有諸如此類的東西，它恰恰要召喚此在作爲自己去在世。

　　呼聲呼出了什麼？嚴格說來——無。呼聲沒有給出任何關於世間事物的訊息，此在也沒有得到任何可以講述的東西。呼聲更絕對不曾希圖引導此在開展「自身對話」。召喚就是召喚，不是在建議舉行一場商談。召喚所及者乾脆就被喚起，向它最本己的能在喚起。

呼聲不付諸音聲和言詞。付諸言詞的，該模稜照樣模稜。良知只在沉默中說話。它非但不因此不可覺知，反倒逼迫被喚起的此在自己也進入緘默。無言可表述呼喚之何所呼喚，這並非因為呼喚是一種神祕莫測恍惚不定之音，而只因為不可希圖透過公布傳達之類的方式使呼喚之所呼喚得到理解。「嚴格奉守事實」的知性只聽得到嘈雜的閒言，從而無法斷定到底有沒有呼聲以及呼聲的內容是什麼。它倒為此歸咎於良知：良知是「啞」的，它顯然不現成存在。常人只不過用這託辭來掩蓋自己的「聽覺」行而不遠罷了。

呼喚的內容雖似漫無規定，個別的此在盡可以得出不同的解釋，呼喚的指向卻明確無疑。呼喚並不用先去尋索被召喚者，也不會喚錯了人。在良知現象中，「錯覺」只來自聆聽呼喚的方式。這種「錯聽」沒有本真地理解呼喚，而由流俗公論引入自我對話之類的商談，這就從根本上扭曲了良知呼聲開展出來的方向。

我們已經廓清了良知呼聲的幾個因素。然而我們還不曾回答：誰在呼喚？被召喚者與呼喚者的關係如何？

第五十七節　良知之為操心的呼聲

良知從喪失於常人的境況中喚起此在本身。無論日常此在把自己理解為什麼，反正呼聲都把它跨越過去了。然而呼聲涉及「本身」，這一點明白無誤。呼聲無視被召喚者的頭銜、地位、出身和聲響。就呼喚者來說，這些也同樣全無所謂，知名於世，或讓人仰慕議論，這些也無關於呼喚者的存在方式，我們完全無法憑這些來了解呼喚者為誰。呼喚者與眾不同，其旨唯在於喚起，唯願作為召喚被人聽到，捨此不願被人胡亂談起。

那麼，我們豈非不該再追問呼喚者為誰？對實際傾聽良知呼聲的此在來說，的確如此。但要從生存論上分析呼喚，就不能不回答這一問題。然而，答案不是明明白白的嗎？——此在在良知中呼喚自己本身。在實際聆聽呼聲之際，此在或多或少是這樣清醒地理解呼喚者的。那麼，此在既是呼喚者又是被召喚者。然而這一答案豈非只是想當然耳的形式提法？此在作為被召喚

者在此，豈不一定有別於作爲呼喚者在此嗎？

　　呼聲並非明確地由我呼出。呼喚絕不是我們有計畫有準備有意圖作出的。一聲呼喚，不期而來，甚至違乎意願。另一方面，呼聲無疑並不來自他人。呼聲出於我而又逾越我。

　　人們看到了這一現象，然而卻把它解釋岔了。人們把良知的聲音解釋爲闖入此在的異己力量。沿著這種解釋方向走下去，人們又爲這一力量添置上一個擁有者，例如：上帝。駁斥這種解釋的人又反過來乾脆從生物學上來解釋良知。兩種解釋都太過匆忙地跳過了良知的實際現象，它們背後都有一種共同的存在論教條：凡存在的，凡像呼聲這樣事實上存在的，必然是現成的；凡無法作爲現成事物加以客觀指證的，就不存在。

　　與這種方法上的急躁針鋒相對，我們不僅應得把現象實情確認下來——呼聲出自我逾越我又來到我這裡，而且應得把其中所含的存在論線索確認下來——良知現象屬於此在，必須從生存論建構出發來解釋呼喚者的存在方式。

　　此在實際生存著。此在爲什麼實際生存著，這盡可以隱而不露，但實際生存本身卻對此在是展開了的。生存之爲實際卻在本質上有別於現成事物之爲事實，此在不是作爲現成事物向它自己照面的。實際生存在現身情態中向此在透露出來。現身情態或多或少本眞地向此在透露出它被拋在世的實情：不得不如它所是的和所能是的那樣存在。

　　但情緒通常封鎖著被拋境況。此在躲避到臆想的輕鬆自在之中，逃避無家可歸的狀態。無家可歸其實是此在作爲個別的此在在世。畏本眞地展示出這種本眞的在世；此在被帶到世界之無面前，爲其最本己的能在生畏。前面整理出來的關於呼喚者的一切現象特徵都表明：這在無家可歸的根基處現身的此在就是良知呼聲的呼喚者。

　　我們已經指出呼喚者是不確定的。然而，他從何處呼喚卻並非無關緊要。呼喚把此在向它本身喚回，而呼喚的何所由來就是喚回的何所歸去，那就是個別此在的本己生存。呼聲並不給出任何普遍的理想，它讓各個此在回到本己的能在。

「世間」無可規定呼喚者為誰。他是無家可歸的此在，是在世界之無中赤身裸體的「它不得不作為它所是的存在者存在」。呼喚者與常人無親無故，所以傳來的像是一種陌生的聲音。常人寓居於熟知的大千世界，對它來說，還有什麼比赤裸裸的自己生存更其陌生呢？一聲呼喚而已，沒有什麼故事可以講述給好奇的耳朵，沒有什麼事件可以傳達給公眾去議論。除了把此在喚向它本己的能在，呼喚又能有什麼其他內容？呼聲不是把此在喚入公眾的閒言，而是把它從這閒言喚回緘默。呼喚者斬釘截鐵，悚然無親，卻非冷漠。之所以如此，只因為此在作為個別的此在絕不可能錯過它自己，只因為此在已經委託於它自身而煢煢孑立，決絕地剝奪了此在從他人他物來誤認自己的可能性。

現在，「此在既是呼喚者又是被召喚者」這一命題不再是空洞的形式上的提法。此在本身作為良知從無家可歸的在世呼喚，「呼喚自我」是此在的別具一格的話語，我們必須從操心這一基本在世結構來理解良知。呼喚者是已經被拋而生畏的此在；被召喚者是沉淪於常人的此在，它被喚向其最本己的能在，從而先行於自己。此在在其存在的根基處是操心，因此才可能有良知。

於是我們也就清楚了，人們之所以急於退到這種那種非此在式的力量那裡去求解釋，歸根到底在於眼光太短淺，太過低估了此在，把此在設定為現成主體，此外再配備上人性。把呼喚者解釋為一種異於此在的力量，似乎意味著一種客觀性，其實卻是從良知現象那裡退逃，從隔開常人與無家可歸的此在的那一片薄壁那裡溜走。這種良知解釋甚至用「公眾良知」這個稱號來抬高自己，然而，它貌似具有的普遍性是空洞的，無非是說發出呼喚是某個不定人稱的「它」，而這正是我們分析過的常人的聲音。「公眾良知」是一種可疑的發明。良知向來是我的良知，這不僅意味著受到召喚的是最本己的能在，也因為呼聲來自我自身。良知並不因此變成僅僅是主觀的，或減弱了力量。召喚的「主觀性」只在於拒認常人的統治，只有保留住這種「主觀性」，召喚的「客觀性」才言之成理，呼聲才能具有不為所動與明瞭一義的性質，才成為自由的力量。

我們把良知闡釋爲操心的呼聲，是否與人們對良知的「自然經驗」相去太遠了？良知難道只是這樣空洞地喚向最本己的能在？難道它不是對鑄成的錯失發出具體斥責，對行將採取的惡行發出具體的警告？的確，在任何一種良知闡釋中都應該能複認出日常經驗的現象及疑問，不過，這卻不等於說必須把流俗理解奉作存在論闡釋的首席裁判。而且，我們把良知理解爲在此在本身之中對其最本己的能在的見證，這只能算作準備工作。而在把良知引回到此在的存在論建構之前就提出上述考慮，未免操之過急。

第五十八節　召喚之理解，罪責

要想完整規定良知見證到了什麼，還得充分界說天然與良知的呼喚相應的聆聽方式。聆聽並非附加在良知的呼喚之上。只有廓清了怎樣理解召喚，才能充分闡釋呼聲給出了什麼可加理解的東西。而此在愈少旁涉地聆聽召喚，愈少把呼聲倒錯爲人們常說的理所當然之事，它對呼聲的理解就愈加本眞。良心徒然呼喚而後無聽者，這只是虛構；當然，此在可能漏聽召喚或誤聽召喚，而這些都是聞聽的變式，提示出此在的某些確定的存在方式。

不過，我們並不準備探討呼聲每一回都給出了什麼可加理解的東西。生存論闡釋不可能打算界說各式各樣具體生存的可能性，我們所要確定的是使各種實際生存成爲可能的生存論條件。

良知經驗與良知解釋形形色色，但或多或少都看得到，良知向此在進言說：它會有罪責。良知作爲警告說此在可能會有罪責，清白的良知則確證此在沒有罪責。這難道不就是呼聲的內容嗎？但願這種一致的經驗不曾得到那麼五花八門的解釋！人們盡可以眾口一詞說有罪責，但人們仍未回答，什麼「是」罪責，罪責怎麼「存在」？誰在說我們有罪責？我們怎麼就有罪責？不可任意設想出一個罪責觀念強加到此在頭上，它只能從此在在世的情形中獲得，而這首先又要求從日常此在的自我解釋入手。當然，我們必須警惕，此在的日常解釋通常是非本眞的。然而，只要我們取得適當的視角，日常解釋就會提示出原始的「觀念」，哪怕這種觀念對日常此在自己是陌生的。

日常此在會說：「人孰無過」。這意思同時就是：「我是有罪責的」。那麼，只要此在實際生存著，它就已經是有罪責的嗎？

「責」這個字和「債」字相通。日常知性首先把罪責理解爲「負債」：人應得歸還他人有權要求的東西。屬於這一類的還有拖欠、剽竊、詐騙等等。這類罪責關涉到的是物事，可以透過結算之類的操作加以規定。

罪責的另一種流俗含義是「負有責任」：某人是某事的原因或肇始者。「負債」和「負有責任」不必同時發生，你可能因爲我的過失而欠了債，你負債，而責任在我。

這兩種流俗含義又可能合在一起。某人對於傷害某種債權的事負有責任並且使自己應受懲罰。不過，這並不限於占有物。我可能對他人在其生存中受到危害、誤入歧途甚或毀滅負有責任。即使無傷於公法，仍可能傷害某種「倫理要求」，從而對他人有責。這種情況可以從形式上規定爲：是某一他人有所缺欠的根據。有責任的一方由於沒有滿足共他人同在的某種要求而有責任。他造成何種缺欠就欠人什麼。

然而，應當如何從存在論上區分這種種罪責呢？傷害倫理要求的時候，罪責必定是此在自己的。但這對負債等罪責也都一樣。結果，在解釋道德罪責的時候，一直占著統治地位的學說竟把負債這類事情也拉進道德罪責裡來，甚而至於就從負債這類觀念出發來規定道德罪責。於是人們就在結算找補這類操勞活動中理解罪責了。

我們當然不可自限於結算找補這類理解。然而我們也不可拘泥於違反法規與「應當」而生的罪責，因爲即使在這裡，罪責仍從現成存在出發被規定爲缺欠——不曾達到應當存在的那樣。生存不可能在這種意義上缺欠任何東西，這並非因爲生存是完滿的，而是因爲生存原來就不是現成的。只有從此在的存在方式出發來追問什麼是罪責，才能澄清未必牽涉欠債與權利傷害之類的罪責現象。這一著手方式要求在一定程度上把「罪責」觀念形式化，以免與流俗的罪責觀念相混淆。

罪責包括負有責任，從而是一種原因或根據。但它按其意義來說是否定性的根據。這種否定不能用缺欠多少現成事物來衡量——此在一般地就不該

由不具備生存方式的存在者來衡量，因此，我們不可以從「是某種缺欠的根據」出發計算出這一作為根據的存在者有所缺欠。根據所具有的否定性質無須等同於自它發源的闕失物的否定性質，根據也無須反過來從那種闕失物那裡才始獲得自己的否定性質。罪責不是欠債的結果，相反，只有「根據於」一種原始的罪責才可能欠債。

此在作為存在者是被拋的此在。被拋境況並非掛在此在身後，好似它在某種情況下也可能脫落。此在從不回到其被拋境況後面去，把它的實際生存割斷，以便把它自身帶入它的「此」。此在是它實際所是的存在者；作為它實際所是的存在者，此在就是它能在的根據。此在不曾自己設置這根據，但它依棲在這根據的重量上。我們在第二十九節曾提示，是情緒把這重量作為負擔向此在公開出來。

此在如何作為這種被拋的根據而存在？只是這樣：它向著它被拋入的種種可能性籌劃自己。此在作為根據存在，始終落在它的種種可能性之後。這等於說：從不控制最本己的存在。這一「不」組建著此在的被拋境況。它絕不意味著某種不現成不實存。相反，它意味著此在把自己的被拋在世作為根據承受起來，絕不對它施加控制。並非只有當此在源於本己有所籌劃之時，此在才是自身的根據。此在只要存在就是自己的根據。

此在向來就處在這種或那種可能性中，在生存的籌劃中它已放棄了另一些可能性。籌劃也是由作為根據的「不」規定的，因為籌劃總是被拋在世的籌劃。此在透過這一「不」而在種種可能生存面前自由存在。但自由僅在於選擇一種可能性，這就是說，在於把不曾也不能選擇其他可能性這回事承擔起來。

就其本質而言，操心自始至終貫穿著這個「不」。此在作為被拋的籌劃原就是不之為不的根據。這裡說的完全不是相對於某種完滿的理想，此在本身或此在獲得的東西尚有不足，彷彿這種不足可以透過不斷的進步逐漸消除。情況倒是：無論此在所要籌劃的是什麼，它都必須作為具有這種「不性」的存在者來進行籌劃。生存是由籌劃規定的，而被拋的籌劃因為帶著這個「不」而負有責任。這意味著：此在只要生存著就是有罪責的。

　　傳統存在論與邏輯學當然時時要使用這個「不」字，甚至零星對之做過一些專題討論，然而，它們完全無力觸及「不」的本質。「不」只不過意味著匱乏嗎？只在這種意義上是一種否定因素嗎？「不」的積極作用只在於範疇之間的「過渡」嗎？辯證法藏身在否定性中，但它卻不辯證地論證否定性本身。怎麼就有了「不」？若我們始終不澄清「是」和「存在」，怎麼能回答這些問題呢？

　　闕失與匱乏這些概念本身就不大清楚，更不足以解釋罪責現象。不過，這些概念經過充分的形式化還可派上用場。若從罪惡來理解罪責，同時又把罪惡理解爲善之闕失，那簡直就和生存論上的罪責現象絲毫不沾邊了。「善」與「闕失」，以及由這二者抽象出來的「價值」，都出自關於現成事物的存在論。

　　生來操心的存在者在其根據處就是有罪責的。這是此在在實際生存中能夠有罪責的存在論條件，也是能有道德上的善惡的生存論條件。原始的有罪責不能由道德來規定，因爲道德已經把它設爲前提。同樣，罪責存在和神學上所理解的墮落也完全是兩回事，對罪責的生存論分析既不肯定也不否定人是否曾經墮落。墮落是某種十分特別的實際咎責，完全不具有特殊的哲學意義。不過，神學能夠從生存論上的罪責概念中找到實際墮落的存在論條件。

　　但何種經驗可爲此在的這一原始罪責作證呢？我們應該反過來發問：只有當罪責意識覺醒時罪責才「在此」，抑或原始的有罪責恰恰透過罪責的「沉睡」宣告出來？無須我們知道有罪責，罪責才存在。由於此在日常沉淪著，它通常倒不知自己是有罪責的。也正爲此，良知才是可能的。良知喚起沉淪的此在去承受它的被拋在世。良知呼聲提供給此在去理解的就是：此在應把自己從迷失於常人的狀態中收回到它本身來；也就是說：此在是有罪責的。

　　可是，向有罪責的存在喚起，豈不等於向惡喚起？再粗暴的解釋也不會願意把這樣一種呼聲意義硬壓到良知上。然而，生存論意義上的有罪責卻不是欠債那一類的惡。向有罪責的存在喚起，就是喚向我作爲此在向來已是的能在。此在無須先有錯失或拖欠才有罪責，此在只不過應當以「有罪責」的

方式本眞地去是它所是者。於是，正確地傾聽召喚就等於在其最本己的能在中理解自己，以本眞的方式成爲有罪責的。此在這樣理解自己，從而自由地面對良知的呼聲，準備好了被召喚。此在選擇了它自己。

隨著這一選擇，此在有罪責的存在對自己開放出來。而它對常人卻保持封閉，常人只識得是否滿足公眾規範，計算這些規範受了幾許衝撞並企求找補。常人溜過最本己的罪責，嘈嘈嚷嚷議論誰犯了錯誤。

理解呼聲即是選擇。不是說選擇良知，良知之爲良知是不能被選擇的。被選擇的是有良知，即自由面對最本己的罪責。理解召喚就等於說：願有良知。願有良知不是說要去悉心搜求自己的所有咎責，或設法洗清自己的罪責，還自己一個「良心清白」。願有良知只是說：準備被召喚。在實際生存中可能負有罪責以願有良知爲前提。此在從自身出發作出選擇，它才可能負有責任。但一切實際行爲卻必然是「沒良知的」，這不僅因爲行爲避免不了實際上的道德咎責，而且因爲行爲基於其「不性」的根據一向在共他人同在之際就對他人負有罪責。願有良知就要把本質性的「沒良知」承擔過來。只在這種「沒良知」之內才可能「善良清白地」生存。

從存在論上說，呼聲不提供任何資訊。但它並不因此只是批判性的——呼聲積極地把此在最原始的能在作爲罪責開展出來。因而，良知表明自身爲此在存在的見證，在這一見證中把此在本身向它最本己的能在喚起。然而，我們還能夠從生存論上更具體地規定這種見證嗎？良知闡釋的最後一步是從生存論上界說在良知中得以見證的本眞能在。爲了保證良知的流俗理解也能通往這一目的地，我們先要澄清存在論分析與日常良知經驗之間的連繫。

第五十九節　生存論的良知闡釋與流俗的良知解釋

良知是操心的呼聲，來自無家可歸的在世。呼聲把此在向最本己的能有罪責的存在喚起。對這一召喚的理解就是願有良知。這些提法看似無法同流俗的良知解釋協調一致，兩者甚至針鋒相對。那麼，我們回到此在建構上來闡釋良知，是否過於匆忙，從此在建構演繹出一種良知觀念而越過了人們熟

知的所有良知現象？能否在我們的闡釋中認出人們熟知的良知？存在論闡釋非得與流俗解釋取得一致嗎？

何謂「流俗」解釋？流俗的良知解釋執著於常人認作良知的東西，執著於常人如何跟隨良知的情況。常人把此在當作和用具器物一樣可以管理結算的東西，生活是椿經營，也許贏利也許蝕本。良知的呼聲不正是要從這種日常生活以及由之而生的日常解釋收回此在嗎？

流俗的良知解釋與良知理論不可能提供適當的存在論視野。雖說如此，它們必定先於存在論就這樣那樣地觸到了良知現象。所以，一方面，日常良知解釋不能作為衡量存在論分析的最終標準，另一方面，存在論分析也不該無視日常良知理解和由此而生的人類學、心理學和神學的良知理論。如果生存論分析的確把良知現象剖析清楚了，它也就一定能理解種種流俗解釋，而且還能指出它們在何處錯失了良知現象，以及它們為什麼會錯失。

良知會「不安」，良知可以「清白」，有「譴責的」良知，也有「警告的」良知等等。然而，人們最先總是從「良知不安」注意到良知現象的，這就表明，一切良知經驗最先經驗到的是「有罪責」這樣的東西。然而，「良知體驗」是在錯失和「作惡」之後出現的，所以它似乎不是喚起，而是回憶。按照這種解釋，良知的聲音是一一相續的現成體驗之中的一項，跟隨在行為之後。只因為一開始就把此在當作接踵而來的一串體驗，才會把聲音當作隨後跟來的較晚的東西，指回從前之事。然而，呼聲、發生了的行為、所負的罪責，這些都不是一一相續的現成事物。從原則上說，一一相續的體驗的前後順序本來就不提供生存活動的現象結構。此在在呼聲中先行於它自身，並同時反過來指向它的被拋在世。聲音確乎呼回，但卻越過發生了的行為而直回到有罪責的存在，這種存在比一切咎責「更早」。呼回卻同時喚起此在在本己的生存中掌握其有罪責的存在。所以，有罪責的本真存在「跟隨」著呼聲，而不是相反。良知不安遠不只以責備方式回指，它倒是以向前指向被拋境況的方式喚回。把良知的聲音理解為隨後跟來的良知蠢動不是對良知現象的原始理解。實際咎責只是實際良知呼聲的誘因而已。

如果良知不安這種提法還未達到良知的原始現象，那麼「良知清白」就

差得更遠了。良知不安表明一種惡，良知清白表白的則是善良。「我是善良的」——誰不願這樣表白自己？誰又能這樣說到自己？良知不安至少還把良知理解作「神聖權能的流溢」，而現在它竟成了偽善的奴僕。這種良知理解委實無法成立。

　　為了避免上面的荒唐結論，舍勒把良知清白闡釋為「愧疚」的缺失。但怎樣才能「體驗」到這種「缺失」呢？這只能是一種臆想的體會，意味著遺忘良知，不再可能被呼聲召喚。「清白的良知」既非獨立的良知形式，又非衍生的良知形式——它根本就不是良知現象。只不過，良知清白這種說法從反面讓我們看到，日常所講的良知不安也不曾從根本上觸到良知現象。不安和清白，有愧和無愧，都停留在結算與找補這一向度上。

　　日常解釋區分良知的兩種作用：良知指向以往之事而有指責的作用這一點我們其實已經透過對良知不安的現象分析過了；另一方面，良知指向將來而加以警告。初看上去，後面這種作用十分接近我們所說的良知有所喚起的現象。但這只是假象。良知警告只從此在的某種行動著眼來看待呼聲，然而，警告的呼聲卻來源於理解本己的罪責的原始呼聲。良知警告不過是時不時調整行動以便擺脫咎責，所以始終停留在日常知性攝得到的範圍之內。此在就好像一戶人家欠了債務，無非有條有理地抵償就是了，而同時在此在裡面還有個自我對這些一一發生的事情袖手旁觀。

　　人們強調，良知本質上具有批評作用。這裡含有某種真見——呼聲並不推薦什麼。但由此卻不可以推論出良知只是否定的。人們之所以錯失呼聲之中的肯定內容，是因為期待一種當下可用的指示，指導我們把行動的可能性計算清楚。知性的這種期待把整體生存理解為一種可調整的經營整體。部分地基於這種期待，人們不滿於形式主義的價值倫理學，要求一種唯物的價值倫理學。良知當然使這類期待大失所望。良知不給出這類「實踐的」指示，而只向最本己的能自己存在喚起此在。假使良知真的提供出了某種數學般的公理，讓我們用它來結算自己的種種行為，那麼，良知就恰恰否定掉了生存中最重要的東西——去行動的可能性。在這種意義上，良知不可能是「肯定的」，所以它也不能以這種方式「僅僅是否定的」。呼聲根本無涉於應該操

勞些什麼，呼聲喚向一種截然不同的存在，即生存。反過來，在生存論意義上，呼聲提供出「最肯定的東西」：此在能夠先行是它最本己的可能性。本真地傾聽呼聲意味著把自己帶入實際行動。但我們先得廓清本真傾聽的生存論結構。

生存論解釋不重視良知和某種確定行動或確定願望的連繫。無可否認，人們常常經驗到這種連繫，但問題在於：日常良知經驗是否聽到了一切可能方式的良知聲音？這種呼聲經驗是否讓呼聲對自己充分呼出了？我們必須承認，日常良知經驗認不出向著有罪責存在喚起這樣的事。這是因為此在在實際存在中首先和通常從操勞活動的視野上來理解自己，而在存在論上則在現成性意義上來規定存在。由此就生出了雙重掩蔽。知性解釋自以為牢守事實，但到頭來卻恰恰由於其知性性質而限制了呼聲的開展廣度。

經驗所對的良知是裁判者和警告者，此在與它協商怎樣加以結算。可見，康德透過「正義法庭」來主導他的良知解釋不是偶然的。這一觀念在道德律令的提法中已露端倪──雖然他的道德概念離功利道德及快樂主義還相去甚遠。而價值論背後的「道德形而上學」則把此在當作操勞的對象，透過對之操勞而使價值得到實現。

流俗的良知解釋源於此在的沉淪而具有偏限性。但因為沉淪屬於操心本身，所以流俗解釋並不是偶然的，經過存在論上的恰當理解，流俗的良知解釋所熟悉的那些現象可以被導回良知呼聲的原始意義。但須特別注意，我們這裡所談的原始性完全是生存論上的，無關乎實際生存中的道德品質。在生存論上恰當的良知闡釋並不保證在生存上對呼聲的理解，一如生存並不直接因為存在論上不充分的良知理解而遭貶損。在流俗的良知經驗中一樣可能有誠實認真，正如在更原始的良知理解中一樣可能有輕浮不真。不過，只要生存論上的理解不把自己同生存上的經驗割斷，那麼，在生存論上更原始的闡釋自會為更原始的生存理解開展出新的可能性來。

第六十節 決心

良知是本眞能在的見證。在良知中得以見證的本眞能在的生存論結構是什麼呢？願有良知，或準備好了去被召喚，是此在開展自身的一種方式。展開狀態包括三個環節：理解，現身情態，話語。願有良知是一種自我理解：向著能夠在世開展自身、籌劃自身，而只有在這種生存活動中，能在才可獲得理解。對應於這一理解的現身情態是畏。願有良知成爲畏之準備。良知所見證的話語是什麼呢？沒有一種話語回應呼聲這種此在的原始話語。這並非因爲此在被某種壓頂而來的混沌力量所震懾，而是因爲它未經晦蔽地把呼聲的內容據爲己有。包含在願有良知中的言談樣式是緘默。良知默默呼喚。誰默默提供出某種東西讓人理解，他就有所言說。呼聲來自無家可歸的無聲闃寂，並把靜默下來的此在喚回到它本身的靜默中去。

由良知加以見證的這一本眞展開狀態，我們稱之爲決心（Entschlossenheit）。我們曾表明，此在的原始展開狀態即是生存的眞理，必須首先把「眞理」理解爲生存論上的眞在，而不是認識和對象相符合或諸如此類的東西。現在我們就隨著決心現象來到了此在的最原始的眞在、眞相和眞理。

開展出來的從來不是一個孤伶伶的此在，而是整體的「在世界之中存在」。此在實際上已被拋入一個特定的世界，拋入它的世界。介入，保持，發展，這些都是此在爲其存在之故加以籌劃的可能性。良知喚起此在下決心向這些可能性籌劃自身。世界就內容而言並不變成另一個世界，他人的圈子並未更換，然而，操勞和操持現在都從其最本己的能自己存在方面得以規定了。決心並不把此在從其世界解脫，並不把此在隔絕在一個飄遊無據的我中。決心就是本眞地在世，它又怎會去解脫、隔絕？

決心是緘默的、準備畏的、向著最本己的罪責的自由籌劃。下了決心的此在解放自己，自由面對其世界。唯有率先解放了的此在才會把一道存在著的他人的能在一道開展出來，唯有斷然下定決心的此在才會讓他人在他們自己最本己的能在中去「存在」。下了決心的此在可以成爲他人的良知。心懷

猜忌的許諾，爲共同完成一項業務而喋喋不休地稱兄道弟，這些不能造就本
眞的共在，唯當此在在決心中本眞存在，才能造就本眞的共在。

　　決心總是實際的決心，但此在實際上作出何種決定，這只有決定本身能
提供回答。源於決心的決定並非在各種現成的可能性中挑挑揀揀，是決心才
始把眞實的可能生存開展出來、確定下來。一切被拋的實際能在都是不確定
的，從實際生存層次上說，每次作出決定之前，決心都是不確定的，但這正
是決心在生存論上的確定性。

　　此在同樣原始地處身在眞與不眞之中。作爲本眞的展開狀態，決心也必
然一向已在無決心之中，也許馬上又在無決心之中。「無決心」說的不是優
柔寡斷之類的心理狀態。而是說任何決定仍指向常人及「世界」，因此，決
心本眞地把不眞據爲己有。

　　決心只能向某些特定的實際的可能性作籌劃，決定按照常人最本己的能
在所能是的那樣掌握這些可能性。所以，決心包括另一現象環節，我們稱之
爲處境。「處境」這個詞帶有空間含義，我們不打算把這種含義清洗出去。
此在的「此」、「在世」等等都具有空間含義，只要此在實際生存，它就設
置空間。不過，生存的「處所」根源於在世建構，根源於此在本身有所開
展。處境源出於決心，是已在決心中展開了的此，而非此在被擺在其中的現
成框架，彷彿此在可以在其中也可以不在其中似的。處境也遠不是偶然事件
的混合。唯當此在決心爲此，處境才對此在開展出來。常人卻只識得「一般
形勢」和「機會」之類，靠偶然事件的總計維持此在，而且還時不時把偶然
事件誤認作自己的功業。

　　當良知的呼聲向著能在喚起此在，它不是把空洞的生存理想擺到它眼
前，而是向前喚入處境。下了決心的此在已經行動著，但決心也不是與理論
相對的實踐所特有的。決心是本眞的操心，是此在爲能夠本眞地生活而操
心。操心是至爲原始的整全，無論怎樣區分理論與實踐，總先得把操心設爲
前提。把實踐和理論加起來得不出操心，即使藉辯證法之助也得不出，其
實，由於未在生存論中奠立根基，辯證法自身就必然是無根基的。

　　提供實際生存的種種主要可能性及其連繫，從生存論結構來闡釋它們，

都是生存論人類學的課題。但對基礎存在論來說，確定了良知爲此在本身的本眞能在提供見證，這也就夠了。我們已經來到了決心現象，從這裡出發就可以著手界說此在本眞整體能在的存在論意義了。

第三章

時間性之爲操心的存在論意義

第六十一節　從本眞整體存在到時間性的闡釋及其方法

我們已表明本眞的整體能在透過決心展示出來。應得怎樣合聚決心與先行到死這兩種現象？死與做事的「具體處境」會有什麼共同之處呢？

當然要禁止從外部把兩種現象綁在一起。那麼，在方法上還只留下一條可能的道路——從決心現象出發並去追問：決心是否就其最本己的傾向就先行於自身？我們將要指出：並非隨意向什麼近便的可能性作籌劃都算決心。死亡蟄伏在此在的一切實際能在之前，這一點或多或少是擺明的。只有以先行到死的方式把握自己的實際能在，決心才是本眞的決心。一切本眞的實際籌劃都只有透過向死先行的決心才能得到理解。決心組建著本眞生存的原始獨立性與整體性。

無法靠把現成片段拼湊成一個現成事物的方法獲得此在的存在建構。生存論闡釋必須由生存觀念指引自己的全部步驟。生存論分析是以闡釋方式解放此在——把此在向著它最極端的生存可能性解放出來。爲了避免任意虛構，我們需要把所要討論的生存論現象向著由它們敞開的實際生存的可能性作籌劃，再從生存論上對這些現象刨根問底。這一過程中包含著生存論闡釋的天然方法。首先追隨研究課題行進，一直很少專題討論方法。但有時需要停住腳步談一談方法，以使探索工作獲取更精猛的動力。眞切的方法在於以適當的方式先行看到有待展開的對象及對象領域的基本建構。所以，方法上

的考慮同時也就提供出課題所涉的存在者的存在方式的訊息。這與關於技術性方法的空洞討論大相徑庭。

此在不是現成事物，此在的「持存」不在於實體的實體性，而在於此在作為自身生存，從而獨立自駐。如果喪失了自主，無論有什麼實體持存，都談不上此在的持續存在。我們在準備性的分析中曾描述過非本真的常人自身，現在則必須與此相對界說本真的此在自身，以便完整地呈現操心現象，並進一步追問操心現象的存在論意義，最後到達對時間性的理解。這一進程並不導向某種僻遠殊隔的此在領域，而是使我們能夠在最切近的基礎上來理解此在的整體性。我們將看到，時間性是透過決心經驗到的，時間性以種種不同的方式到其時機，本真狀態與非本真狀態都根據時間性到時。

此在的存在一向被理解為現成性，更不用說這一存在的原始基礎了。無怪乎我們展示出來的時間乍看上去與流俗理解所通達的「時間」格格不入。然而，不能貿貿然用流俗的時間經驗和時間概念來衡量我們的時間闡釋，我們反倒必須先熟悉原始的時間性，才能燭照流俗時間理解的源流。

要證實我們對時間現象理解得適當，所需的是表明：此在的一切基礎環節歸根到底都須被理解為具有時間性的。於是，我們就其時間性重新展示這些環節。

以上是本章基本內容的提示。

第六十二節　先行的決心

決心是向著最本己的罪責的籌劃。此在本質上有罪責，而非時有時無；罪責增不了也減不了，它先於一切量化——苟或談得上量化的話。只有當此在理解到罪責是持駐的，才能從生存上決心接受這種罪責，但唯當此在把能在開展「到頭」，才有可能把罪責理解為持駐的罪責。存在到頭等於說：先行到死。可見，決心與先行還不僅是有種連繫，決心本身之中就隱含著向死存在，本真的決心必然是先行到死的決心。決心把向死存在落實為實際生存上的一種確定樣式。

　　決心持駐地以有罪責的方式「存在」；這說的只能是：此在一向本眞地或非本眞地實際生存在罪責之中。只在實際的能在中才有罪責，因而我們必須把罪責理解爲能有罪責。只有先行的決心才本眞地且具體地理解能有罪責，決心先行著趕上了死，所以此在的本眞存在就不再能被任何東西逾越。

　　決心把此在引向生存的原始眞理。一旦下了決心，此在實際的能在就綻露在此在本身面前。此在本身是這一綻露，又是被綻露的存在。這就是有所確知地存在。決心把自己帶入處境，只有這時，處境才始展開。此在只確知由決定展開的東西，但這又等於說：此在不僵固在處境上，它必須對實際的可能性保持開啓，保持在必要的時候回收決定的自由。這卻絕不是讓我們回落到無決心中去。此在透過在必要時下決心回收決定而保持其一貫的自身，而這恰恰克服了失落在無決心之中的狀況。決心持駐地保持其自由，亦即爲此在的整體能在而保持其自由，而此在之所以能做到這一點，就在於它確知自己在其死亡中必定絕對地回收它自己。

　　但此在又同樣原始地在不眞之中。死亡這種最澈底的能在永遠保持其爲可能性，無法就其何時何地具體確定下來——一旦確定就什麼都變成了澈底的不可能。因此，澈底的可能性只有在面向處境的決定中才能得到規定。先行的決心同時確知失落於常人是持駐的可能性。此在被拋入它的極限處境的不確定性之中，它面對極限處境作出決定，從而才能贏得本眞的整體能在。

　　苟若此在作爲下了決心的此在本眞地理解自身，即把自己理解爲先行於自身的能在，它便爲自己期求這種能在。本眞地「想到死」引向達乎透澈的生存。於是，向死存在透過先行的決心而落實爲實際生存上的一種確定樣式。此在的整體能在一開始似乎是分析工作的一個理論問題、方法問題，現在則已表明，決心是一種實際的生存樣式，整體能在的問題始終是一個實際生存的問題，由每一個下了決心的此在對這個問題加以回答。我們從現象上展示出了此在的一種本眞的整體能在，但常人的知性必定始終不解這種現象，它或者把這種生存上的可能性當作未曾證明的推到一邊，或者要從理論上加以證明。

　　先行與決心之間的連繫可以概括爲：先行到死透過決心而成爲某種確定

的樣式。決心並非一條逃路，發明出來以便「克服」死。它是對良知呼聲的理解。願有良知不意味著遁世的決絕，卻毋寧意味著無所欺騙地把自身帶入行動的決心。決心也不是某種「理想主義的」期求，高飛在實際生存之上，而是對此在諸種實際可能性的清醒理解。下了決心的此在走在自己的路上，作爲個別的此在坦然樂它被拋入的種種可能性。坦蕩之樂與敬畏天命並行不悖。在本書的範圍之內，我們無意探討種種不同的「快樂」，只需指出：常人忙忙碌碌地在諸種世事中求樂，畏乎天命的坦蕩之樂則擺脫了求樂的種種偶然性，不避世事之苦，而樂乎生存本身。

我們把先行的決心理解爲此在在實際生存中的本眞整體能在。然而，生存論闡釋怎麼能以某種實際生存上的看法和理想爲根據呢？我們不僅的確是這麼做的，還須理解爲什麼必然要這樣做。哲學從不想否認其種種「前提」，但它也不可僅止於認可它們。哲學理解諸前提，並漸行深入地鋪展這些前提以及它們爲何成爲前提。這就要回過頭來審視我們的方法論了。

第六十三節　解釋學處境，生存論分析的方法性質

我們在第一章就提出一個命題：我們本身所是的存在者在存在論上是最遠的。前此的分析已經具體展示，這是由於此在首先沉淪著寓於各式各樣的事務並從這些事務來解釋自己，從而在實際存在上遮蔽著自己的本眞存在。所以，此在的原始現象絕對不是自明地給予的，甚至連存在論也首先追隨此在的日常自我解釋的方向。要贏得此在的原始存在，必須反其道而行之，從此在自身的遮蔽傾向中強奪出來。因爲凡解釋都具有籌劃的性質，所以這種強制性爲一切解釋所共有。但它的確在此在的存在論這裡格外突出。

然而，一種存在論籌劃怎樣才能證明它的「取樣」是適當的？解釋進程的路標何在？這些都成疑問，尤其因爲此在本質上就傾向於掩蓋它眞正的存在方式。

此在總已作出自我解釋——即使是生自常人知性的解釋也罷。所有的解釋都暗含著某種東西，一切存在論探討的問題都已在實際存在上有所預備。

沒有生存上的領會，一切生存論結構分析就都是向壁虛構。本書對此在的本真性的通篇闡釋就是以實際存在上對生存的某種特定看法爲根據的，我們並不聲稱每個人每個時候都持這種看法。然而，生存論分析原無意總結出一種對人人具有約束力的生存理想。生存論闡釋設爲根據的不是某些實際能在的方式，又能是什麼呢？它不就是在存在論上清理出這些可能方式的結構嗎？如果此在通常以遮蓋的方式解釋自己，那麼，我們根據反其道行之所獲得的可能生存方式來進行生存論分析工作不就恰恰適合於此在的眞正開展嗎？

　　但這樣「強行」選擇一種生存的可能方式和任意作選擇有什麼區別呢？我們的分析把先行到死的決心設爲根據，而此在就從生存的根據處把自己喚向這種生存上的本眞能在，那麼，我們設定的會是一種任意的可能性嗎？與生死相關聯的存在方式會是一種偶然拾得的存在方式嗎？死而外，此在對它的能在還有什麼更高的裁決嗎？

　　然而，即使現象選得適當，仍可能闡釋不當。我們一開始就用生存觀念來指導我們的探索。此外還能透過什麼呢？我們說此在沉淪，而本眞能在要反其道爭得自身，這話裡已經透進了生存觀念的光線，即使這光線朦朦朧朧。把生存觀念「設爲前提」的道理何來？最初提出這一觀念是無所引導的嗎？斷然不是。我們的生存觀念最初就由此在本身之中的存在之理解引導。我是此在，我爲能是此在而存在，我總已在世，此在不止是現成的，生存不同於實在，所有這些，無待乎任何存在論就已經在此在的自我理解中透露出來，哪怕是透過神話和魔法。我們就是從這一初步的生存觀念出發，一步步開展此在在世的各個環節並最終進展到操心現象，操心的結構則反過來更具體地表明了生存與實在的區別。

　　然而，就連生存概念也還隱含著某種內涵，也還有前提。那就是一般存在的觀念。只有在一般存在的視野上才能說明，爲什麼生存和實在截然不同卻又都是存在。要澄清一般存在的觀念，先要把存在之理解整理出來，而存在之理解屬於此在。這就要求闡釋此在的基本結構，而這項工作必須由生存觀念來引導。那麼到頭來，所謂基礎存在論問題是個循環？

　　在三十二節，我們已經討論過「循環」。而就眼前的提法來說，所謂

「循環」想說的是：生存觀念與一般存在觀念被設為此在闡釋的前提，而我們又要透過此在闡釋獲得這些觀念。然而，我們根本不在從事命題演繹。此在在其實際生存中已先行於自身，它不僅對實際生存面對的各種可能性有所理解有所籌劃，而且在這些理解中它也就對生存本身有所理解，在對各種實際可能性作出籌劃之際對生存本身作出了籌劃。生存論作為一種理論闡釋，本身就是此在開展自身的一種方式，同時又要使這種開展活動成形為概念，所以它不可能「避免循環論證」。我們是讓有待闡釋者自己成言，讓它從它自身出發來決定：它在實際生存活動中提供出來的存在建構，和它在形式上開展出來的建構是不是一樣。如果這裡竟有一種「循環」，我們就必須把它視作正當的解釋學循環。知性以為嚴格的科學探索必須排除循環，實際上恰恰排除了從理論上清理自我理解的可能性。理解既是此在的一種基本存在方式，又是自我理解要從概念上予以把握的課題，因此生存論本質上就「循環」著。

　　然而，對「循環」的指責卻源於此在本身的存在方式。常人迷失在面向世內存在者的知性中，本來就傾向於把對世界的理解和自我籌劃隔離開來。知性無論是「理論的」還是「實踐的」，都只意在「經驗事實」。凡超出知性解悟之外的，就說成是「生造強加」。然而，只有或明確或不明確地理解了存在，才能「經驗」到存在者。

　　對於這一「循環」祕而不宣、加以否認，甚至要加以克服，都是在加強知性的統治。我們倒必須從原始處跳入這個「圈子」，把此在的循環式的存在盡收眼中。人們從一個無世界的我出發，從這個我演繹出客體和世界。這裡預設的不是太多了，而是太少了。人們研究生命，為此也考慮到死亡，這眼光太短淺了。人們先清理出理論主體，然後再從實踐方面來補全這個主體，課題卻已被割裂了。

　　本節澄清了此在分析的解釋學處境。我們憑藉先行的決心，從現象上明見到此在的本真性和整體性，從而，對操心的闡釋就進入了原始的解釋學處境。也就是說，我們從其原始性來把握此在了。這包括幾個方面：就此在的本真整體能在來看，我們把它導向它先行具有的東西之中；由於澄清了最本

己的能在，我們規定了此在先行見到的東西；透過把此在存在的特有方式與一切現成事物加以區別，我們得以先行掌握適合於此在的概念方式。

　　對決心的分析同時也曾引向原始的真理現象。此在不必透過生存論的真理才能本真地生存，但生存論的真理則根據生存的真理才能成形。這兩種「真」都是由操心開展的。為了剖析這兩層意義，我們須得一絲不苟地把操心的全部環節準備妥當。

第六十四節　操心與自身性

　　我們業經澄清：操心雖然包含諸多環節，但這不是此在可能整體存在的反證，而是此在實際生存上能夠整體存在的條件。現在我們必須更進一步理解死、良知、罪責這些現象如何具體統一在操心結構之中。

　　顯然，此在能在諸種可能性中統一地存在，必因為它就是這種統一的存在本身，必因為我就是這一存在者。「我」和「自身」（實體和主體）自古就被理解為攏集承擔結構整體的根據。如果自身屬於此在的本質規定，而此在的「本質」卻在於生存，那麼我性與自身性就必須從生存論上加以理解。從否定方面則是說：禁用一切現成性和實體範疇。

　　此在日常「說我」之時，當然已經涉及「自身」。「我」被當作絕對簡單的：我，別無他哉。「我自身」不是述語，而是絕對「主體」。康德就把「單純性」、「實體性」和「人格性」這些性質當作其「純粹理性諸悖論」這一學說的基礎。康德證明，從上述諸性質導出靈魂實體的推論是沒有道理的。他主張，「我」是伴隨一切概念的一種純意識，在這裡，「除了一種超驗的思想主體，別無其他得以表象」；「意識不是一種表象……而是一般表象的一種形式」；「這一形式附於一切經驗並先行於一切經驗」。表象形式不是指一種框架或一種普遍概念，而是「理式」或「邏輯主體」：它使一切被表象者和表象活動本身成為它們所是的東西。康德把「我」稱為「邏輯主體」時，並非主張「我」是靠邏輯方式獲得的概念，而是說：「我」是邏輯行為的主體，是維繫的主體。「我思」或「說我」等於說：我維繫。一切維

繫都是「我維繫」。

康德看到，從存在者層次上把「我」引回到一種實體是不可能的。但這只不過駁斥了對「我」的一種錯誤闡釋，而不曾提供對自身性的存在論闡釋。實際上，康德又反過來把這個「我」掌握為主體。然而，主體這一存在論概念所描述的不是「我」的自身性，而是現成事物的自一與持存。

為什麼儘管康德在理論上拒絕承認「我」是一個實體，實際上卻仍然把「我」理解為現成事物？因為「我」不僅是「我思」，而且是「我思某某」。可是康德不是一再強調「我」始終與其表象相連繫嗎？對康德來說，這些表象是由我「伴隨」的「經驗事物」，是有我「依附」於其上的現象，但他從無一處指出過依附和伴隨的存在方式。說穿了，它們不過是「我」與表象持駐地共同現成存在。康德還不曾把「我思」設定為「我思某某」，尤其他還不曾考慮到，這種設定在存在論上還須把什麼「設為前提」，不曾考慮到世界這一現象參與規定著「我」的存在建構。於是「我」又被推回到一個絕緣的主體，以全無規定的方式伴隨著種種表象。

那麼，日常此在說我之際是連同其在世一起意指自身的嗎？是的；然而卻以沉淪的方式。常人說出的「我」是常人自身，是我並不本真所是的那個自身。常人迷失在他所操勞的事務之中，在這些形形色色的操勞中，我自身只作為空洞無定的伴隨者顯現出來。人是人所操勞的東西。

「我」的存在論闡釋拒絕追隨日常說我的路向。它並不因此就獲得答案，但卻識別出繼續提問的方向。常人把我呀我呀說得最響最頻繁，因為他其實不本真地是他自身。自身的存在論建構則須倒過來從本真的能在來理解日常的我呀我呀這種說法。只有此在獲得了自己的駐足之處，才有自身，而只有針對喪失在常人不佇立於自身的狀態，此在才能獲得與這種狀態相反的可能性。只有從立足於自身存在的本真存在那裡，才能理解自身性。而獨立自駐在生存論上恰就意味著先行的決心。此在只作為個別的此在才有本真的自身，它獨立於斯，恰恰不再能夠「我呀我呀」說個不停。這個下了決心緘默生存的自身是「我」的原始現象上的地基。

生存作為操心的組建因素提供出此在持駐於自身的存在論建構，自身性

現象反過來又有助於澄清操心的意義。

第六十五節　時間性之為操心的存在論意義

上一節指明了操心與自身性之間的「連繫」，這不僅有助於澄清我之為我這一特殊問題，也為從現象上把握此在的整體並探討操心的意義作了最後準備。

我們在第三十二節對理解與解釋進行分析的時候，已經接觸到意義現象。某一事物可以得到理解而無須成為專題，它的可理解性所在的處所就是意義。意義意味著理解所取的方向，我們依循這一特定的方向把某一事物作為它所能是的東西加以把握。籌劃活動開展出種種可能性，也開展出這些可能性的條件。於是，追問操心的意義等於說：追尋引導著生存論闡釋的未經明言的理解。操心的意義問題要問的是：什麼是使操心的各環節能夠得以統一的條件？

嚴格說來，意義意味著存在之理解的何所向。當我們說，存在者「有意義」，那麼這意味著：它就其存在得以通達了。我們向其存在籌劃存在者，所以，存在才更本原地「有意義」。存在者「有」意義，只因為存在已經事先展開了，從而存在者在籌劃的特定方向上成為可以理解的。存在之理解「給出」意義。提出某一個存在者的存在意義問題，就使這個存在者的存在之理解的何所向成了課題。

此在理解自身，這一理解組建著它的實際生存。對於此在來說，存在的意義不是在它本身之外飄浮無據的他物，而是自我理解著的此在本身。什麼使此在的實際生存成為可能？什麼使先行的決心能夠透過本真的自我籌劃把此在的整體存在統一起來？此在必須能夠從其最本己的可能性中來到自身，它才能夠作為先行的決心存在。先行的決心朝向最本己的可能性存在。保持住別具一格的可能性而在這種可能性中讓自身來到自身，這就是將來的原始現象。向死存在是將來的存在，但不是說，死亡現在還沒發生；「將來」不是指一個現在系列的較遠的一點，將來是可能性之為可能性的條件，是此在

從可能性來到自身的那個「來」。只有當此在在實際存在中總是從將來向自身到來，它才能先行於自身。此在生存著根本就是將來的。

先行的決心承擔起被拋境況。這意味著：如其一向已曾是的那樣本眞地是此在。然而，將來的此在必須能夠是它最本己的「如其一向已曾是」，必須能夠如其「曾在」那樣存在，它才可能承擔起被拋境況。此在透過「如其所曾在」以回來的方式從將來來到自己本身。只有當此在是將來的，它才能本眞地是曾在。曾在以某種方式源自將來。

先行的決心開展它的當下處境，操勞於上手事物。然而，只有讓上手事物來照面，來到當前，此在才可能寓於處境。唯當決心當前，才能讓上手事物無所僞飾地來照面。從將來回到自身來，決心把自身帶入處境。

曾在著的將來從自身放出當前。我們把這樣一種統一現象稱作時間性。只有當此在被規定爲時間性，它才使本眞的能整體存在成爲可能。時間性綻露爲本眞的操心的意義。我們在第四十一節曾把操心界說爲「先行於自身而已經在世寓於世內存在者的存在」，同時曾說明還不得不推後一步再來闡釋操心諸環節的統一，現在我們表明：操心的結構的原始統一在於時間性。

「先行」奠基在將來中，「已經」本來就表示曾在，「寓於」依賴於當前。流俗的時間理解把「先行」理解爲「現在尚未——但是以後」，把「已經」理解爲「現在不再——但是以前」。假使我們採用這種理解，那我們就該說：操心的時間性同時既是「以前」又是「以後」，同時既是「尚不」又是「不再」。那麼操心就成了一種現成事物，成了「在時間中」——接續的存在者了。

「先行於自身」表示將來，而將來之爲將來才使此在能夠爲其能在作籌劃。自身籌劃是生存的本質特性，生存的首要意義就是將來。

同樣，「已經在世」表示曾在。此在只消存在，就已經被拋，就在「是我所曾是」的意義上曾在。然而，只有當此在生存，它才能是曾在的。不過，操心是一個整體現象，它同樣原始地植根於曾在。只消此在還生存著，它就從未「過去」，而是作爲它所曾是者生存。我們用「過去」來稱不再現成。而此在從來不是現成存在者，彷彿隨時間生滅，彷彿有些片斷已經過

去。此在作為被拋的存在者現身，在現身之中「發現」自己被拋在世。在現身情態中，此在被它自身所襲——自身襲擊自身：現在的此在卻也是已曾是的存在者，即是持駐的此在自身。實際性首要的生存論意義就是曾在。「先行」和「已經」提示出生存性與實際性的時間性意義。

相反，操心的第三個組建環節即「寓於世內存在者」卻沒有這樣的提示詞。這並不意味著沉淪並不同樣根據於時間性。沉淪首要地根源於當前化。而當前化始終包括在將來與曾在中。下了決心的此在恰恰是從沉淪中抽回身來了，以求朝向當前的處境，愈加本真地開展其在「此」。

時間性使生存、實際性與沉淪能夠統一，從而奠定了操心的整體性。操心不是由其諸環節拼湊起來的，正如時間性本身不是由將來、曾在與當前「隨時間之流」積累起來的。時間性根本不是存在者。時間性不「存在」，不「是」什麼：時間性自己「到時候」。至於我們為什麼仍然不得不說時間性「是」操心的意義，或諸如此類，那只有等澄清了一般存在與「是」的觀念之時才能得以理解。時間性到時，並使它自身的種種可能方式到時。這些方式使此在形形色色的存在樣式成為可能，尤其是使本真生存與非本真生存成為可能。

決心是本真的操心。我們是從先行的決心的建構中獲得時間性的現象內容的，這是時間性這一術語的應有之義。要恰當理解這一含義，首先必須遠避「將來」、「過去」、「當前」的一切流俗含義，遠避「主觀的」、「客觀的」或「內在的」、「超越的」時間概念。流俗理解敉平了原始時間性的綻放性質，把時間當作一種單質的、無始無終的現在序列。這種「時間」概念固然也提供出一種真切現象，但那卻是衍生的現象，源自非本真的時間性，而非本真的時間性又有自己的來源。既然知性所通達的時間不具有原始性，那麼，依照「根據主要事實命名」的原則，把我們所展示的時間性稱為原始的時間就是合情合理的了。不過我們也須留意，「將來」、「過去」和「當前」這些概念原是從非本真的時間理解中生出的，所以，我們使用這些術語來界說本真的時間現象，就像使用其他所有存在論術語一樣，難免生硬。不過，在我們的探索中，強行硬施並非任意妄為，而是事出有因，不得不然。

將來有「來」、「來到自身」、「向……存在」的現象性質；曾在有「已經」、「回到」的現象性質；當前有「當」、「當面」、「讓照面」的現象性質。我們可以從這些現象性質看到時間性的動態。我們把將來、曾在、當前等現象稱作時間性的「綻放」（Extase）。時間性並非先是一存在者，而後才綻放——時間性是原始的、自在自為的「出離自身」本身，時間性就是綻放本身。時間性不是透過諸綻放樣式的積累與嬗遞才發生的，它在各個綻放的樣式中統一地到時，所以，絕不能把到時理解為諸綻放樣式前後相隨。操心現象的各個環節的統一，都植根於時間性當下完整到時的統一性。

在歷數綻放的諸樣式的時候，我們總是首先提到將來。這就是要提示：將來在原始而本真的時間性中擁有優先地位，雖則時間性在諸綻放樣式中同等原始地到時。不過，時間性可以首要地透過某種綻放樣式規定自身。本真的時間性是從將來到時的：原始的時間性曾在將來而最先喚醒當前。原始而本真的時間性的首要現象是將來。在非本真時間性中，將來所擁有的優先地位有所改觀，但仍然以某種方式浮現出來。

操心是向其終結的存在，此在透過向終結存在而可能整體生存。終結不是一個現在序列的截止點，而是包括在生存之中並規定此在的有終的有限的生存。此在生存著就是有限的，因而本真的將來是有終的將來。生存的有限性構成決心的意義。

然而，我自己不再在此，時間就不繼續前行了嗎？不是還有無限多的東西從將來到來嗎？的確如此。我們認識到原始的將來是有限的，並不是要否認這些提法。然而，這些提法也不能否定原始的時間性是有終有限的，因為它們涉及的根本不再是原始的時間性。問題不在於哪些事情還會發生，問題在於這些事情還怎樣從將來到來，在於它們還能向何處「來」，在於我們怎樣規定將來總向之到來的「自身」。原始而本真的將來來到自身，它作為封閉了的將來來到此在，封閉此在的能在，從而使此在能從「不性」來理解自身並下決心先行於自己生存。原始而本真的「來到自身」就是在最本己的「不性」中生存的意義。

　　流俗的時間觀念無視原始時間性的有終性，把時間理解爲現成事物「在其中」生滅的無終的時間。但這並不表明它已經理解了無始無終的時間。時間繼續前行、不斷流逝，這說的是什麼？一般說「在時間中」是什麼意思？特別說到「在將來」又是什麼意思？不廓清這些問題，就不可能有效地置疑原始時間有終這一提法。實際上，只有洞見原始時間現象並從而以適當的方式提出有終性與無終性，才能廓清上述問題。要問的不是衍生的無始無終的時間如何演變成原始的有終的時間性，而是本眞的時間性如何蛻變爲非本眞的時間性？按事理來說，只因爲原始的時間是有終的，衍生的時間才能作爲無始無終的時間到時。按理解的順序來說，只有與無終的時間充分對照，時間的有終性才充分可見。

第六十六節　從時間性出發更原始地重演生存論分析的任務

　　上一節初步表明了此在的意義是時間性並提出了與此相關的一些基本命題，不過，我們不能侷限於提出這些命題，而必須透過先前已展示的此在基本建構的具體內容來驗證它們。我們把這項工作簡稱爲「時間性的闡釋」，不過這一稱法只是臨時的。時間性現象不僅要求在更廣泛的範圍內肯定它的組建力量，而且，時間性的諸種到時樣式恰恰在驗證過程中才清晰可見。所以，我們不是按照前此闡釋的順序把闡釋過的內容重新過一遍。時間性闡釋不會使用這種外在的表格方式，而將由現象所迫採取它自己的進程。這一新的進程應使以前的考察變得更加清楚，並將揚棄準備性分析進程表面上帶有的任意性。

　　只有從時間性建構的視野上才能把此在在生死之間的整體收入眼界之中。此在並非逐漸走完一條現成的旅程，此在自己就伸展著，從而就是它自己的旅程。我們把生存的伸展稱爲此在的演歷。要從存在論上對歷史性有所理解，關鍵就在於剖析清楚此在的演歷結構及其時間性上的條件。時間性綻露爲此在的歷史性。

　　對日常性與歷史性的時間性闡釋牢牢盯著原始的時間，以便充分揭示：

原始時間就是日常時間經驗的條件。此在對它自己的存在有所作爲，它明確或不明確地運用它自己。於是它會「用損」自己。由於「用損」自己，此在需用它本身，亦即需用時間。由於需用時間，此在估算時間。對時間的估算才始揭示時間並形成計時。憑藉計算時間，世內存在者在時間中得到揭示，成爲在時間中存在的東西。我們把世內存在者的時間規定性稱爲時間內性質或時間內狀態。人們首先就從這種狀態來理解時間，形成流俗的傳統時間概念。柏格森把這種現成事物「在其中」生滅的時間解釋爲「具有質的時間」外在化爲空間的結果。這是一種在存在論上全無規定的和遠不充分的時間解釋。我們將對流俗理解的時間解釋的源流作一番考察，從而看到這種時間並不像柏格森說的那樣，它其實是一種眞切的時間現象。

　　下面三章將分別從日常性、歷史性、時間內性質來闡釋時間性。只有在這個過程中，我們才能洞見此在存在論的盤根錯節之處。此在在世，它實際上共一切存在者一道生存，並且寓於它們而生存。因此，我們也必須澄清非此在式的存在者的存在，包括既不上手也不現成卻仍應說它「存在」的存在者的存在。只有獲得了這一包羅萬象的視野，此在的存在才能變得完全透澈。但要把所有這些存在方式闡釋清楚，就先須充分洞明一般存在的觀念。在這之前，時間性分析就難免不夠完整不夠清晰。這裡還不去說事質上的諸種困難。所以，我們最後將在存在概念的原則框架內重新把此在的時間性分析再闡釋一遍。

第四章

時間性與日常性

第六十七節　從時間性闡釋生存論建構的任務

在第一篇的準備性分析中，我們以操心的整體性爲線索討論了操心各環節的多種多樣的現象。存在建構的原始整體性不等於某種終極因素的簡單性、唯一性，此在建構的原始整體性不僅不排除多樣性，反倒要求之。從存在論上探入源頭，不同於普通知性找到存在者狀態上自明的東西，倒不如說它是把一切自明之事的可疑性向普通知性公開出來。透過從時間性來重新闡釋此在在其日常狀態中綻露出來的生存論建構，準備性分析中似乎帶有的那種「自明性」將完全消失。

本章從時間性上闡釋日常此在，這一工作應從組建著「此」之在的展開狀態著手。那就是：理解、現身情態、沉淪與話語。我們將從這些現象著眼剖明時間性到時的諸樣式。這將引導我們重新來到世界現象並允許我們界說世界之爲世界所特有的時間性。這一界說包括對日常操勞的描述。操勞的時間性使尋視轉變爲靜觀，從靜觀又產生出理論認識。以上述方式浮現出來的時間性將表明其自身爲此在特有的空間性的基礎。這些分析揭示出時間性到時的一種可能性，從這種可能性產生出非本眞的生存。我們在這裡將試圖回答：應該如何從整體上理解日常的時間性。這一追問將使我們看到：至此所達到的日常現象的分析仍是不充分的。

第六十八節　一般展開狀態的時間性

理解、現身情態、沉淪與話語組建著此在的展開狀態。一切理解都有其情緒。一切現身情態都是有所理解的。現身理解具有沉淪的性質。沉淪著的、有情緒的理解就其可理解性在話語中勾連自己。上述現象各具的時間性建制都引回到使這些現象得以統一的時間性。

a.理解的時間性

從生存論上說，理解即是有所籌劃地向此在自己的一種能在存在。此在透過籌劃向來就這樣那樣地知道它於何處共它自己存在。這個「知」處身於可能性之為可能性中，而不是從外面揭開某件事實，也不是專題把握和靜觀認識。與此相應，不知也不在於理解的空白，而是一種殘缺不全的籌劃活動。

此在唯基於將來才能夠在一種生存的可能性中籌劃自己、理解自己，因為此在下決心先行到死，它才能夠如它自己所能是的那樣籌劃自己、理解自己。我們用「先行」標識本真的將來，用「領先於自己」標識一般的將來，通用於本真的操心和非本真的操心。就其生存論結構來說，此在總是領先於自己的；但從實際生存上說，此在不一定先行，不一定從最本己的能在來到自己。此在首先和通常從它所操勞的東西那裡理解自己，向著無可避免的日常事務籌劃自己，並透過這樣的籌劃領先於自己。這就是說，時間性通常並不從本真的將來到時。日常此在不是從其最本己的無所旁涉的能在來到自己，而是從日常經營會有什麼結果來期備自己的能在。非本真的將來具有期備的性質。期備是一種操勞，貌似無所操勞的單純預料和單純等待也都是期備的殘缺樣式，期備開出一定的視野，從而我們才可能預料些什麼，等待些什麼。

此在在日常操勞活動中對死也有所預期，不過，對死的預期和先行到死不是一回事。此在下決心先行到死，從而被反拋回其個別化的自身，決心把它已是的存在者承接下來。這樣把自己本真的曾在領入最本己的能在，我們

稱爲「重演」。在非本眞的理解中，此在從所操勞之事汲取其籌劃，遺忘了自己。遺忘首先不在於記憶的闕失，它具有主動的性質：從自己眞實的曾在那裡溜走，以便眷留於所操勞的存在者。我首先與通常消融於世內存在者，而遺忘就是這一存在方式的時間性意義。日常此在本質上眷留於世內存在者，不眷留於某一特定之事只是這種眷留的一個特例，它表現爲衍生意義上的遺忘。記憶也只有基於原本意義上的遺忘才是可能的，而不是相反：遺忘使此在能夠耽留於「外部」，從而此在有時可以回到「內部」，可以回憶。

　　籌劃總具有將來的性質，但若非同樣原始地由曾在與當前規定，它就不會到時。下了決心的此在義無反顧，不再彷徨等待，因爲它已經先行開展出處境，以身臨其境的方式當前。這種寓於操勞之事的本己存在不因操勞於切近之事而渙散，因爲此在在這樣當前之際同時把自身保持在將來與曾在中。我們把這種從本眞的將來到時的當前稱爲當下即是。必須在動態的意義上理解這一綻放樣式，而不能把它理解爲「現在」。「現在」是一個現成時間範疇：現成的東西在現在生生滅滅，卻沒有任何現成的東西能當下即是。唯當下即是的此在能讓上手事物或現成事物「在一種時間中」來照面。非本眞的籌劃則只顧剔除可能事物的可能性質，把它轉變成眼下可用的現實事物。我們把這種非本眞的當前稱爲當前化。在討論沉淪的時間性時我們將進一步梳理當前化的現象。

b.現身的時間性

　　我們從來不會憑空生出理解，理解總是現身在世的理解。現身情態把此在帶到它的被拋在世面前。我們不是透過認識活動通達被拋境況的，我們現身在世之際就對自己的生存實際有所了解。然而，只有此在持駐地曾在，它才可能被帶到「它存在且不得不存在」面前。並非現身情態創造出曾在，而是曾在的綻放才使此在能以現身方式發現自己。理解植根在將來中，而現身在曾在中到時。但「到時」說的是，將來與當前也一道綻放了，只不過在現身情態中，曾在使這將來與當前改變了樣式。

　　人們一向不曾從生存論上理解情緒。情緒被當作消長流變的體驗，這些

體驗來而又去，「在時間中」相續而過。從心理學上確認這樣的事情實是瑣碎之舉，所須展示的是情緒的時間性結構。這當然不是要從時間性演繹出種種情緒來，而是要表明：若非基於時間性，諸種情緒就不可能在實際生存上有任何意味。我們在準備階段分析過怕和畏這兩種情緒，這裡的時間性闡釋將限於這兩者。

我們從怕開始，怕是非本眞的現身情態。在何種程度上曾在是使怕成爲可能的生存論意義？我們說過，僅止靜觀具有威脅性質的東西不是害怕，唯具有害怕這種現身情態的此在能揭示可怕的事情，能讓可怕的事情向自己來臨。無疑，害怕包括對「將來的東西」的預期。這裡，將來是時間中的一段，將來的東西是「在時間中」的東西。然而，僅僅預期可怕的事情恰恰缺乏害怕所特有的情緒性質。害怕倒在於回到操勞活動以期備威脅者的來臨。威脅者是在回到操勞之中照面的，只有當此在向之返回之事已經敞開，它才能期備威脅者的來臨，它才能受到威脅。在威脅者之前害怕向來就是因爲要做某件事情害怕。亞里斯多德正確地把怕規定爲抑制和迷亂。受到抑制的此在被逼回到它的被拋境況並在其中封閉起來。迷亂則來自遺忘：忘了它能夠下決心爲它本身的存在去存在，而沒頭沒腦地操勞於上手事物。由於遺忘了自己，此在把不定任何確定的可能性，從隨便抓到的任何一種可能性跳到另一種可能性，甚至跳到不可能的可能性上去。周圍世界並未消失，但此在已不復能在其中認出自己。房子失火時，住戶往往會去搶救些最不相干的然而就近上手的雜物，他遺忘了自己，把一團亂七八糟的可能性擺在當前。這種當前化使得迷亂成爲可能。抑制和迷亂從現象上表明：怕的時間性是非本眞的時間性。

上述分析表明，害怕是從遺忘這一曾在樣式到時的，而當前和將來也在這一樣式中相應發生形變：領先於自己的存在變成了迷亂的期備而當前則被亂七八糟的可能性充塞了。知性對害怕的解釋卻依循世內存在者制定方向：它首先加以規定的是可怕之事，再相應地把此在與可怕之事的關係規定爲預期。在這一現成事物和現成關係之外，害怕的情緒性質就只剩下一點用來塗抹主觀色彩的「不快之感」了。

日常理解把怕與畏混爲一談。然而，畏不生迷亂，凡發生迷亂之處就是怕。畏來臨之際，世界向著無意蘊沉降，空蕩蕩無所慈悲，只開放出無因無緣的存在者來，這時一無可操勞之事令人迷亂，唯有自持於個別化的被拋境況。畏之何所畏不是作爲某種確定的可加操勞之事照面的，於是，期備找不到任何東西可由之理解自己。畏既沒有預期的性質也沒有一般期備的性質。在畏中，此在不可能依靠所操勞之事來籌劃自己的生存，而本眞的能在恰由此綻露出來：畏讓此在直面其被拋境況，把它帶入某種做決定的情緒，敞開了重演其曾在的可能性。曾在就以這種方式組建起畏這一現身情態。畏不容此在遺忘自己，但也不是讓此在回憶起自己的曾在。此在在畏中身臨其可重演的曾在。

無論怕還是畏，都從不孤零地出現在「體驗流」裡。怕從世內事物襲來；畏則從此在自身中升騰。從時間性上來理解，這一升騰等於說：曾經存在之事有可能重演。畏只能在下了決心的此在中升騰。決心已定者不識怕，無所攔阻地爲自身的種種本眞的可能性成爲自由的。所以，雖然怕與畏都奠基在曾在中，但從它們各自的整體聯絡來看，它們的源頭是不同的：畏發源於決心所向的將來，而怕發源於唯恐失落的當前——爲當前而怕，結果恰恰失落了當前。

但透過上述分析獲得的時間性結構會不會只對這兩種選出來的現象有效呢？種種情緒在生存論上都植根於曾在。這一點在厭倦、悲哀、憂鬱、絕望這類情緒那裡相當明顯。然而，統治著日復一日的灰色生活的是百無聊賴的無情無緒。這種現身情態也有一種時間性上的意義嗎？懶洋洋漠漠然的此在無所寄託無所進取，凡事都只是一聲「讓它去」，這種混日子之方突出地表明了遺忘在日常情緒中具有何等的力量。這種自我遺忘於被拋境況的情緒具有一種非本眞曾在的意義。麻木不仁與手忙腳亂的營求並行不悖，然而和沉著鎮定卻全然不是一回事。沉著發源於先行到死的決心，故而無論身在何種處境都保持其處亂不驚。

希望似乎完全植根在將來之中。人們往往這樣規定「希望」：對將來的好事的預期，一如怕是對將來的惡事的預期。然而，決定現象結構的關鍵不

是希望與之發生關係的東西的將來性質，而是希望這種活動自身的生存論意義。懷有希望的人的確迎向所希冀的東西，但這事的前提卻是他已經產生了某種不安。希望仍然作為曾在的樣式關涉到負擔。

　　高昂的情緒也必須這樣來理解，它不是始終擺在那裡的一種心態，而是從時間性上與被拋境況相連繫，是一種高漲起來的情緒。要展示興奮、快活、激動等等現身情態各自具有的時間性意義，關鍵也無不在於把它們放回到由此在分析工作所提供的更廣闊的基礎之上。至於如何從存在論上界說僅僅有生命之物的感官刺激與激動，至於動物的這類「情緒」如何由一種「時間」組建，這些當然還是未被解決的問題。

c.沉淪的時間性

　　將來是理解的首要條件，曾在是情緒的首要條件，與此相應，組建操心的第三結構環節即沉淪則首先在當前中有其生存論意義。從好奇現象最容易地看到沉淪所特有的時間性，所以我們對沉淪的時間性闡釋侷限在好奇現象上。當然，從閒言與兩可也可以展示沉淪的時間性，不過那就需要先行澄清話語與解釋的時間性建制。

　　好奇的此在操勞於一種能看，著眼於外觀而讓事物來照面。這種「讓照面」植根於某種當前，因為只有當前才提供出存在者能在其內照面的視野，但時間性總是作為整體到時的。對尚未看到過的東西好奇，其中就有將來的時間意義。只不過好奇把現成事物擺到當前並不是為了對它加以理解，而只是設法去看它，只是為了看看，為了看過，無論什麼東西，好奇看到一眼就又向更新的東西轉移了。好奇這種當前化不斷變化而無所期備，從而完完全全源自非本真的將來。在好奇中表現出來的當前化不是投身於事，反倒是不斷從期備跳開，在不斷跳開之際增加遺忘。好奇忙於抓住下一個而遺忘了上一個，於是，將來不可能在好奇之中被拋回到此在的曾在。遺忘不是好奇產生出來的，而是好奇自身的存在論條件。驅使好奇的並不是此在尚有不曾見過的東西，而是不斷跳開的當前所具有的沉淪的到時方式，即使一切都見過了，好奇仍會發明出新奇的東西來。

好奇爲當前之故而當前化，渙散於無所延留的存在。好奇是由不居持於自身的當前化組建的。不過，即使在最極端的當前化中，此在仍是時間性的：好奇以遺忘的方式是其曾在，在無所期備這一殘缺樣式中面對將來。這種當前樣式與當下即是恰成反照，是當下即是的最極端的反現象。當下即是的決心把生存帶入處境並開展著本眞的「此」，而在好奇無所去留的當前中，此在到處存在而又無一處存在。

好奇從一事跳開，不是爲了回到自身，而是爲了跳到某種更新的東西那裡。從而，好奇這種當前化成爲此在消融於世內存在者的時間性條件。此在被抛入向死的存在。好奇這種極端的當前化所要跳開的，其實正是這種或多或少明白綻露出的被抛境況。這種當前化的樣式植根於有終的時間性，從而我們看到，沉淪的源頭原是使向死存在成爲可能的本眞時間性本身。當前從曾在的將來發源，也是從曾在的將來跳開，並且由曾在的將來所保持。日常此在在當前化之際從本眞的將來與曾在跳開，結果，只有繞開當前，此在才來到本眞的生存。

d.話語的時間性

對理解、現身和沉淪的時間性闡釋始終基於整體的時間性，不過其中每一個環節又各有起首要作用的綻放樣式。由理解、現身與沉淪組建而成的完整的此之展開狀態透過話語得以勾連。話語並非首要地在某一種確定的綻放樣式中到時，不過，話語向來是對存在者的議論，話語通常在語言中說出自己，而語言又首先從操勞所及的周圍世界說起，所以當前化在這裡當然具有一種占優勢的組建作用。

語言中的時態語序這些時間性現象，其源頭並不在於話語對時間之內的過程「也」有所說，也不在於說話是在時間過程裡或在心理時間中進行的。話語本身就是時間性的，就植根於綻放的統一。時態語序都來自操勞活動的原始時間性，無論這種活動是否關係到時間內狀態，所以，只有從一般此在的時間性出發，才能澄清語詞怎麼會有含義，理解怎麼能夠形成概念。語言學卻求援於流俗的時間概念，根本沒有提出時態語序的生存論時間性結構問

題，結果在理論構造上處處捉襟見肘；說到「是」或「存在」的時間性，更無人問津，乃至標準的語言理論都把「是」降格為一個「連繫詞」。其實，只有從時間性問題出發把存在與真理的原則連繫問題鋪開，才能澄清語言構造的時間性性質，特別是澄清「是」或「存在」的存在論意義。

第六十九節　在世的時間性與世界的超越問題

時間性的統一是此在可能存在的條件，並規範著一切生存論結構的統一。此在是明敞的。唯因此在作為其「此」已經敞開，光明才能夠照明並因此成其為光明。而唯此在有所操心，它才敞開。操心奠定了此的整個展開狀態。有所操心，才會知覺某事、看到某事。我們正是從操心出發展示出時間性來的。時間性原始地使「此」澄明，只有澄清了「在此」如何植根於時間性，我們才能洞見此在的基本建構即在世是如何在各個環節中保持其統一的。我們在準備性的分析過程中，就始終留意保護在世現象免受最不言而喻的從而也是最不祥的分裂傾向之害，從寓於世內事物的操勞活動來闡釋此在。不過，在這一闡釋中，在世各環節之所以可能統一的根據問題則還留在背景中。而今我們已界說了操心本身並把操心引回到了它的生存論根據即時間性，於是我們就能從操心和時間性反過來明確地理解操勞活動了。

a.尋視操勞的時間性

日常此在操勞著寓於「世界」。本真生存的此在也操勞著，哪怕所操勞之事對於本真生存來說並無所謂。我們首先須見識到，操勞所及的存在者不是現成事物，而是用具器物，是上手事物，單只堅持這種見識就可謂良有收穫。我們進而還須了解任何用具都屬於一個用具整體，即使只有一件用具上手而其他用具闕如，這件用具仍然與其他用具連在一起。正是這一點把我們引向對因緣的分析，操勞的尋視就是有所理解地對因緣作籌劃。如果操勞源自操心而操心植根於時間性，那麼就必須在時間性的某種到時樣式中尋找操勞籌劃之所以可能的生存論條件。

　　爲了能投入工作，爲了全力經營某事，此在必須遺忘自己。就操勞活動的時間性來說，這種遺忘具有本質意義。操勞活動特有的當前化才使得此在可能消融於用具世界。然而，用具器物中包含有何所用，對何所用的理解具有期備的時間性結構。操勞活動由於期備於所用才同時回到用具器物並居持於用具器物，所以，是時間性各綻放樣式的統一奠定了操勞尋視活動，期備與居持在其時間性的統一中使當前的操作成爲可能。

　　用具器物不順手不上手，也從相反的方面展示出操勞的時間性。此在通常消融在當前的操勞中，自然而然地對工具和材料的何所用有所期備。這時，一件工具失靈了，某種材料不合用了，期備受到擾亂而觸目了。此在必已有所期備地居持於某種東西，才能夠在當前化之際揭示失靈、欠缺、不合用等等。假使操勞只是在時間中一一相續的活動，那麼，無論這些活動銜接得怎樣緊湊，失靈和欠缺都不可能來照面。此外還有一類事物，無論怎樣積極地處理、避嫌或防衛，都制服不了，於是此在只好順從它。順從的時間性結構在於有所期備卻無所居持地擺到當前——此在遺忘不了它，卻也不居持於它，就任它在其不合用之中上手。這類上手事物在日常操勞中所在多有，而在這些情況中，此在會突出地認識到，自己從不是這個世界的主人。

b.操勞尋視轉變爲科學理論的時間性意義

　　我們已經展示了操勞尋視的時間性結構，那麼，又是何種時間性結構使得操勞尋視轉變爲對「世界」的理論態度呢？當然，我們不是要討論科學史，而是要從生存論上追問理論活動如何產生於操勞尋視，並透過這一追問探入一般在世的時間性建制。生存論把科學理解爲一種生存方式，對存在者與存在進行揭示的一種在世方式。現在我們要問的是：在此在的存在建構中，哪些是此在能夠以科學研究的方式生存的必然條件？

　　人們通常認爲，理論態度的發生在於實踐的消失。的確，由於用具的失靈或材料的不適合，操勞活動會遇到障礙。然而，操勞尋視並不就因此轉變成爲理論靜觀。尋視並不隨著操作的中斷消失，相反，操勞活動的左尋右視這時倒更加突出了：反顧操作過程，檢驗正在製作的工件，綜觀已經停頓下

來的整個工作。實踐有它自己的考察方式，即使操作停頓，此在延留於用具器物進行考察，尋視依然可能依附於上手事物。

就像實踐具備其特有的「理論」一樣，理論研究也並非沒有其實踐。設立實驗設備、收取實驗資料、製作切片，這些都需要錯綜複雜的技術性工作。考古挖掘要求最粗拙的操作，就連依賴以上各種工作所得的結果進行抽象研究也還需要書寫之類的操作。科學研究的這些組成部分絕非無關緊要，它們提示出科學並非純粹的精神活動，而是在世的一種方式。只要人們還不曾明白應該在哪裡劃分理論行為與非理論行為之間的界線，指出以上事實就遠非瑣碎或多餘。

人們會主張，科學中的一切操作都是為純觀察服務的。康德就說：「一種認識無論以何種方式和透過何種手段使自己連繫於對象，但凡認識藉以與對象直接連繫的東西，以及一切作為手段的思維以之為目的的東西，卻只是直觀。」自希臘始，直觀就一直領導著對認識的闡釋。實際上能否達到這個「直觀」，另當別論。但為了和傳統存在論相銜接，我們不得不從領導著操勞的尋視入手來展示科學態度的生存論來源。

對具體操作活動的尋視是由或多或少明確的概觀引導的。概觀並非事後把現成事物聚在一起來瀏覽，而是對因緣整體的原本理解。此在為自己的能在之故而生存，而這一「為其故」就是照亮操勞的概觀的光明。在這一概觀的光照下，具體操作的尋視把上手事物更為切近地帶往此在。這裡面就包含一種考慮：如果要製作這個，那麼就需要那個工具；如果要做到這點，那麼就需要那樣的環境。「如果——那麼」是實際考慮所特有的格式：如果要做某事，那麼就需要某種特定的工具、手段、途徑、機會和環境。操勞尋視的考慮絕不在於確認存在者的現成屬性，而在於照亮了當下的實際局勢。有所考慮而把周圍世界帶近前來，這具有當前化的生存論意義。即使所考慮的事情本身並非伸手可及，它也隨著操勞所及的事物一起在場。此在透過考慮直接看到不上手的但卻必需的事物。Vorstellen 這個字，首先應當理解為「擺到眼前」這樣一種當前化，然而人們卻首先把它解釋成了心理學意義上的「表象」。

但是，尋視的當前化是一種另有多重基礎的現象。首先，它向來屬於時間性綻放的統一整體。「如果——那麼」這一格式對何所用有所期備，並從這種期備回到操作與使用，居持於某種上手事物。透過尋視考慮，有待帶近前來的東西在一種確定的格式中當前化。「如果要做什麼」這一考慮已經把它所考慮的存在者作爲某種特定的事物來理解了。「作爲結構」植根於理解的時間性：此在從它所期備的何所用回到了它所居持的上手事物，從而當前化又能夠反過來明確地把包含有何所用的上手事物帶近前來。當前植根於將來與曾在，這是尋視理解所籌劃的東西之所以能夠當前化的時間性上的條件：當前必然是在有所居持有所期備的視野上來照面的，必然「作爲」所期備的或非所期備的東西得到解釋。由此可見，我們在第三十二節提出的「作爲結構」的確與籌劃現象具有一種存在論連繫，並且像一般理解與解釋一樣奠基在時間性的統一之中。「是」作爲連繫詞所表達的就是把某種東西「作爲」某種東西來談，而這個「作爲結構」透過「是」的連繫詞用法而與我們對存在的基礎分析連繫在一起。

然而，以上闡述在什麼程度上有助於我們澄清理論行爲的發生呢？這一闡述主要在於提示出從尋視到理論這一轉折的一般背景。至於轉折本身，我們不妨以從前提到過的一個句子爲線索來加以描述。

此在在操作時可能會說：這錘子挺重。這個句子意味著這把錘子用起來費力之類。但這句子也可以意謂錘子具有重力這種屬性。這時候，此在眼中所見的不再是作爲工具的錘子，而是作爲服從重力法則的物體。我們現在重新審視這個上手事物，不再就其何所用來尋視它，而是把它作爲現成事物來「看待」。領導操勞活動的存在之理解轉變了：從對上手存在的理解轉變爲對現成存在的理解。

然而，僅僅有了存在之理解的這種轉變，還不足以造就科學研究，何況上手事物本身也可以成爲科學研究的課題，例如：經濟學可以研究日常用具是怎樣上手的等等。這類研究仍可以把上手事物的用具特徵保持在眼界裡。我們所說的科學研究，是把世內存在者當作物理自然來加以把握。作爲物理學的命題，「錘子是重的」不僅忽略不計存在者的用具性質，同時一道略去

了每一用具的位置。位置變成了空間地點，與其他任何地點不分軒輊。於是，所要理解的就不再是周圍世界中特定的用具器物，而是無論什麼事物，或現成事物的全體。

　　科學發展史上的經典例子，是物理學的數學化。近代科學的關鍵既不在於更加重視對事實的觀察，也不在於把數學應用於規定自然進程，而在於對自然本身的數學籌劃。這一籌劃首先把「世界」理解為持駐的物質，並從運動、力、位置、時間等等可從量上加以規定的方面來研究「世界」。只有能夠從這些方面加以規定的，才是「事實」。科學籌劃就透過能夠調整配置這些方面的實驗來確定「事實」。唯當研究者理解到原則上並沒有「純粹事實」，他才可能在事實科學中進行「科學論證」。而且，就自然的數學籌劃來說，關鍵又不在於數學的東西本身，而在於透過數學開展出自然中先天的東西。所以，數學化的自然科學之作為典範，並不在於它格外精確以及它具有普遍的約束力，而在於：自然科學既經把存在者的存在建構作為自然來加以籌劃，數學化的科學方式就成為揭示存在者的唯一方式了。現在起領導作用的存在之理解是對現成性的理解。我們一旦確定了自然科學中起領導作用的存在之理解，研究方法、概念方式、真理與確定性的標準、約束性的方式、論證方式、傳達方式等等也就跟著得到確定。這些方式的整體組建著科學的生存論概念。

　　表述存在之理解，界說各類事物的領域，確定研究特定存在者的概念方式，這些都是以科學的方式對存在者進行籌劃。我們把這一系列籌劃稱為專題化。存在者先於專題化總已這樣那樣地照面了，科學籌劃則在於使存在者不再直接處在操勞活動之中，使之與單純的揭示活動相對而立，成為客觀對象。專題化進行客觀化，從而使我們能從客觀上詢問和規定存在者。透過客觀化而寓於世內現成事物，這種存在方式具有獨特的當前化的性質。胡塞爾說所有知識都以直觀為鵠的，從時間性意義來看，他所說的就是：所有認識都當前化。不過，他用「當前化」這一術語標識感官的感知；至於各門科學尤其是哲學認識是否都以當前化為鵠的，這裡尚未論定。

　　科學揭示的當前化與尋視的當前有別：前者只期備對現成事物的揭示。

這樣一種期備的根源在於此在決心向科學眞理籌劃自己。科學眞理的追求構成了此在的一種生存規定性，科學活動發源於本眞的生存。不過，本書不及細究這一發源的詳情，而只希望指明：世內存在者的專題化以此在的基本建構即在世爲前提。

爲了使現成事物的專題化即自然的科學籌劃成爲可能，此在必須超越被專題化了的存在者。超越並不是客觀化；客觀化以超越爲前提。但若對現成事物的揭示源自尋視的揭示，那麼寓於上手事物的存在就也在此在的超越中有其基礎。此在的超越承擔著寓於世內存在者的存在，無論這種存在是理論的抑或是實踐的。而且，此在在寓於上手事物之際，一定有一個世界向此在展開了，而此在對此已有所理解。此在的存在整個地奠基在時間性之中，所以，必定是時間性使此在的在世並從而使此在的超越成爲可能。

c.世界之超越的時間性問題

我們已經顯示了時間性如何組建著此在各種基本在世樣式。依循此在在世的時間性意義，我們必定可以說明世界是怎樣奠基時間性之中的。

世界在存在論上如何是可能的？世界必須以何種方式存在，才能使此在作爲在世界之中的存在生存？世界之所以可能的生存論時間性條件在於時間性具有一片統一的視野。時間性的綻放包含有綻放的「何所向」。綻放的這一何所向我們稱之爲視野（Horizont）。此在藉以從將來來到自己的那一視野即是爲它自己之故；此在在現身中向它自己展開其被拋境況，曾在的視野就由被拋境況標明；爲它本身之故而生存在被拋境況中的此在寓於世內存在者而存在，而當前的視野就由此在的所寓得到規定。將來、曾在與當前這些視野的統一植根於時間性的綻放統一性。整體時間性的視野規定著此在本質上向何處展開。此在向之展開的這個何處，就是世界之爲世界。只要此在到時，也就有一個世界存在。此在生存著就是它的世界。

無論寓於上手事物而存在，抑或透過專題化客觀地揭示現成事物，都是在世界之中存在的方式，因此都已經把世界設爲前提。爲使世內存在者能夠從世界方面來照面，世界必定已經以綻放方式展開了。世界奠基在綻放的時

間性的統一視野之上，所以，世界是超越的。世界既非現成存在也非以上手方式存在，而是在時間性中到時。世界隨著諸綻放樣式的「出離自己」而在此。如果沒有此在生存，也就沒有世界在此。

時間性在到時之際回到向著此照面的世內存在者之上。世內存在者隨著生存固有的此得以揭示，這事由不得此在。唯有每次此在揭示什麼，以及如何揭示，才是此自由之事，雖然這些也仍在其被拋境況的限度之內。

實際此在以綻放方式在此的統一性中理解著自己與世界，它從這些視野回到在這些視野上照面的存在者。這一「回到」就是透過當前化讓存在者來照面的生存論意義。前來照面的存在者是世內的存在者，這就彷彿說，無論一個客體如何「在外」，世界都要「更在其外」。不能把超越理解爲主體超出自身來到客體，同時又把客體整體同世界混同起來。如果我們竟願意把植根於時間性的此在稱爲「主體」，那麼必須說：世界是「主觀的」。但這個「主觀的」世界作爲時間性的超越的世界比一切可能的客體更「客觀」。

我們把在世引回到時間性綻放的統一視野之上，雖然這並不曾充分回答世界的超越問題，但已經草描出超越問題由之浮現的主要結構，從而使一般在世從生存論、存在論上成爲可理解的了。

第七十節　此在式空間性的時間性

我們所探討的「時間性」，不能被理解爲「時空」這種說法中的「時間」。但空間性卻似乎也像時間性一樣構成了此在的一種相應的基本規定性，乃至日常說法常對偶地說到「時空」。然而，此在在世的建構在存在論上只有根據時間性才是可能的，所以，此在特有的空間性也就必定植根於時間性。當然，我們所要追問的是此在可能具有空間性的時間性條件，而不會打算從時間演繹出空間來，也無意把空間抹滅爲時間。以下的討論只是簡短的提示，只限於對今後討論空時「對偶」的存在論意義有必要的東西。

我們曾表明，此在從不作爲現成物體充滿一塊空間。此在具有空間性，只因爲它作爲操心存在，而操心的意義是實際沉淪著的生存活動。此在設置

空間、獲取空間，從它所設置、所獲取的空間回到它定好了的位置上。此在生存著向來就占得了一個活動空間。這和對空間有所認識有所表象完全不是一碼事。「空間表象」是以獲取空間爲前提的。

　　此在透過定向與去其遠使之近獲取空間。操勞在世總具有一定的方向，定向活動依循的是用具的因緣聯絡。只有在一個展開了的世界的視野上，此在才可能理解因緣聯絡。透過因緣聯絡，此在得以揭示出場所。然而，只有基於某種期備，才可能揭示出場所這樣的東西。此在以綻放方式有所居持地期備著可能的向那裡和到這裡。操勞活動從先行揭示了的場所去除上手事物之遠而使它回到切近處，把它擺到當前。可見，依一定的方向去其遠使之近的活動植根於有所居持有所期備的當前化，植根於時間性的統一綻放。

　　此在作爲時間性原本就綻放著，所以它能攜帶它所獲取的空間。從這種以綻放方式獲取的空間著眼，此在所處的「這裡」就不是一個空間點，而是操勞於用具器物的活動空間。而在沉淪於操作和經營之際，只有近在手邊的「這裡」是當前的。當前化把某種東西從那裡帶近到這裡，而在這種當前化中，「那裡」被遺忘了，於是，當此在基於這樣一種當前化對世內存在者進行觀察的時候，便發生出一種假象，彷彿最先出現的是一個現成物，而且是無所規定地處在一般空間之中。

　　我們表明了此在的空間性以時間性爲基礎，這一提法顯然有別於康德的時空概念。的確，在康德那裡，時間優先於空間；不過他的意思無非是說，要經驗在空間中的現成事物，必須透過在時間中一一相續的表象，於是「物理的東西」就間接地出現「在時間中」。

　　只有根據綻放視野的時間性，此在才可能闖入空間。恰恰是時間性的綻放能說明空間不依賴於時間。但它同時也說明此在爲何在某種意義上「依賴」於空間。此在廣泛地透過空間形象進行自身解釋，我們的語言充滿空間形象，這倒不在於空間具有最原始的權能，而在於時間性本質上沉淪於當前化。唯當上手事物在場，當前化才會與之相遇，所以它也總是遇到空間關係，於是此在就傾向於利用這些空間關係來進行理解和進行解釋。

第七十一節　此在日常狀態的時間性意義

我們在第一篇曾對此在存在建構作出了準備性的分析，而其目標是引向時間性的闡釋。在最初著手時，分析工作是從日常狀態著手的，但「日常狀態」在存在論上究竟意味的是什麼，卻一直不曾予以界說。現在，此在的存在意義已經表明爲時間性，「日常狀態」這個名稱的時間性含義似乎也就清楚了。雖說如此，我們卻還遠不曾廓清日常狀態的存在論概念，甚至前此進行的時間性闡釋是否足以界說日常狀態的生存論意義也還頗有疑問。

固然，日常狀態指的是此在日復一日處身於其中的生存方式，而「日復一日」顯然含有時間上的規定，然而，我們仍然不可把「日常」理解爲此在一生所有的日子的總和。這個詞指的是此在主要是怎樣生存的。我們常使用「首先與通常」這個用語，現在這個用語可以得到初步的解釋了。「首先」意味著此在在公眾中「公開地」存在的方式。但這不是說，日常狀態是此在擺出來給大家看的一個方面，即使此在獨處之時，它多半也還是以消解在常人之中的方式生存。「通常」意味著：此在常規地向人人顯現的方式。日常此在凡事習以爲常，即使煩累之事和非所期願之事，只要習以爲常，做起來也有幾分舒服。日常操勞始終期備的是明日之事，而這明日之事無非是昨日的永遠重複。此在可能木木然忍受日常狀態，也可能頗願沉浸在木木然之中，它還可能找些新奇消遣，似乎可以藉此逃避日常生活工作的木木然。此在甚至還可能在眼下積極地掌握日常生活，雖然往往不會比「眼下」更持久。

面對這種種日常生存的現象，我們的時間性闡釋夠充分嗎？它能夠把我們引向更廣闊的前景嗎？我們甚至還不曾提到，生存是在時間之中伸展的過程。而單調、習常、通常、「昨天是怎樣，今天和明天還是怎樣」，這些東西若不回溯到此在「在時間中的」伸展就捉不住。爲此我們必須從時間性的到時結構來看一看此在日常是怎樣演歷的，看一看此在的歷史性說的究竟是什麼。

第五章

時間性與歷史性

第七十二節　歷史問題的生存論存在論解說

　　生存論分析工作的一切努力都在於一個目標：找到回答一般存在意義問題的可能性。這就要求界說可藉以通達存在的現象，即界說存在之理解。存在之理解屬於此在。雖然此在的很多結構分別看來尚晦暗不明，然而，既經表明了時間性是操心的原始條件，我們看來已達到了對此在的原始闡釋。我們就此在對它自身的本眞籌劃來理解此在，從而提出了時間性，那麼，我們竟還能把此在理解得更原始些嗎？

　　雖然我們前此一直看不出生存論分析有更爲根本的入手點，但回顧對日常狀態的存在論意義的討論，還是能醒悟到一重困難。從形式上來看，死只是此在的終結，此在還有另一端即出生。這個生死之間的存在者才是我們所尋求的整體。所以，儘管我們用天然的方式闡釋本眞的和非本眞的向死存在，這一闡釋仍有片面之處：此在只是向前生存而把曾在留在後面。有待闡釋的還有此在向開端的存在，尤其還有生死之間的途程或生活本身的有機連繫。然而問題在於：是生死之間的連繫奠定了此在的時間性，抑或恰恰是業經清理出來的時間性才提供出追問這一連繫的明確方向？在前面的探索中，我們學會了不要輕易把各種問題接受下來，而單說這一點已經是一種收益了。

　　描述生死之間的生命連繫，這事不是很簡單嗎？這一連繫由一一相繼的

體驗組成。體驗在時間中在一一相續，在各個現在中的現成體驗是現實的，過去的以及還待來臨的體驗不再現實或還不現實。人從一個現在跳到下一個現在，在不斷流遷跳躍的體驗中始終保持自身的自一性。如何規定始終持存自一的東西？變動不居的體驗怎樣連繫在一起？在這裡意見開始發生分歧。不過，在這樣描述生命連繫的時候，人們反正設置了一個現成擺在時間中的東西，哪怕人們強調這是個非物性的東西。

這種流俗的此在解釋在自己的限度內雖亦有理，但它不僅不可能指導對此在生死之間的旅程進行本然的存在論分析，而且根本就不可能把這一分析作為問題確定下來。實際上，把此在設為一種在時間中現成的東西的這一悄不作聲的開端使得從存在論上來描述生死之間的每一嘗試都碰了壁。此在並非作為種種相繼來臨而後逝去的片斷現實的總和生存。也並非相繼來臨者逐漸充滿一個框架。既然這個框架的兩條界線即出生和死亡都缺乏現實性，那麼這個框架又怎會現成呢？即使說到框架，它也不是在此在之外圍住此在的框架；我們必須在此在本身之中尋找這一框架。

出生從不是不再現成的過去之事，死也不是還不現成的將來。此在以出生的方式向死存在，這兩個「終端」及它們的「之間」始終隨此在的生存存在著。出生與死亡以此在方式連繫著。作為操心，此在就是「之間」。生存的伸展不是現成事物的運動，此在自己就伸展著，從而組建起自己的旅程。我們把生存的伸展稱為此在的演歷（Geschehen）。此在的歷史性必須從此在的演歷結構及其時間性上的條件來加以闡釋。

透過對此在歷史性的闡釋，我們的探索將回到此在為誰的問題上來，追問此在怎樣保持其自身的持續。此在的存在論結構集中在獨立自主的生存之中。因為「自身」既不能被理解為實體也不能被理解為主體而是奠基在生存中的，所以我們把非本真的自身的分析即常人的分析完全放在準備性的此在分析之中。現在，我們已把自身性明確地收歸操心的結構，因此也就是收歸時間性的結構。於是，從時間性上對獨立性與不獨立性進行闡釋就變得很重要了。自身的持續是此在的一種存在方式並因而植根於時間性特有的一種到時樣式。對演歷的分析將引向對到時之為到時的專題探索。

歷史性問題既然引回這些源頭，那麼，我們也就能據此確定歷史性問題的處所了，這個處所在歷史科學本身之中是找不到的。誠然，西美爾和李凱爾特已經推進到歷史科學的基本理論，前者力圖從認識論上澄清歷史理解的方式，後者則要表達出歷史的概念構造的邏輯，而且他們都要求從研究對象本身方面來制定方向，然而，即使這樣提出問題，他們在原則上仍把歷史只是作為一門科學的對象來研究的，從而無可挽回地把歷史的基本現象放到一邊去了。要對歷史性展開討論，自然應當從原本就具有歷史性的東西出發。歷史的基本現象先於歷史學的專題研究，是這種專題研究的基礎。歷史如何能夠成為歷史學的對象，這只有從歷史事物的存在方式、從歷史性以及從歷史性植根於其中的時間性才能得到回答。所以，我們只有透過現象學構造的道路才能夠澄清此在的歷史性。流俗的歷史解釋既為歷史性的生存論建構提供了特定的支點，也同時有所遮蔽，因此，我們必須由前此贏得的諸生存論結構加以指引，從起遮蔽作用的流俗理解那裡爭得歷史性的生存論存在論建構。

於是，我們將首先檢查一下人們一般都把哪些稱作歷史，以此作為我們解說歷史性問題的出發點。我們的進一步的任務是清理出歷史性的生存論構造，前此對此在本真的能整體存在的時間性闡釋將為這一任務提供指導線索。歷史性植根於操心，與此相應，此在向來或本真或非本真地就具有歷史性。

此在的演歷本質上包含自我解釋。從此在本身的存在方式中生長出明確把握歷史的可能性，歷史的專題研究在存在論上源出於此在的歷史性，生存論闡釋將為歷史學標出一些基本界限。當然，在這些界限之內，歷史科學的具體理論自可以具有其提問方式上的偶然性。

我們的歷史性分析以狄爾泰的諸種研究為前導。把狄爾泰的研究成果據為己有，是當今這代人面臨的任務。本章的工作可以說只在於促進這一任務的完成。

此在歷史性的分析想要顯示的是：這一存在者並非因為處在歷史中而具有時間性，相反，只因為它在其存在的根據處是時間性的，所以它才能夠歷

史性地生存。雖說如此，此在的時間性也包含「在時間中存在」這層含義，而且此在把隨著它一道演歷的事物也經驗爲「在時間中」演歷的。所以，對「在時間中的存在」的分析似乎應該放在討論歷史性與時間性之間的連繫之前。本來，時間或時間內狀態也是從此在的時間性中「生長」出來的，就此而言，歷史性與時間內狀態同樣原始。從而，對歷史的時間性質的流俗解釋在自己的限度內也不無道理。然而，這種流俗解釋並非不言而喻或唯一可能；而要消除這種誤解，就應得首先純粹地從此在的原始時間性中「演繹」出歷史性來。所以，我們還是先講解此在的歷史性而把「在時間中的存在」的分析推遲到下一章。

以上這些粗淺的講解應當已經提示出了歷史性問題的難度。愈把歷史性引向其根本之處，可資利用的範疇就愈加貧乏，視野就愈加游移不定。本章對歷史性的考察必然是有限度的，大致以提出歷史性問題的存在論處所爲滿足。

第七十三節　流俗的歷史理解與此在的演歷

流俗的此在解釋所用「歷史」這個詞有多重含義。首先，「歷史」既指歷史現實也指歷史科學。這一歧義人所周知安之若素，但這並不說明這一歧義無傷大雅。我們下面的討論都用「歷史學」而不用「歷史」一詞來稱歷史學。

「歷史」這個詞有時卻又不指歷史學的對象，而指不曾對象化的歷史這個存在者本身。在這種含義下，一個突出的例子是把歷史理解爲過去之事，例如：人們常說：「這事已成歷史」。在這裡，過去等於說不再現成，或雖還現成卻對當前已無效用。當然，過去之事仍可能有後效，例如：我們也說人們不能脫離歷史，但即使這樣說，歷史之爲過去之事總是就其對當前的有效無效來理解的。我們還應當注意「過去」在這裡明顯有雙重含義：過去之事無可挽回地附屬於較早的時間，然而它也能現成存在，例如：某一段往事隨著希臘殿宇的遺蹟來到當前。

　　這時，歷史又可以主要不是意指過去，而指來自過去。有歷史的東西在某種變易過程中時興時衰。這種有歷史的東西同時也能造就歷史，並透過造就歷史而在當前規定將來。於是歷史又意味著貫穿過去、現在與將來的連繫，過去在這裡並不具有優先地位。

　　歷史還意味著在時間中演變的存在者整體。不過這時人們往往強調的是人及其文化在時間中的演變，以與自然在時間中的運動相區別。這裡著重的不是演歷這一存在方式，而是存在者的一個領域：精神和文化的領域。當然，在這種歷史理解中，自然仍以某種方式屬於歷史。最後，我們也常說流傳下來的事物是「歷史的」，即使這時我們不曾以歷史眼光來認識它而任其淵源掩藏不露。

　　我們可以把上述幾種含義概括起來：歷史是此在特有的在時間中的演歷；其中又格外強調：在共處中過去了的卻又流傳下來繼續起作用的演歷。

　　這幾種含義透過人連繫起來。那麼，歷史以何種方式屬於此在？此在先已現成存在而後才纏進一種歷史嗎？抑或此在的存在原本就由歷史參與構成？也許，只因為此在原就是歷史的，所以才談得上環境、事件與天命？既然我們必須從時間性來理解歷史，那麼，要回答這些問題，近便之方就是從歷史事物的顯而易見的時間性質著手。凡說到此在的演歷，我們總是把過去突出出來，這是為什麼呢？我們的描述就從過去在歷史概念中的顯著地位著手。

　　一件古董屬於過去，但它當前還現成存在。它怎麼就成了歷史的東西呢？也許它身上還留著某種過去的東西吧？是它記錄了變化嗎？它在時間的進程中朽脆蛀蝕了。但那使這件古董成為歷史事物的過去性質並不在這些記錄中。那麼是什麼過去曾存在而現在不再存在？它可以仍是一件用具，但沒人還使用它。然而，一座手搖紡車即使如今還有人使用，它就不是歷史的嗎？無論還有沒有人使用，它反正不再是它曾是的東西了。什麼過去了？無非是那個它曾在其內來照面的世界。它曾在那個世界內屬於某一用具聯絡，在這一聯絡中向此在照面。那世界不再存在。因此，現在還現成存在的用具器物卻能夠屬於一個過去的世界。然而，世界不再存在，這意味著什麼？

世界以此在的方式存在。然而，此在不可能作爲現成的存在者是過去的，這倒不是因爲它不流逝，而是因爲它本質上就不可能是現成的。不再生存的此在不是過去了，而是曾在此。仍還現成的古董具有過去性質和歷史性質，是由於它出自曾在此的此在的曾在世界。曾在此的此在才是原本具有歷史性的東西，但此在由於不再在此才成爲歷史的嗎？我們曾表明，曾在是時間性統一綻放的組建因素。那麼，此在豈非只要生存著就是歷史的？但這樣一來，謎團就變得更迷離了：既然曾在與當前及將來同樣原始地到時，爲什麼主要地規定歷史事物的偏偏是過去，或更恰當地說，偏偏是曾在？

首要地具有歷史性的是此在，世內事物則是次級具有歷史性的——不僅包括最廣泛意義的用具器物，而且包括作爲「歷史土壤」的自然。它們由於屬於世界而具有歷史性，所以，我們稱這些爲世界歷史事物。流俗的世界歷史概念恰恰依循這種次級的歷史事物制定方向。

上述分析不僅引回到此在這一首要的歷史存在者，也使我們從根本上懷疑是否必須沿著現成事物在時間之中的存在這一方向來理解此在的時間性質。並非離得愈遠就愈具有歷史性，最古的就最具有歷史性。離開今天的時間距離對本眞的歷史性並不具有首要的意義，因爲此在以時間性同樣原始地到時的方式生存，從而，歷史性不是以「在時間之中」的先後位置來衡量的。

人們會說：誰都不否認歸根到底人的此在是歷史的首要主體；人是歷史的，這固然是說人是環境與事件的玩物，同時卻也說明在紛紜變幻的世界歷史中，我們關心的畢竟是人的命運。然而，歷史性的生存論闡釋遠不止於這種關心，我們的問題在於：歷史性在何種根本意義上組建起歷史主體的主觀性？

第七十四節　歷史性的基本建構

歷史性首先屬於此在，此在的存在是操心，操心植根於時間性。從而我們必須在時間性中尋找把生存規定爲歷史生存的線索，而對歷史性的闡釋

歸根到底是對時間性的更具體的研究。我們曾首先從先行的決心展示出時間性，那麼，此在的本真演歷在何種程度上寄於先行的決心呢？

　　下了決心的此在以先行到死的方式投入處境。此在實際上決定向哪裡生存，這不是生存論分析所能討論的。我們須得追問的是：此在一般地能從何處汲取它向之籌劃自己的可能性？此在向死籌劃自己，這保障了決心的完整性。生存的實際展開的諸可能性卻不能從死中取得。這尤其是因為先行於可能性不意味玄思可能性，而恰恰意味著回到實際的「此」上面來。此在被拋入它的此，但把自己的被拋境況承擔起來就會開展出一條由之奪取種種實際可能性的視野來嗎？而且，我們在第五十八節曾說過，此在從不回到它的被拋境況後面。我們在急求斷定此在是否從被拋境況中汲取其本真的生存可能性之前，必須先保證自己獲得了操心這一基本規定性的完整概念。

　　此在首先失落在常人中，從流傳下來的公眾意見來理解自己的可能性。下決心生存的此在不是要從傳統脫身，而是下決心回到被拋境況，把流傳下來的可能性承擔下來。本真理解出自流傳下來的解釋，同時反抗這些解釋，有所選擇地掌握流傳下來的可能性。

　　被拋的決心承受遺業，從遺業中開展出本真生存的種種實際可能性。一切優秀的東西──「優秀」就在於能造就本真的生存──都來自遺產。所以，本真生存向來就包含遺產的傳承。此在愈本真地作決定，愈加從其最本己最獨特的生存出發理解自身，它對遺產的選擇就愈簡明確定。日常此在只圖近便，隨便抓到什麼流傳下來的東西，當作自己的可能性；或者避重就輕，以保持傳統為名而無所開創。可以在傳統中找到的偶然的可能性形形色色、無終無窮，先行到死的此在卻在自身的有終生存中理解自己的目標，從而把自身從這形形色色無終無窮扯回來，透過對本己生存的掌握而把自身帶入命運的單純境界之中。我們用命運（Schicksal）來標識此在在本真決心中的原始演歷，命運使然的此在自由地在遺業中開創出本己的生存，在這樣的可能性中把自己傳承給自己。

　　此在能夠被命運的打擊擊中，這只因為此在在其存在的根基處就是命運。命運使然地開展自身的此在才會向著幸運的環境和殘酷的事故生存，環

境與事故的糾合卻產生不出命運。環境與事故也圍繞著沒有決心的人，而且更甚於圍繞已作出選擇的人，然而沒有決心的人卻不可能有任何命運。

此在先行到死而讓死變得強有力，同時，此在自由面對死而獲得有終限的自由。唯選擇了去作選擇，這種有終限的自由才「存在」。而此在就在有終限的自由所固有的超強力量中理解自己，把無依無靠地委棄於自身這一境況的無力承擔過來，對展開了的處境的種種事故一目了然。命運就是向本己的罪責籌劃自身的超強力量，是承擔本己的無力處境的超強力量。

然而，此在委棄於自身卻不是委棄於一個與他人絕緣的主體，此在始終與他人共同在世，此在的演歷始終是共同演歷。我們用天命（Geschick）來標識共同體的演歷、民族的演歷。正如共在不能被理解為許多主體的集合，天命也不是由諸多個別命運湊合而成。相反，唯決心在共同世界中為某種共同事業生存，此在才有自己的命運，所以，個別此在的命運恰恰受到天命的引導。透過真誠的交往交流，透過同心勠力的奮鬥，天命的力量解放出來。此在與它的同代人共同具有的天命構成了此在的完整的本真演歷。

只有本質上是將來的存在者能夠自由地面對死，以撞碎在死上的方式反拋回其實際的在此。將來的存在者同樣原始地曾在，只有先行到將來的存在者能夠在把流傳下來的可能性承擔下來並為它當下的時代生存。本真的時間性才使命運亦即使本真的歷史性成為可能。

命運使然的此在不一定非得明確了解它向之籌劃的可能性的淵源。然而，此在也可以明確地根據某種傳承下來的此在之理解籌劃自身的能在，這種籌劃就是某種生存可能性的重演。這種明確的傳承回到曾在此的此在的可能性中，選擇自己的英雄榜樣。只有根據於先行的決心才能夠本真地重演一種曾在的生存，因為此在首先須決心選擇為忠實於可重演之事奮鬥。重演卻不是要讓過去之事重返現實，更不是要讓當前時代屈從傳統，重演毋寧是當下時代對曾在此的可能性的應答。這種應答保持可能事物的可能性質，從而為當下時代開啟新的生存。所以，本真的重演恰恰反對把過去之事作為現成事物強加到當今時代之上。重演既不恪守過去之事，也不以進步為鵠的，守舊和進步對於當下的本真生存都無關宏旨。

所以，從此在的原始的時間性著眼，歷史的重心既不在過去之事中，也不在今天與過去的連繫中，而是在生存的本真演歷中。本真的演歷源自此在的將來。歷史深深扎根在將來中。有終的時間性是歷史性的隱藏的根據，乃至本真的向死存在把此在從死的可能性強有力地反拋回它必須承擔下來的實際生存，從而使得曾在在歷史中獲得了優先地位。此在並非透過重演才具有歷史性；有時間性的此在本來就有歷史性，所以它才能透過重演把本己的歷史性向自己公開出來。

我們從決心出發說明了本真的歷史性。然而，我們是否也能透過決心現象說明此在從生到死的整體連繫呢？本真演歷的連繫會不會是由許多緊密無隙一一相續的決心組成的？我們若這樣追問，也許太過匆忙，只為謀求答案，而不曾先檢驗一下問題是否正當。我們探索到這裡，已經十分清楚：此在的存在論一再受到流俗的存在理解的誘惑。從方法上說，無論追問此在整體連繫的問題多麼不言而喻，我們仍要追查這一問題的源頭，確定這一問題是在何種存在論視野上提出來的。如果歷史性屬於此在的存在，那麼非本真的存在也不能不具有歷史性。也許恰恰首先是非本真的歷史性規定著追究生命連繫的方向。這就要求我們對非本真的歷史性作一番考察。這番考察也將使我們對歷史的存在論探索更為充分完整。

第七十五節　此在的歷史性與世界歷史

此在首先與通常從它所操勞的東西來理解自己。理解並不是伴隨著行為的一種認知，而是向在世的可能性籌劃自己。理解在這個意義上同樣組建著常人的非本真生存。向日常共處照面的不僅有用具器物，還有隨之一道照面的事業、經營、事故。「世界」同時也是日常行動與日常遊歷的舞臺。人們在某些活動中共浮共泛，並從這些活動的進程和變化著眼來計算各個此在的進步、停滯、轉變和產出，於是，我們首先就從所操勞之事與所體驗之事來規定生命的連繫。為什麼不呢？用具器物不也一道屬於歷史嗎？難道演歷只是主體之中與世隔絕的體驗流嗎？若說歷史既非客體的變遷也非主體的體驗

接續，那麼，歷史應該是主客體的鍊子吧？然而，鍊子本身不也不斷演歷著嗎？

此在並非作為無世界的主體具有歷史性，歷史是在世的演歷，此在的歷史性本質上就是世界的歷史性。上手事物與現成事物也向來隨著世界的歷史性被納入世界的歷史。書籍有其命運，建築有其歷史，就連自然也是有歷史的，但這話偏偏不是在「自然史」的意思上說的。自然作為墾殖區、作為戰場而有歷史。這些存在者不是「心靈歷史」的外部配件，它們本身就具有歷史。我們把這種存在者稱為世界歷史事物。「世界歷史」這個詞一方面就世界與此在的統一來稱謂世界的演歷，另一方面就世內存在者隨世界得到揭示來稱謂世內存在者的演歷。有歷史的世界只作為世內存在者的世界才實際存在。

然而，是什麼東西隨著用具器物的變化而演歷，至今還晦暗不明。一個戒指代代相傳，這當然不只在於它的處所發生了變化，我們也不可能從處所變化把握到是什麼在隨著處所的變化而演歷著。一切世界歷史演變都是這樣，就連自然演變在某種意義上也是這樣。不過，我們在這裡不可能深入研究世界歷史事物的演歷，而只能解說演歷的一般存在論結構。這一結構必須在此在的歷史性中尋找。然而，說到此在的歷史性，我們就必然要連帶把所討論的現象範圍確定下來，從而就必然牽涉到世界歷史事物。

反過來，日常此在沉淪於所操勞之事，所以它首先從世界歷史來理解自己的歷史。再則，流俗的存在理解習於把存在理解為現成存在，所以世界歷史事物又被經驗和解釋為現成事物的來臨、在場和消失。最後，一般存在的意義乾脆就被當作不言而喻，人們反倒把追問世界歷史事物的存在方式以及一般演歷的結構看作繁文贅論。

此在日常心無所決，只是「策略地」期待有利的機會和環境，以為這些就是命運。此在被它的種種經營推轉，從這些經營的得失盈虧計算出自己的歷史。常人渙散在每日繁複多樣的經歷之中而不能保持持續自立的自身，若要來到它自身，才不得不從渙散無根的種種經歷中找出一種連繫來攏集自己。所以，在非本真歷史性的理解中，出生和死亡之間還有待建立連繫，而

這種連繫本身又必然被理解為主體的現成體驗。我們先曾奇怪為什麼本真的歷史性竟不能為追問生命連繫的問題提供現象上的基地，現在我們明白，這一問題的通常提法本來就不適合於原始闡釋此在整體演歷的工作。問題不在於此在怎樣事後把逐一出現的體驗連繫起來，而在於此在在何種存在方式中迷失得如此之甚，乃至於竟彷彿不得不在事後才發明出一種包羅無遺的統一，以便從渙散中攏集自己。

　　與這種迷失於世界歷史事物的歷史性相反，本真的歷史性始終自立於自身的延展，所以無須乎再外加什麼連繫。命運使然的此在先行到死而把自己的曾在直接帶到當下的世界歷史事物所構成的處境之中。在時間性的這種綻放方式之中，此在趕到它的不可逾越的可能性面前，趕在一切實際的可能性之前，從而把出生連同由此開展出來的一切可能性收進生存。本真生存自身就是先行把生與死及其「之間」合在一起的連繫。

　　領先於自己的生存已先行收取了一切由它發源的當前，所以，決心意味著持續地自立於自身，意味著對本真自身的忠誠。基於這種忠誠，此在在無所幻想地重演諸種曾在的可能性之際，始終保持對自由生存的唯一權威的敬畏。處境可能要求此在放棄某種決定，決心作為命運就是這種放棄的自由——持立於自身的生存並不因此中斷，倒恰恰當下即是地延展著。本真自身的延展並非由相互契合的各個當前合成，各個當前倒立其基礎於從將來重演曾在的時間性，而這一時間性本身就延展著。

　　相反，在非本真的歷史性中，命運的原始延展隱而不露。常人一面期待著切近的新東西，一面已經忘卻了舊的。本真生存把歷史理解為可能之事的重返，而且知道只有把當下向可能性敞開，曾在的可能性才會重返。常人卻閃避死亡，不能先行從將來重演曾在之事，而一味拘泥於當前，從「今天」理解「過去」。於是，曾在的世界並不為當今時代提供新的能在，而成為世界歷史餘留下來的一些殘渣碎屑，過去曾現實的事物變成了沒有生機的遺物，傳統變成了負擔，而常人就背負傳統的負擔去尋求無根的摩登事物。

　　此在歷史性的生存論闡釋之上仍然籠罩著層層暗霧，儘管如此，我們到這裡已可以大膽嘗試從此在的歷史性討論一下歷史科學的存在論原則了。

第七十六節 歷史學的源頭

像一切科學一樣，歷史學作爲此在的一種存在方式時時依賴於占統治地位的世界觀，要表明這一點，我們就得追問歷史學的生存論源頭。這一追問也有助於進一步廓清此在的歷史性及其植根於時間性的情況。

此在原則上具有歷史性，所以，每一門科學都關涉到此在的演歷。不過，歷史學還在更突出的意義上把歷史性設爲前提。我們首先會想到，這是因爲此在的歷史本來就是歷史學研究的對象。不過，我們說歷史學從生存論上發源於此在的歷史性，還有更深一層的意思：無論我們是否實際上建立起了歷史學，歷史學的存在論結構都是由此在的歷史性發源的。這一點在方法上的意義是：歷史學的基本概念要從此在本源的歷史性來籌劃，而不能從現有的歷史科學中抽象出來，因爲人們並不能保證歷史學的實際做法源自這門科學的本眞可能性，而且即使它實際上是這樣來源的，也只有從此在本源的歷史性才能表明這一點。歷史學的生存論概念既無須透過歷史學家的實際做法與它一致來證明，也不可能由於兩者不一致而被證僞。從生存論上來看，此在先於科學已然熟知某些東西。一門科學劃定存在者的某一特定領域，依循特定的方向，獲取專題理解。通向特定存在者的通道，解釋這類存在者的特定概念方式，這些都是由此在對世界的熟悉引導的。如果我們先不談「當代歷史」是否可能而只談過去，那麼，過去必須先已展開了，歷史學才可能對它進行專題研究。然而，通往過去的道路是否敞開以及怎樣能夠敞開，並非一清二楚。

此在能夠專題研究過去，只因爲它天然具有歷史性，只因爲在時間性的統一到時之中它的曾在是敞開的。從而我們也可以確定，歷史學的專題研究對象必具有曾在此的此在的存在方式。隨著此在的實際在世，世界歷史也總一道存在。若實際此在不再在此，則世界也不曾在此。下面這種情況與這一點並不相悖──從前的世內事物照樣可以不曾過去，現在仍可以從歷史學角度來研究這些不曾過去的事物。

　　仍然現成存在著的遺物和報導，都可能成爲歷史學的材料。具體開展曾在此的此在卻並非透過對材料的蒐集整理才回溯到過去，相反，這些活動已經把歷史學家向著曾在世界的存在設爲前提了。歷史學家一向著眼於歷史材料的世界性質來了解它們，確定哪些是可以接受的，哪些是不可以接受的。反過來，他們又透過對世界歷史材料的闡釋明確規定已經得到理解的曾在世界。生存的歷史性奠定了歷史科學的基礎，甚至奠定了常規的操作式研究的基礎。

　　既然生存的歷史性奠定了歷史學的基礎，我們就必須由此來規定歷史學的眞正對象。歷史學的眞正課題與本眞歷史性的重演相適應，歷史學以專題方式向此在的本己可能性籌劃曾在此的此在。然而，歷史學的眞正對象竟是可能之事嗎？難道歷史學不恰恰是關於歷史事實的科學嗎？是的；只不過此在式的事實就是生存，就是向某種選擇出來的能在籌劃自己。事實上曾在此的恰恰就是生存的可能性——此在的天命和世界歷史曾在這些可能性中規定自己。

　　另一方面，曾在此的生存也是被抛的生存，所以，歷史學愈是具體而微地深入曾在此的事實，它就將愈加眞切地開展可能之事的靜默的力量。正因爲歷史學從可能性來理解歷史事實，所以它能夠在一次性的歷史事實中公開出普遍性。人們問：歷史學的任務是陳列一次性的事件抑或是從這些事件裡找出普遍規律？這個問法從根上起就失誤了。歷史學的課題既不是僅只羅列演歷一次之事也非尋找飄遊於其上的普遍性，而是實際生存曾在的可能性。這種可能性若被倒錯成一種超時間的蒼白模式，那麼就沒有作爲可能性得到重演，亦即沒有本眞地從歷史學上得到理解。只有實際而本眞的歷史性能夠作爲命運開展出曾在此的歷史，而使得可能之事的力量在重演中擊入實際生存，在生存的將來中實際生成。從而，歷史學並不是從今天的現實出發倒過來向過去摸索，歷史學的開展從將來到時。歷史學源於此在的歷史性，而此在的歷史方式的生存已經安排好了什麼會是歷史學的可能對象。這一點並不使得歷史學成爲主觀的，相反，只有這樣，歷史學的客觀性才得到保障。因爲一門科學的客觀性首先在於它能不能把課題所及的存在者的原始存在帶向

理解，知性要求的那種「普遍有效性」在歷史學中或在任何科學中都不是眞理的更高標準。

歷史學研究曾在此的生存的可能性，而曾在此的生存始終以世界歷史的方式生存，所以，歷史學才可能要求自己堅決依循事實制定方向。與不同方面的事實相應，實際研究有多重分支，如用具史、文化史、觀念史等等。曾在此的生存也向來存在在對歷史的某種解釋之中，這種解釋又有它自己的歷史，所以歷史學通常只有透過承傳下來的歷史學才能逼近曾在此者。這些都可以是具體的歷史學研究的本眞課題。一個歷史學家可以直接從某個時代的世界觀入手，但這不能保證他本眞地從歷史上而非僅僅從「美學上」理解他的對象，另一方面，一個修訂資料的歷史學家的工作卻可能是由一種本眞歷史性規定的。同樣，一個時代的歷史學的主導興趣轉向最僻遠最原始的文化，也不證明這個時代具有本眞的歷史性，其實，歷史主義的興起倒表明歷史學正致力使此在異化於其本眞的歷史性。本眞的歷史性不一定需要歷史學，無歷史學的時代並不就是無歷史的。

歷史學可能對生命有利，也可能有害。這是因爲生命在其實際生存中已經決定它具有本眞的歷史性還是非本眞的歷史性。關於「歷史學對生命的用處與弊害」，尼采在其《不合時宜的考察》的第二部已經入木三分地提出了本質的東西。尼采區分了三種歷史學：紀念碑式的、尙古的與批判的歷史學。這種劃分不是偶然的。尼采不曾明確展示這三種方式的必然性及其統一的根據，不過，從《考察》的開端處就可推知他理解的比他昭示出來的更多。其實，此在的歷史性已經能使我們理解到本眞的歷史學必然是這三種可能性的具體統一。

此在在其諸綻放方式的統一中到時。作爲將來的此在把選擇出的可能性開展出來，這就是以重演的方式向人類生存的諸種紀念碑式的可能性敞開，從這種歷史性發源的歷史學是紀念碑式的。在重演可能事物之際，此在懷著敬意保存曾在此的生存，所以，本眞的紀念碑式的歷史學又是尙古的。此在在將來與曾在中作爲當前到時，但本眞地開展今天卻意味著忍痛從眼下的公眾解釋中掙脫出來，所以，本眞的紀念碑式的尙古的歷史學必然是對當前時

代的批判。本眞的歷史性是這三種歷史學可能統一的基礎，而時間性則又是本眞歷史學的基礎。

要具體闡釋歷史學的生存論源頭，必須分析這門科學的專題化進程。歷史學專題化的要點在於形成適當的解釋學循環：歷史學的眞理要從以歷史方式生存的此在的眞理中汲取，但歷史科學的基本概念就是生存概念，所以諸人文科學的理論都把對此在歷史性的專題生存論闡釋當作前提。這一闡釋始終是狄爾泰的研究工作的目標，而約克伯爵則更鮮明地照明了這一目標。

第七十七節　約克伯爵與狄爾泰的討論

上面對歷史問題所作的分析是從狄爾泰的工作中生長出來的。人們一般認爲狄爾泰是精神史特別是文獻史的細心的解釋者，同時他還致力區分人文科學與自然科學，賦予人文科學的歷史以及心理學的歷史以突出地位，據此提出了「生命哲學」。這幅描畫掩蔽的更多於揭示的。

狄爾泰的研究工作從形式上可以分爲三個領域：科學理論——人文科學與自然科學的區劃；科學史；解釋學的心理學——「人這一整體事實」的研究。這三方面的研究始終互相滲透，表面上的斷裂和試驗性質則其實是一種基本的不安，其目標在於把生命帶向哲學理解，並從「生命本身」出發爲這種理解保障解釋學基礎。狄爾泰的中心是「心理學」，而他的心理學是要透過生命歷史的發展與作用把生命同時理解爲人的存在方式、人文科學的對象與基礎。解釋學是這一理解的自身澄清。它也是歷史學的方法論，不過這時它取的是一種衍生出來的形式。

他那個時代的討論通常把人文科學基礎的研究納入科學理論的範圍，所以狄爾泰公開出版的論著往往具有這種取向也是理所當然的。不過我們必須了解，「人文科學的邏輯」不是其學說的中心，他的「心理學」並不僅僅是關於心理事物的實證科學。

狄爾泰的根本哲學取向，約克伯爵看得最爲清楚，他在寫給狄爾泰的一封信中說道：「我們共同的興趣在於理解歷史性」，這話眞是一語中的。我

們若要把狄爾泰的種種研究工作變為己有，就必須從這根本處入手。在這兩位朋友的通信中，約克提出了自己的基本觀念，這些基本觀念藉狄爾泰的研究獲得生命，同時又推進了狄爾泰的研究工作。下面引用的一些段落可以表明約克如何從狄爾泰的歷史性這一根本處提出了自己的一些中心觀念。

在一封信中，約克談到狄爾泰的論文《描述心理學與解析心理學的一些觀念》，他對狄爾泰說：「（我們所要求的）認識論必須為科學方法作出充分說明，它必須為方法學說奠定根據，而不是像現在這樣──我不得不大膽說──方法倒是從各個領域中取出來的」。從另外一些文句也可以看到，約克是在要求一種走在科學前面並領導科學的邏輯，就像柏拉圖和亞里斯多德的邏輯那樣。

約克的要求包括一項任務：正面地明確地劃分自然的存在者和具有歷史性的存在者並為它們制訂出不同的範疇結構。研究物理事物的方式是直觀的，總依附於形態。相反，狄爾泰的類型概念是完完全全內在的概念，「您的歷史概念是一種力量糾結的概念，是種種力量統一體的概念」。

約克清楚地洞見到歷史的基本性質是可能性，而他是透過人的存在性質獲得這種洞見的；也就是說，他恰恰不是從物理理論出發，而是在歷史考察的對象那裡獲得這種洞見的。在這裡，對自身的思考並不指向一個抽象的我而是指向我自身的全幅，這種思考發現我是從歷史學上規定的，正如物理學認識到我是從宇宙論上規定的。我是歷史的，一如我是自然的。

所以，他所說的歷史方法其實就是哲學方法。一種從歷史中抽離出來的哲學體系在方法論上是不充分的。約克不承認系統哲學與歷史表現的兩分法：「因為從事哲學就是去生活……所以，不再有任何現實的哲學活動竟會不是歷史的。」約克把哲學看作一種活動，一種實踐：「我們的立場的實踐目標是教育學上的實踐目標──就教育這個詞最廣最深的意義來說。它是一切真哲學的靈魂，是柏拉圖與亞里斯多德的真理。」然而人們現在似乎只把技術活動看作實踐而完全忽視了作為教化的實踐，「但數學的實踐卻不是唯一的實踐」。

約克進一步指出了歷史方法或哲學方法的困難之處。直觀的、機械的

思維方式「比較容易找到表達的語彙，這一點可以從大量詞彙來自視覺現象
得到解釋……反過來，深入到生機根底處的東西則脫開了公開流傳的表現形
式，從而一切語彙都不是通常所能理解的，而是象徵性的。」這一點也解釋
了為什麼約克偏愛悖論，「悖論是真理的一項標誌，在真理中斷然沒有公
論，那只是進行一般化的一知半解的沉積」。

　　約克看到，近代的認識方式已經一步步陷入對物理事物或「視覺上的事
物」的形式認識，乃至人不再能看到自己的真實生命，於是，近代人已走到
絕境，「文藝復興以來的人已行將入墓」。約克強烈要求從視覺的、形式的
科學轉回歷史的、生命的科學。但他所說的不是那時興起的歷史主義，在約
克看來，「歷史主義」是個欺人的名稱，因為它其實是把自然科學的機械方
法應用於歷史學而已。這樣的歷史學家「在骨子裡是些自然科學家；而且因
為缺乏實驗，他們更變成了懷疑論者。我們得遠避所有那些無用的材料，例
如：關於柏拉圖曾多少次到過大希臘或敘拉古之類。那裡沒什麼有生命的東
西。我現在已用批判的眼光透視了這種外在的姿態，它最終歸結為一個大問
號，而在荷馬、柏拉圖、新約的偉大實在面前黯然失色。一切實際上實在的
東西，如果被當作物自身來考察，如果離開了體驗，就都會變成幻象」。

　　可見，約克所設想的「生命哲學」絕不是「僅僅塗上一層生命的歷史
學」。他批評文德爾班把歷史看作一系列圖像和個別的形態，「這是一種美
學要求。對於自然科學家來說，除了科學以外，只有一種美學享受，作為一
種人生的鎮靜劑」。相反，「一切真有生命的歷史學則是批判」，因為「歷
史知識中最好的一部分是隱蔽的關於資料來源的知識」。

　　約克把具體研究物理的東西與歷史學上的東西之間的發生學區別明確規
定為「生命哲學」的基礎目標。然而，要找到區別何在，我們就不得不把物
理存在者與歷史學上的存在者一道帶入一種更原始的統一之中。這就要求我
們先從基礎存在論上澄清一般存在的意義，可依之追問有歷史性的存在者具
有何種存在建構。可見，我們的準備性的此在生存論時間性分析對於養護約
克伯爵的精神而為狄爾泰的工作服務具有決定性的意義。

第六章

時間性、流俗時間概念、「時間之內」

第七十八節　前面的時間性分析之不充分

　　上一章闡明了，歷史性作爲生存的存在建構歸根到底是時間性。在這一闡述中我們沒有專門考慮「在時間之內」的狀態。按照流俗的解釋，歷史主要是在時間之內的演歷，而且在次一級的意義上，自然也在時間之內演歷。既然生存論分析的一個主要任務是透視此在的實際生存及其自我理解，那麼我們就應當說明這種日常理解來自何處，有何種道理。與此相關，我們還須說明爲什麼按照常識的說法，此在會「有時間」或「沒有時間」，它可以「喪失時間」也可以「爭取時間」。它爲什麼要「爭取時間」？它又從何處取得時間？反正此在一向依照時間調整自己的計畫和行爲，並一直爲此計算時間。計時是一種基本的生存活動，先於時間的測量和鐘錶的使用，先於對時間的一切專題研究。

　　此在的一切行爲都應從它的存在亦即從時間性來闡釋，這一工作包括說明此在作爲時間性爲什麼會以計時方式與時間相關聯。前此對時間性的描述不曾涉及這些方面，因而是不充分的。這些不是可有可無的方面，因爲時間性本身就包含有世界時間這樣的東西，包含存在者生滅「在其內」的時間。

　　日常此在首先在世內存在者那裡經驗到時間，並把時間本身理解爲某種現成事物。我們將看到，流俗的時間概念產生於敉平原始時間。這種流俗的時間概念在日常操勞於時間的此在建構中有其根由，而這建構本身又來源於

時間性。

　　在流俗時間概念的成形過程中顯現出一種引人注目的游移：時間究竟是「主觀的」還是「客觀的」？說它自在吧，它卻明顯地繫於心靈；說它屬於意識吧，它又具有客觀作用。在黑格爾對時間的闡釋中，這兩種可能性得到某種揚棄。黑格爾試圖規定時間與精神之間的連繫，以便藉此廓清為什麼精神作為歷史會「落在時間之中」。我們一直與此在相連繫來闡釋時間性並且表明世界時間歸屬於此在的時間性，所以，從結果來看，我們的闡釋似乎與黑格爾相似。但我們的著手點與黑格爾有原則上的區別，我們的目標即基礎存在論也與黑格爾哲學南轅北轍，所以，簡短地討論黑格爾對時間與精神的關係的論述，可能有助於間接廓清我們對時間的分析。

　　我們最終將回答：時間是否「存在」？它又怎麼「存在」？我們為什麼以及在何種意義上稱時間「存在著」？只有顯示出在何種程度上時間性本身使我們能夠理解存在並談論存在者，上面的問題才能得到回答。

第七十九節　對時間的操勞

　　此在首先與通常操勞於世界。結算、計畫、防備，所有這些操勞活動都源自時間性。無論可聞其聲與否，有所操勞的此在總已經說出了時間：「而後」會發生這樣的事，那事「先」就要了結，「當時」錯失之事，「現在」應被補上。

　　操勞活動藉「而後」道出自己之為期備，藉「當時」道出自己之為居持，藉「現在」道出自己之為當前化。「而後」多半暗含「現在還不」，「當時」則暗含「現在不再」，在操勞的時間結構裡，當前化具有獨特的分量，期備和居持著眼於「現在」。這一點在無所期備的遺忘這一變式中最為突出，在遺忘這一樣式中，時間凝織在當前，此在一味說著「現在、現在」。

　　然而，每一個「現在」都是「現在正在發生某事」，正如每一個「而後」都是「而後將要發生某事」，每一個「當時」都是「當時曾經發生某

事」。「現在」、「當時」、「而後」的這種關聯，我們稱作可定期性。

定期的根據何在？人們會說，「現在」意指一個時間點，是一個時間，從而，「現在正……」就與「時間」連繫在一起。然而我們在世內存在者那裡卻找不到這個「現在正……」，而且，我們無須先確定這個「現在正……」就「隨時」都有這份時間可資利用。在隨隨便便的話語中，例如：在說「天真冷」之際，就連帶意指「現在正……」。為什麼凡言及所操勞之事，即使不曾明言，此在也連帶道出了「現在正……」、「而後將……」、「當時曾……」？因為此在凡談到它所操勞之事，也就一道道出了自己；而此在只有根據某種當前化才可能道出其寓於上手事物的存在。

時間性組建著此的敞開，所以它原是此在所熟知的。然而寓世而在的此在首先與通常在操勞活動中了解和解釋時間性。它用「現在」來言說自己的當前化，並把這樣言及的東西理解為「時間」。原始的時間性本身如何透過時間到時卻仍未被理解。

現在、而後與當時是時間性建構的反照，因而對時間本身也是本質性的。只要說到「現在」，我們也就理解著「某事正發生之際」。在「現在正……」之中就有當前的綻放。現在、而後與當時的結構證明：現在、而後與當時來自時間性而它們本身就是時間。時間性隨著這些可定期性得到理解，雖然它本身還未得到認識。隨著時間性在時間中到時，世內存在者也一道得到揭示，所以，時間向來也透過世內存在者獲得定期：現在，門正撞上；現在，我正缺那本書；諸如此類。

時間不僅作為現在、而後與當時得到定期，而且它們之間的關聯也是可定期的。當前化的此在期備「而後」，從而把「而後」理解為「直到那時」。於是時間被理解為「一段持續」。現在、而後、當時，它們本身就是一些時段，其長度則每次不同，「現在」可以指吃飯這段時間，或晚上這段時間，或整個夏天。

每一操勞活動都為自己規定了一段時間，這種規定透過現身理解所展開的事情、人們成天從事的事情進行，而不必透過確切的定時。此在愈是消融於所操勞的事情而遺忘了自己，它給予自己的時間就愈加受到遮蔽。混日子

的此在從不注意自己隨著純現在的持續不斷的序列行進，基於這種遮蔽，此在所經的時間就好像有許多漏洞似的，我們若回顧「用掉的」時間，往往不能再把它齊集。這種有了漏洞的時間之不完整卻並非是散碎，而是向來已展開的、以綻放方式延展的時間性的一種樣式。

　　本眞的與非本眞的生存活動都是由時間性的到時奠定的。非本眞生存在無所期備而有所遺忘的當前化中到時。切近之事千形萬化湧上前來，無決心的人手忙腳亂，迷失於所操勞之事，同時也就把他的時間丟失於所操勞之事，他最愛說的是：「我沒有時間」。從不丟失時間而總有時間，這始終是本眞生存的時間性的獨特標誌。因爲下了決心的當前具有當下即是的性質。在這裡，當前化本身不居領導，卻保持在曾在的將來的統一之中。命運使然的整體途程保障了此在持駐於自身，面對處境要求他做的事情，它總有時間。此在能夠獲得和喪失時間，因爲它本身就是伸展著的時間性，從而能在操勞之際賦予自身以時間。

第八十節　被操勞的時間與時間內狀態

　　此在以共他人存在的方式生存。日常共處的定期通常可以互相理解。然而，定期只在某些限度內才是明瞭一義的：若干人一道說「現在」，卻可能每個人對他所說的「現在」有不同的定期：這個人以這事定期，那個人以那事定期。然而，日常此在透過周圍世界的事件來定期，以這種方式操勞於時間，從而，「時間」不可能作爲它自己的時間得到認識。時間是公共的時間，「給定」在那裡，日常此在對之進行計算，加以利用。這類時間計算不是偶然發生的，而是在此在的基本建構中有其必然性──此在本質上沉淪著，所以它以時間計算的方式理解時間。

　　爲了能夠與世內事物打交道，日常尋視需要光明。白日給予尋視以光明，此在從其白日的工作理解自己，期備能看，「而後」，天明之時，它將有開始工作的時間。什麼與天明具有切近的因緣？──日出。「而後」就依日出來定期，日出就是做這事那事之時。正午像日出一樣也是太陽的別具

一格的位置。日落與夜晚的來臨則更其重要，夜剝奪了白日給予尋視的光明。太陽這一天體有規則地重複運行，從這一定期中生長出最自然的時間尺度——日，寓世而在的此在也隨著日頭的重複運行日夜交替、日復一日地演歷。從字面上說，日復一日的（alltäglich）此在就是日常此在。

　　此在依照太陽的重複運行把一日劃分開來，以此計算時間。太陽的位置是測量時間計算時間的自然時鐘。每個人白天都可以藉步數量出太陽投下的影子，以此確定太陽的位置。影長與足長因人而異，但二者的比例大致是準確的，於是人們可以這樣來約定公共時間：「我們在日影幾足長的時候見面」。這種鐘錶無須製造攜帶，此在自己就是這種鐘錶。此外，原始此在也學會了利用太陽拋下的影子來製造農鐘這類最簡單的鐘錶，而不必直接確定太陽在天空上的位置。這樣得到揭示的已經是公共的時間：人人都共處在同一天空之下，人人都能依照太陽在天空中的運行定期，這種定期活動爲各個此在提供了公共可用的尺度。

　　爲了更精確更方便地測量時間計算時間，人們製造出機械鐘錶，從錶盤上直接解讀時間。「進步了的」此在能夠變夜爲晝，白日與陽光的在場對它不再具有優先的作用。此在可以喪失的時間愈少，時間就愈珍貴，鐘錶就愈需稱手。它不僅要更準確地確定時間，而且規定時間的活動本身也應盡可能少費時間。

　　確定天文時間、制定曆法等等是此在操勞於時間的最突出的活動。計數式的定期或明確的計時之所以可能，都在於此在在世就要操勞於時間。唯隨著此在的開展，才能揭示出有規則地重複運行的太陽及類似的上手事物。在以步數量日影的時候，此在自己就是自然時鐘。日晷這樣的計時儀器，所根據的顯然是此在的時間性。即使機械鐘錶，其目的仍是通達自然的時間，因此它必須依照自然時鐘進行調整，可見，製造機械鐘錶的條件歸根到底仍然是此在的時間性，雖然我們現在可以直接從表盤上解讀時間，於是不再能看清是此在本身的時間性使得它透過量化的方式操勞於時間。

　　時間並非透過計時過程才公共化，此在作爲從時間性出場的此在向來已是展開了的，所以時間在操勞活動中已經是公共時間。不過，時間測量使時

間的公共化突出醒目了，隨著計時的完善與鐘錶的使用，時間的公共化程度更不斷提高，因爲鐘錶不僅使得確定時間的過程加快，而且同時使得每個人與他人對時間的確定都更其一致。

從古老的日晷到現代的鐘錶，似乎都依賴於時間與空間所固有的對偶關係，否則我們怎麼能從刻度板上找到時間這樣的東西呢？然而，日影與刻度板都不是時間，它們的空間連繫也不是。我們說時間性原始地開展出空間，這不是說一個時間總和一個處所連結在一起，而是說時間性是能夠透過空間處所確定時間的條件。人們常說的時空對偶所涉及的不是原始的時間性，因爲原始時間性是時空對偶的根據：與時間對偶的空間只在此在操勞於時間之際才來照面，而這是因爲空間處所可以成爲對人人都具有約束力的尺度。

時間測量絕不會因爲藉空間尺度來定期而把時間成爲空間，這裡根本沒有什麼時間的空間化。這種臆想的空間化無非意味著：在每一個現在時刻對每一個人都現成的存在者當前化了。時間測量從本質上必然只說現在。在時間測量中，贏得了尺度，卻彷彿忘記了被測量的東西本身，結果除了線段與數字而外什麼也找不到了。

計量時間，其實與最初對時間的操勞一樣，並不是一種單純要求確定的活動，而是操勞於世內存在者的一種方式。看錶不是爲了觀察指標位置的移動，用鐘錶確定時間，就像看著日頭確定時間一樣，我們或明言或未明言地在說：現在是做某事的時候了，或現在到某事的開始或結束還有多少時間。看錶是由此在獲取時機的要求來引導的。有所期備有所居持的當前化與某種何所用相關聯，因而，時間向來有適當不適當之別，具有「是其時」或「非其時」的性質。時間作爲時機而含有意蘊，意蘊組建著世界之爲世界，所以我們把公共化的時間稱爲世界時間。世界的諸本質結構與公共時間連繫在一起，例如：「做什麼」與「而後將」連繫在一起。世界時間隨著世界的展開而公共化，從而寓於世內的每一此在都把世界之內的存在者同時也理解爲「在時間之內」來照面的存在者。世內存在者「在其中」照面的時間就是世界時間。

然而，在這種有所居持的期備的當前化中，現在被突出出來。鐘錶的量

度必須穩定不變，但量度觀念中包含：不斷重複的量度的穩定性必須隨時對人人都現成存在。使用鐘錶來測量著眼於現成事物來解釋所操勞的時間。看錶這種時間解讀在特加突出，時間隨時對人人都作為「現在、現在、現在」來照面，這種可以藉鐘錶通達的公共時間彷彿像一種現成的多重現在那樣擺在那裡。我們只有從存在論上闡明了此在的時間性，才能進一步闡發測量的存在論基礎。任何物理測量技術的原理，包括相對論的時間測量原理，都以測量活動的存在論為基礎，而不可能反過來展開時間之為時間的問題。

我們現在已粗淺地理解了此在如何操勞於時間以及時間如何在操勞活動中公眾化，那麼我們是否就可以確定公共時間究竟是「主觀的」還是「客觀的」呢？

如果「客觀」一詞意指世內照面的存在者的自在現成存在，那麼，現成事物「在其中」照面的時間就不是客觀的。如果我們把「主觀的」理解為在一個主體中的現成存在，那麼時間也同樣不是主觀的。世界時間比一切可能的客體都「更客觀」，因為它作為世內存在者的條件向來已隨世界的展開「客觀化」了。所以，與康德的意見相反，世界時間在物理事物那裡一如在心理事物那裡一樣是直接現出的，而不必假道於心理事物才在物理事物那裡出現。人們自然地看到時間，依之調整自己；而人們在哪裡看到時間，它就在哪裡顯現。時間首先恰恰在天空顯現，結果時間甚至與天空同為一事。

但世界時間也比一切可能的主體「更主觀」，因為此在的整體存在是操心，而時間才使操心成為可能。時間既不在主體中也不在客體中現成存在，既不內在也不外在。時間比一切主觀性與客觀性更早「存在」，因為它是這個「更早」之所以可能的條件。但時間究竟有沒有一種「存在」？如果沒有，那它豈不是一種幻象？抑或它比一切存在者都「更是存在者」？沿這個方向追問下去，我們就要碰上第四十四節討論真理與存在的連繫之際已經設下的同一條界線。無論我們今後將怎樣回答這個問題，或只不過原始地把這個問題提出來，首先要理解到的都是：是時間性綻放的視野才使得那組建世內事物的時間內性質的世界時間到時。但因而，世內存在者在嚴格意義上就不具有時間性。一切非此在式的存在者都是非時間性的，無論它是生生滅滅

的實在也罷，是持存的「理想事物」也罷。

世界時間既不可能被主觀地揮發掉，也不可能藉惡性的客觀化成爲現成之物。但在兩者之間搖擺不定同樣無濟於事。要達到對時間問題清明而確定的洞見，我們必須首先了解占統治地位的時間理論如何自囿於日常的時間概念，從而堵塞了從原始的時間來理解日常時間解釋的可能性。

第八十一節　流俗的時間理解

上一節表明，鐘錶使用的生存論時間性意義是周行的指標的當前化。這種當前化是在有所居持的期備的統一中到時的——此在道說的是現在，但同時對不再現在和尚未現在敞開著。在這樣一種當前化中到時的就是時間。此在以這種計數活動的方式追隨周行的指標，從而把時間理解爲在這一活動中到時的所計之數。時間最初就是這樣向日常尋視顯現的，亞里斯多德也是這樣來給時間下定義的：「時間即是計算在早先與晚後的視野上照面的運動時所得之數。」亞里斯多德是從生存論存在論的視野上取得這一定義的。他的定義初看上去頗爲奇特，但我們一旦界定了這一視野，他的定義就顯得那麼自明，那麼灼識眞創。然而，亞里斯多德沒有把時間的已經嶄露出來的源頭當作問題，而是沿著「自然的」存在理解去進一步解釋時間。不消說，這一存在理解大成問題，所以，只有解決了存在問題以後才能夠專題解釋亞里斯多德的時間分析。古代的一般存在論對問題的提法有其嚴重的侷限性，不過，只要我們能夠積極地把握這些提法的淵源，亞里斯多德的時間分析將展現根本性的意義。

後世的各種時間概念原則上都依附於亞里斯多德的定義，都就時間在尋視操勞中所顯現的情況來理解時間。時間是日影或周行的指針意指的東西，是「所計之數」，是「現在這裡，現在這裡」。時間顯現在各個現在中，但每個現在則立刻不再或剛剛還不現在。流俗理解的時間顯現爲一系列一面逝去一面來臨的現成的現在，時間被理解爲前後相續的現在之流或時間長河。我們把這種圍繞鐘錶來定義的時間稱作現在時間。

　　我們曾從原始的時間性出發來闡釋的世界時間的完整結構，從而把可定期性提出來作爲所操勞的時間的第一個本質環節。在可定期結構中，「現在」是做這事或那事的時間，是一個適當的或不適當的現在。現在結構中包含有意蘊。然而在流俗理解的現在序列中，既沒有可定期性又沒有意蘊，就彷彿各個現在都被切除了這兩種關聯，然後作爲這樣切好的現在並列起來，只是爲了構成前後相續。

　　流俗的時間理解敉平世界時間，因爲它自囿於知性的眼界。在操勞活動中，測量時間所得之數是與操勞所及的事物一道得到理解的。一旦此在從這種整體理解中抽身，單獨對時間加以考察，它見到的就是脫離了各種具體情境卻依然擺在那裡的一些純粹現在。這些現在也像現成存在的事物一樣現成存在，因爲它們是在現成性觀念的視野上被「看見」的。逝去的諸現在構成過去，未來的諸現在則規定將來。現在時間根本沒有可藉以通達世界、意蘊、可定期性等等的內部結構。

　　現在不斷消逝著，但不斷來臨的仍是現在，於是，現在顯現爲自身持駐的在場。所以柏拉圖就已經不得不把時間稱爲永恆的影像，而他所謂時間者原是不斷生滅的現在序列。傳統的永恆概念的含義原本就是「持久的現在」，這一概念是從流俗的時間理解中汲取的，而流俗的時間理解的基礎又在於它始終把一般存在理解爲持存的現成性。

　　現在序列連續不斷、嚴絲合縫，無論我們怎樣分割現在，現在總還是現在。人們試圖用這一種現成事物的連續性來解答時間的連續性問題，或由此就拋下這進退兩難之境不管。然而，時間的連續性卻必須從「更早」的東西來理解——每一個現在都生自這更早的東西：那就是時間性的原始綻放。時間性在其綻放之際就是伸張分段的，所以由此綻放的世界時間也同樣是伸張分段的。這種伸張延展異乎現成事物的任何一種連續性，我們只因據有這種伸張延展，所以能夠通達現成事物的連續性。

　　「時間無始無終」這一流俗時間解釋的主論題最入裡地公開出世界時間被敉平的情況。無論怎樣去設想時間的終端，總還可以想到終端之外的時間；由此人們推論出：時間是無終的。在一一相續的現在序列裡自然找不到

始與終。時間現象的可定期性質、世界性質、伸張分段等等完全被遮蔽了。

　　敉平世界時間、遮蔽時間性，其根源卻在此在的存在本身之中。沉淪的此在在死面前逃遁，掉頭不看在世的終結，於是，在常人的領導下，公共時間被理解爲「無始無終的」。即使一個在時間中現成的人不再生存，時間的進程又何損分毫？時間繼續行進。人們只識公共時間；這種時間既已敉平，便屬於人人，又不屬於任何人。死向來是我的死，只能作爲本己的生存可能性得到理解。所以，常人不死。常人爲在死面前逃遁提供出一種富有特徵的說法：「到頭之前，總還有時間」。這種說法不是對時間的有終性有所理解，而是任自己迷失在現在序列裡面：「現在先做這事，馬上再做那事，接下去再……」爲了能夠繼續沉淪，此在需要從還在到來的時間那裡盡可能多地攫取，時間成了有待獲取的東西。

　　只不過，此在即使逃避死亡，死也總跟著逃遁者，無終的現在序列無補於事。我們爲什麼說時間逝去而不同樣強調時間生出？因爲此在本質上領先於自己存在，從已經站到將來終點的此在看來，不再有時間到來，不再有時間生出，只有一段已經限定的時間不斷流逝而去。時間逝去這話在流俗時間理解的框架內反映出原始時間性的將來是有終的。世界時間的時間性儘管多受遮蔽卻仍不可能完全封閉。即使在逝去著的純粹現在序列中，原始時間仍然穿透一切敉平與遮蔽公開出來。流俗解釋把時間流規定爲一種不可逆轉的前後相續，但若時間真是無關痛癢的現在序列，就看不出時間爲什麼不可逆轉。逆轉之所以不可能，只在於時間性首要地以從終結處綻放的方式到時。現在不是由還不現在孕育的；而是當前在時間性到時的原始綻放統一中源自將來。

　　流俗的時間概念把時間當作現在序列，把歷史理解爲時間之內的演歷。流俗的時間表象來自占據統治地位的存在理解，有其自然的道理，但它絕無資格聲稱自己才是真正的時間概念。我們已經看到：只有從此在的時間性及其到時才能夠理解世界時間及其全部結構；只有透過廓清這些結構才能透視流俗的時間概念的淵源，看到它在何種意義上是有道理的，看到它爲什麼又必然會敉平世界時間的結構，從而遮蔽了原始的時間性。相反，從流俗的時

間理解出發，我們就不可能通達原始的時間性，因為在那裡，時間已經成為從時間性到時的全部結構切開的純現在序列了。所以，按照解釋的順序來說，我們必須首要地依時間性制定方向，從而通達世界時間並進一步把握現在式的時間。若著眼於現在式時間來自時間性這一實情，那麼我們把時間性稱作原始時間就是理所當然的了。

然而，我們把此在闡釋為時間性，似乎與流俗的時間概念相去得並不遠，因為傳統的時間解釋雖然把時間看作現在序列，但它倒也一直強調時間與心靈的連繫。亞里斯多德說：「既然除了心靈以外就沒有任何東西自然地有計數稟賦，那麼，如果沒有心靈，時間就是不可能的。」奧古斯丁也寫道：「在我看來，時間無非是一種廣延；但我不知它是何種事物的廣延。而它若不是心靈自身的廣延，那倒令人驚異了。」在康德那裡，時間雖是「主觀的」卻獨立無羈地與「我思」並列。康德對時間的理解比黑格爾來得深入。不過，黑格爾明確地嘗試把流俗理解的時間同精神連繫起來。因此，對黑格爾的時間概念作一番分析，更加有助於間接地澄清我們前面對時間性的闡釋。

第八十二節　黑格爾所闡釋的時間與精神

在黑格爾那裡，歷史本質上是精神的歷史。這一歷史在時間中演進——「歷史的發展落入時間」。但黑格爾並不滿足於把這些當作事實接受下來，他試圖理解精神落入時間的必然性。黑格爾的每一論題都和其他論題處在多重連繫之中，因此，這裡無法就黑格爾對時間與精神的關係的分析作出哪怕僅只相對充分的討論。實際上，對他的分析多加批評也無所裨益。下面我們討論黑格爾對時間與精神的關係的分析，主要的意圖只是與之對照來突出前面把此在當作時間性的闡釋。我們選擇黑格爾的學說，主要因為他對時間的理解表現為流俗時間理解的最澈底的而又最少受到注意的概念形態。

一種哲學把時間解釋放在「體系」中的什麼地方，可以當作基本的標準，藉以衡量這一體系對時間的主要看法。亞里斯多德在《物理學》中展開

對時間的詳盡解釋，在那裡，時間與地點和運動相提並論，可見他把時間解釋與關於自然的存在論連繫在一起。黑格爾的時間分析忠實於傳統，置於《哲學全書》的第二部，自然哲學。這一部的第一部分討論機械性，其中第一篇是「空間與時間」。空間與時間是「抽象的相互外在」。

不過，黑格爾不滿足於空間與時間的外在並列，他說：哲學須與「並列」作鬥爭，每一個範疇都必須透過自身辯證法的內在否定進展到另一個範疇。在黑格爾那裡，空間是自然的直接規定性，也就是自然外於自身存在的抽象普遍性。點是空間自身的否定：空間是點之複合的無區別的相互外在，而點卻在空間中有所區別，因此，點是空間這種無仲介的漠然無別狀態的否定。

然而，當作爲否定的諸點保持在其漠不相干的狀態中，空間就不能被思考，也就是說，不可能就它的所「是」得到把握。只有當諸點的現存得到揚棄，空間始能被思，從而在其存在中得到把握。當空間在它的所是中辯證地被思的時候，「空間本身就發生過渡」：點自爲地建立自己並從而脫離現存的漠不相干狀態。自爲建立起來的點區別於這一點那一點，它不再是這一點，還不是那一點。這樣，點就建立起它本身處於其中的那種前後相續。揚棄漠不相干意味著點不再處於空間的靜止之中，點相對於其他一切點而「伸張自身」。這樣的點即是時間。

點是空間自身的否定，在對點這一否定性的否定中，我們看到了合題：時間。用黑格爾的話說，時間是空間的「眞理」。

這段討論表明，在黑格爾看來，一切點的自爲建立起來的自身即是現在這裡、現在這裡等等。像空間一樣，「時間同樣也是一種純粹的抽象、純粹的觀念。時間是存在，這存在藉其存在而不存在，藉其不存在而存在」。時間的存在是現在，但每一個現在「現在」就已經不再存在或「現在」還不存在，就此而論，現在也就是不存在。因此，時間是變易，既是生又是滅，是存在與無的相互過渡。

黑格爾的時間解釋完全沿著流俗時間理解的方向進行，從現在出發把時間理解爲現成事物，儘管在他那裡，現在只是「觀念上的」現成事物。「時

間是現在。而現在同過去和將來之間沒有什麼固定的區別。」「只有現在存在，這之前和這之後都不存在；但是，具體的現在是過去的結果，並且孕育著將來。所以，真正的現在是永恆性。」

日常的時間經驗恰當地給予消逝以優先地位。黑格爾有時也把時間描述為「銷蝕活動的抽象」，然而在真正定義時間之際，黑格爾又相當一貫地不承認消逝在時間中的優先地位。這是因為黑格爾幾乎沒有能力辯證地論證這種優先地位，只好把這一點當作不言而喻之事提出來：「現在」恰好就在點自為建立自己之際浮現出來，於是，即使在把時間描述為變易之際，變易仍然是抽象的變易，仍然超出於時間的「流動」。

可見，時間之為否定之否定或點之為點這一命題最恰當地表達了黑格爾對時間的看法。時間以無以復加的方式被敉平了，現在序列以最極端的方式得以形式化。

這樣理解的時間為什麼恰恰適合於精神的發展呢？黑格爾卻正是從這種形式辯證的時間概念出發提出了時間與精神的連繫。精神的本質是概念。在黑格爾那裡，概念不是被直觀的共相這樣一種所思的形式，而是思維著自己的思本身的形式。但這個自己也不是純然直接給定的，而是對非我的把握。因此，對自己的思本身的反思，即概念或精神，就從形式上被規定為否定之否定。在歷史中發展自己的「絕對不安寧的精神」必須克服障礙，而這個真正的障礙正是它自身：精神在其「進步」的每一步上都得「克服它自身」，從而，精神發展就成為「針對自己本身的艱鉅而無止境的鬥爭。」

精神的發展是一個否定之否定的過程，所以，落入「時間」這一直接的否定之否定適合於自我實現著的精神。「時間是在此存在的並作為空洞的直觀而表現在意識面前的概念自身；所以精神必然地現相在時間中，而且只要它沒有把握到它的純粹概念，這就是說，沒有把時間消滅，它就會一直現相在時間中。」

精神與時間都具有否定之否定的形式結構，是這樣一種抽象使黑格爾能夠提出精神與時間的某種親緣關係。然而在這裡，時間完全是敉平了的時間，它的來原始終遮蔽著，結果時間作為一種現成的東西就乾脆與精神相對

立。由於這一點，精神才不得不首先落入「時間」。然而，外在於時間的精神「落入」時間，它在時間中的「實現」在存在論上意味著什麼，卻始終無法得到澄清。黑格爾幾乎全然不曾探索被敉平的時間源頭何在，他也根本沒有考察如果不根據原始的時間性，精神的本質建構究竟還有什麼可能作爲否定的否定。

然而，黑格爾竟然從形式辯證法上都要嘗試建立精神與時間的連繫，這就透露出，二者的確有某種原始的親緣關係。在黑格爾那裡，精神必須落入時間，因爲他致力於使精神獲得具體性和確定性。我們的生存論分析則相反從實際被拋的生存本身的具體性出發，認識到時間性乃是生存的原始條件。精神並非才始落入時間，它作爲時間的原始到時而生存。時間性使世界時間到時，而在世界時間的視野上歷史才能夠作爲時間內的演歷現象。精神不落入時間，而是實際生存從本眞的時間性淪落，只不過這一「落」本身同樣來源於時間性到時的一種確定樣式。

第八十三節　思到中途

本篇從此在的根據處出發，從生存論存在論上著眼於本眞生存活動與非本眞生存活動的可能性來闡釋實際此在的原始整體。我們的考察表明，時間性是這一根據，從而是操心的存在意義。因此，在準備性的分析工作中所獲得的東西現在被回收到此在的存在整體性的原始結構之中了，只不過，早先只曾加以「展示」的結構得到了「論證」。我們分析此在的存在建構，目的在於通達一般的存在問題；反過來，對生存的專題分析卻又需要一般存在觀念的觀照。這樣，我們更應當把導論中提出的那個命題確定爲一切哲學探索的準則了：哲學是普遍的現象學存在論，它從此在的解釋學出發，而此在的解釋學作爲生存的分析工作則把一切哲學發問的主導線索的端點固定在這種發問所從之出且所向之歸的地方上了。當然，不可把這一命題當作教條，而要當作那個仍然遮蔽著的原則問題的表述——存在論可以從存在論上加以論證嗎？或，存在論爲此還需要一種實際存在層次上的基礎嗎？若是，則必須

由何種存在者承擔這種根基的作用？

　　我們對此在的存在（生存）與廣義的現成存在做了區別。這種區別卻只是存在論討論的出發點，而不是哲學可藉以安然高枕的東西。為什麼古代存在論一開始就從「物」出發？為什麼這種著手點一再取得統治？為什麼「物」不適合於描述「意識」呢？意識的存在又是怎樣構造起來的？要原始地展開存在論問題的討論，「意識」與「物」的「區別」究竟夠不夠？這些問題的答案在不在我們的道路上？如果追問一般存在意義的問題還未提出或還未澄清，那麼，哪怕只嘗試對這些問題做出回答是否可能呢？

　　研究一般存在「觀念」的源頭與可能性，藉助形式邏輯的抽象是不行的。首先需要找到一條適當地通向問題的道路。這條路是不是唯一的路乃至是不是正確的路，那要待走上以後才能斷定。歸根到底，要開啓這場爭論就已需要某種裝備。

　　我們已行到何處？「存在」這樣的東西是在存在之理解中展開的。存在之理解屬於此在。然而，回到此在的原始存在建構是否能引向答案？此在整體性的生存論存在論建構根據於時間性，因此，必定是時間性本身的一種到時方式使得對一般存在的理解和籌劃成為可能。如何闡釋時間性的這一到時樣式？從原始時間到存在的意義有跡可循嗎？時間本身是否表明自己即為存在的視野？

附錄一
一些重要譯名的討論

l. sein, das Sein, das Soiende, seiend

　　sein 通常用作繫詞，和現代漢語的「是」相當。但在某些句型裡另有譯法，Sokrates ist in Athen，譯作「蘇格拉底在雅典」。西文還有一種不常見的用法，主要是哲學的用法：Sokrates ist，這時我們譯作「蘇格拉底存在」。這幾種譯法都隨上下文自然而然，沒有什麼分歧，分歧在於名詞化的 das Sein，有人譯作「存在」，有人譯作「有」或「在」等等。按說，大寫的 Sein 既然從小寫的 sein 而來，通常應當譯作「是」。所謂本體論那些深不可測的問題，在很大程度上，就從西語繫詞的種種意味生出來，若不把 das Sein 譯作「是」，本體論討論就會走樣。然而，中文裡沒有手段把「是」這樣的詞變成一個抽象名詞，硬用「是」來翻譯 das Sein，字面上先堵住了。Das Ontologisch-sein des Daseins ist⋯⋯能譯作「此是之是論之是是⋯⋯」之類嗎？這不是我有意刁鑽挑出來的例子，熟悉《存在與時間》的讀者都知道這樣的句子在在皆是。本來，像 sein 這樣的詞，不可能有唯一的譯法，只能說譯作什麼比較好些。即使譯作「是」。義理也不能全保，因為「是」並非隨處和 sein 對應，例如「意識是」就無法和 Bewusstsein 對應。現在，單說技術性的困難，就會迫使我們退而求其次，選用「存在」來翻譯名詞性的 Sein。即使退了這一大步，譯文也不好讀，但好歹能讀。不過，我們須注意，比起「是」來，「在」和「存在」的範圍要狹窄些（雖然比本義之「有」的範圍要廣）。不存在麒麟這種東西，但麒麟「是」一種動物，一種想像出來的動物，在神話裡「是」一種動物。如果把 sein 既理解為是又理解為存在，似乎會發生一種邏輯上的悖論，即邁農悖論；明明沒有

麒麟，但既然麒麟是這是那，那在某種意義上就有麒麟了。說到這個悖論，
來了一點安慰：西方人沒有連繫動詞的翻譯困難，也一樣糾纏在這個悖論
裡，更何況我們要用漢語來應付西方語言生出來的疑難。

Sein 是本書（指陳嘉映、王慶節譯本《存在與時間》—編輯注）用得
最多的詞，而且據統計，全書至少還有一百五十種以 Sein- 開頭或以 -sein
結尾的複合詞，例如 Seinsstruktur（存在結構），In-der-Welf-sein（在
世）。我們盡量讓譯名反映出這層連繫，譯文失去了這層連繫的時候則選某
些重要之處加注說明。

Das Sein 譯作「存在」，相應，das Seiende 就譯作「存在者」，seiend
譯作「存在著的」、「作爲存在者」、「存在者狀態上的」。

2. Ontologie, ontologisch, ontisch

從字面上看 ontologisch 和 ontisch，一個是「論」，一個不是。如果
按成例把 Ontologie 譯作「本體論」，則 ontologisch 可作「本體論的」，
ontisch 可作「本體的」。然而在著手翻譯《存在與時間》之初，我和王慶
節、劉金華、王煒等討論，就覺得「本體論」這個譯名不妥，於是把它改譯
爲「存在論」。當時的主要想法寫在中譯本第四頁的一個腳注裡：

> Ontologie 一詞，傳統的中文譯法為「本體論」。這個詞的原意實
> 際為「關於存在的學說」。因為後人將「存在」解釋為與「現象」
> 相對的「本體」，這個詞就以「本體論」一譯流傳至今。本書中，
> 作者的主要目標之一就是要破現象、本體之二分，除卻對「存在」
> 理解的千年之蔽。因此，譯文將 Ontologie 一詞改譯為「存在論」。

既然把 Ontologie 譯作「存在論」，ontologisch 就譯爲「存在論的」。
按說，ontisch 就應當隨著譯作「存在的」。然而這行不通；在海德格那
裡，ontologisch 才是關於存在的，ontisch 涉及的則是存在者層次上的各種
性狀。而且，ontologisch 和 ontisch 的區別，der ontologische Unterschied 或
「存在論區別」，是海德格哲學裡頭一個重要區別。於是，我當時在中譯本
裡就追隨熊先生把 ontisch 譯作「存在者狀態上的」。

海德格認為 Ontologie 應該是研究存在的，我們就把它譯作「存在論」，海德格又認為傳統上的 Ontologie 實際上是研究存在者的，那我們就把它譯作「存在者論」嗎？把「本體論」改譯為「存在論」，再煞費苦心地採用「存在者狀態上的」這個譯法來對應 ontisch，現在想來頗成疑問。

Sozial 是「社會的」，soziolosisch 是「社會學的」，誰都不會說「社會的」涉及社會生活的各種具體性狀而「社會學的」涉及社會生活的社會性。但若真有人那麼說了，我們在翻譯這個作者的時候就不再把這組詞譯作「社會的」和「社會學的」的嗎？也許有人會說，從概念結構上說，Ontologie 和 Soziologie 不同。實際上海德格在本書第七節用了相當篇幅說明「現象學」（Phaenomenologie）的概念結構和「神學」（Theologie）或「生物學」（Biologie）之類的概念結構不同。然而，無論是否同意他的說法，我們都不會因此考慮不按字面翻譯成「現象學」而另尋一種構詞。概念結構的差別不一定都能在構詞上反映出來。德文不曾從字面上區別的，中文譯者就不要在字面上加以區別。「存在論上的」和「存在者狀態上的」不能像「社會學的」和「社會的」那樣簡單對應，關鍵在於海德格違反語言常規使用 ontologisch 和 ontisch 這兩個詞。經過這些考慮，我現在更傾向於按照一般字面上來翻譯，而不是根據海德格對某些語詞的特定理解。

要保持字面上的對稱，第一種選擇是把 Ontologie 譯作「存在論」，ontologisch 譯作「存在論的」，ontisch 譯作「存在上的」，然而上面已說到，海德格把 ontisch 理解為「關涉存在者而非關涉存在的」，所以譯作「存在上的」正好擰了，一定造成混亂。另一種選擇是把 Ontologie 譯作「本體論」，ontologisch 譯作「本體論上的」，ontisch 譯作「本體上的」。固然，「本體」這個詞含有太多的解說，不完全相應於 on 的字面。不過，「存在」也不曾完全反映出 on 和連繫動詞「是」的關係。而且，Ontologie 本來譯作「本體論」，如今仍是比較通行的譯法，我不妨沿用。可是漢語現象學的專家幾乎一致反對這套譯法，他們所持的主要理由是，改「本體論」為「存在論」，這十幾年來，當真很有助於破除本體與現象的二分。我雖然沒有被他們的理由說服，但專家們的一致感覺還是讓我決定審慎

從事，在找到更妥帖的一組譯名之前暫不作改動，留用「存在論的」和「存在者層次上的」這樣不對稱的譯法，以避免反覆改動造成混亂。

3. Dasein

Dasein 是《存在與時間》裡的中心概念，我們可以用多種方式來解說這個概念，但這些解說不能代替翻譯。海德格的法文譯者古班把 Dasein 譯作 realite humaine，就有以解說代替翻譯之嫌。

Dasein 由 da 和 Sein 合成，其中的 da 表示某個確定的時間、地點或狀態。在德國古典哲學中，Dasein 主要指某種確定的存在物，即存在在某一特定時空中的東西，多譯作「限有」、「定在」。在海德格的哲學中，Dasein 特指人這種不斷超出自身的存在者，最初翻譯海德格著作的熊偉先生把它譯作「親在」。「此在」這個譯名，是我先使用的，最初只是為了應付很多 Das Dasein ist da 這類文字配置。定下來採用這個譯名，熊先生比我還要熱心，王玖興先生也很贊成這個譯名。

有人批評「此在」這個譯名把 Da 落實到了「這裡」，而德語裡的 da 既可以是這裡也可以是那裡，為此，批評者可以引用《存在與時間》（陳嘉映、王慶節譯。以下提到的頁數，均指該譯本頁數—編輯注）第132頁的一段話：「按照熟知的詞義，這個『Da』可解作『這裡』或『那裡』」；還可以引用第119頁的一段話：「洪堡已經指出有些語言用『這裡』表達『我』，用『da』表達『你』，用『那裡』表達『他』。」英譯者注意到了這一點，不把 Dasein 譯作 being-there，而是乾脆移用原詞。西文之間，這種移用行得通，到中文裡，就一定得想個譯名才好。的確，漢語裡英語裡都沒有一個詞像德語裡的 da 那樣不大偏於這裡也不大偏於那裡，不過，硬說起來，da 無論如何更偏向於「這裡」，海德格的 Dasein 亦如是，例如第102頁說"Der Platz ist je das bestimmte 'Dort' und 'Da' des Hingehoerens eines Zeugs"，再例如：緊接著「這個『Da』可解作『這裡』或『那裡』」這段話，海德格就說：「一個『我這裡』的『這裡』總是從一個上到手頭的『那

裡』來領會自身的」。第417頁更明確說「Dasein 向來已從某種被揭示了的『那裡』（Dort）為自己指派了某種 daseinsmassiges Hier」。至於洪堡的考察，更不表明 da 應當表示「你」，因為海德格不以這些「原始語言」為準，他的確用 da 來稱我而非稱你。綜上所述，雖說 Dasoin 非必在此非必在彼，但總歸在此多於在彼，譯作「此在」雖不中，亦不太遠。

另一些人並不反對「此在」這個譯名，但他們更喜歡「親在」。像熊偉先生的其它許多譯名一樣，「親在」有其神韻。但學界中人，不只迷其神韻，而且提出不少學理上的理由，勸我不要改掉這個譯名。翻譯《存在與時間》的時候，王慶節君就很願說服我保留熊譯，現在仍不改初衷。他在〈親在與中國情懷〉（載《自由的真諦》，中央編譯出版社，1997年，第398頁）中寫道：

> 倘若我們從海德格在《存在與時間》中對 Dasein 之 da 的三重結構（現身情態，籌劃領會，沉淪）的生存論分析出發來展開對 Dasein 的理解，就不難看出熊先生選用「親在」翻譯 Dasein 的一番苦心。首先「親在」的「親」當在「親身」、「親自」、「親愛」、「親情」的意義上使用，這與 Befindlichkeit（情感狀態上的現身在此）的意義相投。例如：當我們用中文說「親身感受一下」，「親自做一下」，無不是要打破理論或範疇層面上的局限，進入一種現時現地現身現事的情境。同時，這種「親」的情境，並非西方傳統心理學意義上的主觀情感，而是在中國傳統哲學的背景下，一個不分主客，先於主客，乃至先於個體分離狀態的親情交融。《孟子》與《中庸》解仁為親親就有這層意思。其二，「親」可在「新」的字義下使用，例如《大學》首句，程頤讀為「大學之道在明明德，在親（新）民，在止於至善。」朱熹解為，「新者，萃其舊之謂也，言既自明其明德，又當推以及人，使之亦有以去其舊染之汙也。」如此以「新」解「親」，既合古銘訓「苟日新，日日新」之意，也與海德格所解 Dasein 之 da 為永不止息地向其可能性之籌劃

的「能存在」相契。第三,《說文》解「親」為「至」,並解「至」
為「鳥飛從高下至地也」,這也正合海德格的 da 的第三重建構「沉
淪」,而又很少海德格反對的傳統西方形而上學中極強的超驗性
含義。

　　慶節君的理由大致都成立,但這些理由考慮的都是海德格怎樣理解
da。而我則對另一個方面考慮得更多。如果一個哲學家生造出一個詞來,我
們就只需考慮什麼譯名最適合傳達這個哲學家的意思。但若他用的是傳統術
語,甚至就是日常用語,同時突出或挖掘出某種特別的意思,我們就不得不
考慮這個用語在別的哲學家那裡乃至在日常交往中是怎樣用的。只要海德格
用的是舊名,那麼無論他的理解多新,甚至多麼更加正確,我們仍然該沿用
舊名。既然他不肯生造一個詞而從別人那裡或日常語彙裡挑一個詞來表達自
己的意思,強調這個詞的某種意義,我們若換個詞來翻譯,好意遷就他的理
解,實際上卻抹煞了作者的苦心。

　　從這一點說,用「此在」來翻譯 Dasein 比較妥當。在康德那裡,在黑
格爾那裡,我認為同樣可以把 Dasein 譯作「此在」,但我們在那裡也可以
譯作「親在」嗎?我們願意把德國人時時在說的 da 譯作「親」嗎?我們
願把 Der Platz ist je das bestimmte "Dort" und "Da" des Hingehoerens eines
Zeugs(第102頁)這句話裡的 Da 譯作「親」嗎?海德格不是偶然談到這
個地點副詞,他後面不遠就談到這個副詞和「我」的連繫(第119頁)。所
以,雖然我像有些朋友一樣,也很喜歡「親在」這個譯法,但考慮到 da 在
各種行文中的連續性,我認為還是把 Dasein 譯作「此在」更嚴格些。

　　張祥龍君現把 Dasein 譯作「緣在」,作為譯名,我以為勝於「親
在」,但也難免同樣的缺點:太偏重於一個概念在一個哲學家那裡的特定用
法,而不是一個語詞在一種語言裡的基本用法。不過,像 Dasein 這樣的基
本概念,兩三個基本譯名同時共存,讓中文讀者能從幾個重要方面來體會,
也有好處,只要不是一人一譯,各逞一得之見,把翻譯變成了六經注我。

4.Existenz, existenzial, existenziel

此在總對自已有所確定，但無論確定成什麼，作為確定者的此在總已經超出了被確定的東西。這就是領先於其 essentia（Was-sein、是什麼、所是）的 existentia（去是、去存在）（第43頁）。Existenz 通常譯作「存在」，但在海德格這裡，Existenz 不用於一般事物，只用在人身上，指人的存在，指其超出自身、領先於自身的存在，所以，無論譯作「存在」，還是像台灣通行的那樣譯作「實存」等等，都太容易引起誤解——換成漢語，海德格絕不會說只有人才存在或只有人才實存。我們把 Existenz 譯作「生存」。這個譯法在本書行文中碰不上什麼麻煩，但這還遠不能使我們滿意，因為我們主張，一個譯名原則上應該能夠在翻譯所有哲學著作乃至翻譯所有原文的場合都通行。普通德國人沒弄明白 Existenz 的希臘文源頭，不像海德格那樣只把這個詞用在人身上，他們可能錯了，然而，一般德國人理解不到的東西——假如真有這種東西——，我們竟指望透過翻譯體現出來，我們就未免自許太過了。把 Existenz 譯作「生存」，不是由於譯者理解得深刻，只是不得已，讓原則受了委屈。而且「生存」這個譯名和「存在主義」（Existenzialismus）這個已經定型的譯名也不一致。不過，海德格雖然通常被尊為存在主義的鼻祖，他自己卻不承認是個存在主義者。

existenz 和 existenziell 相對，一如 ontologisch 和 ontisch 相對，前者譯作「生存論上的」，後者譯作「（實際）生存上的」。Existenzial 經常加冠詞用作名詞，這時依上下文譯作「生存論上的東西」、「生存論環節」、「生存論性質」等。Existenzialitaet 最初在43-44頁使用，意思是生存論性質的整體，直譯可作「生存論性」、「生存論上的東西之為生存論上的東西」，我們譯作「生存論建構」。

5.Sorge, Bosorge, Fürsorge, Angst

Sorge 以及和它連在一起的 Besorge 和 Fürsorge 也是最難譯的一組詞。首先是因為 Sorge 在書中是個主導概念，標識此在各組建環節的統一。籌

劃、沉淪和言談統一於 Sorge。和世界打交道叫 Besorge，和他人打交道叫 Fürsorge，兩者也統一於 Sorge。本書要從時間性來解釋此在，而從此在的準備性分析到時間性分析，橋梁是 Sorge。若以一言而蔽此在，此在就是 Sorge。

Sorge 是德文常用詞，意思大致是關心。我們先須注意，中文的「關心」雖然用的是「心」字，卻不只是一種心情；只要夠得著，有所關心的人就會有所行動。在這點上，關心和 Sorge 是一致的，這時 Sorge 也說成 Um-sorge 和 Fürsorgo，提供實際幫助以解脫他人的困境。然而反過來，僅僅提供外部條件不一定就是關心，我們會說，「別看他每月給他媽寄錢，其實他對他媽一點也不關心」。可見關心多於義務。關心所指的是心情和行動的統一。在這一點上，關心和 Sorge 也是一致的。

然而 Sorge 這個詞比關心來得強烈，明確具有擔心、憂慮、焦慮不安的意思。海德格把人的本質規定為 Sorge，有一點道理是顯而易見的。西方傳統在規定人的時候，過分突出了理性和認識，而海德格則強調關切。沒有關切，談不上認識，談不上認識得正確不正確。

熊偉先生把 Sorge 譯作「煩」，相應把 Besorge 和 Fürsorge 譯作「煩心」和「麻煩」。「煩」這個譯法，我想是從佛教術語 Klesa（煩惱）來的。我初譯此書的時候，想不出什麼更好的譯法，就沿用了先生的譯名。像熊偉所選擇的很多譯語一樣，「煩」這個選擇頗有其傳神之處。有所關心，就難免煩，我們活著，無論作出多麼無所謂的樣子，其實總有所留戀有所關心。所以細審之下，我們竟如佛教所斷，無時不在煩惱之中。以「煩」來規定我們生存的整體性。不亦宜乎？從中譯文了解海德格的讀者，很快就大談特談生存即煩了，從此也可見「煩」這個譯語的力量。熊譯還有一個好處。我一般傾向於用雙音現代詞來翻譯術語，但原文 Sorge 作詞根，外加詞綴形成 Besorge 和 Fürsorge；以「煩」對「煩心」和「麻煩」，連這一點也傳達出來了。

然而從學理上說，譯 Sorge 為「煩」是有疑問的。佛教是從否定的角度來看待煩惱的，認為本真的生存應當克服煩惱。在這點上，海德格使用

Sorge 的用意幾乎和煩惱相反。而我們現代人說「煩」，主要指一種不快的心情，既沒有直接講出關心，更沒有表達出準備行動的意思。把 Sorge 譯作「煩」，就有點把中國思想中對「心學」的注重強加給海德格的嫌疑了。

「煩心」和「麻煩」這兩個譯名也有疑問。「煩心」似不能體現與各類事物打交道的意思，「麻煩」則與 Fürsorge 相去甚遠。於是我在初版本中把這兩個譯名分別改為「煩忙」和「煩神」。「煩忙」雖不是個現成的漢語詞，但意思顯豁。「煩神」呢？似乎沒表達出 Fürsorge 對他人有所作為的行為上的意義。不過海德格對他人的整個分析原本不盡不實，Fürsorge 在本書中遠不如 Besorge 出現得那麼頻繁，倒更像是拿來對偶湊數的。

如果不管這三個德文詞的詞根連繫，可以考慮把 Besorge 譯作操心、操持、操勞，但這些都不是完全的及物動詞；料理、照料又太少「煩」的意味。把 Fürsorge 譯作關照；Sorge 呢，勉強譯作關切。今照顧到原文的詞根連繫，不得已譯作操心、操勞、操持。

這裡順便提一下 Angst 和 Sorge 的關係。Angst 淺近的意思就是害怕；但在害怕的種種成分之中，它又特別突出焦慮的意思。別的語言裡很難找到和 Angst 相應的詞，英語就直接把 angst 吸收進去作外來語。Angst 和 Sorge 沒有字面上的連繫，但透過焦慮擔憂這層意思，兩者其實相當接近。Angst haben um jmdn. 是 sich anrgen um jmdn. 的另一個說法，翻譯過來，都是為某人擔心害怕的意思。

6. Transzendental, transzendent

Transzendenz 是中世紀的主要哲學概念之一，譯作「超越」頗為妥帖：超出於事物之外而在事物之上。有一派觀點認為上帝內在於萬物，另一派觀點則認為上帝是超越的。Transzendenz 的形容詞有時寫作 transzendent，有時寫作 transzendental。然而。後來康德對 transzendent 和 transzendental 加以區分，用 transzendent 表示原本的意思，同時賦予 transzendental 一詞以新的含義，這種含義與康德的特定理論相適配，用來描述先於經驗而使經驗成

爲可能的必要條件，所以通常譯作「先驗的」。與此相應則把 transzeadent 譯作「超驗」的。胡塞爾繼承了康德關於先驗的提法，胡塞爾哲學一般也被認作一種先驗哲學，至於中世紀意義上的超驗概念，胡塞爾很少涉及。然而，海德格雖是胡塞爾的弟子，卻很少在胡塞爾意義上沿用胡塞爾的術語，他完全在中世紀傳統意義上使用 Transzendenz 和 transzendental 這些語詞，根本不管康德和胡塞爾一系已經賦予 transzendental 特別含義。爲了應付這種複雜的局面，我們在十處把 transzendental 譯作「超越的」。但在涉及康德著作的四處則譯作「先驗的」。transzendent 只出現過兩次（H326和 H366），看不出與 transzendental 有什麼不同，譯作「超越的」。

附錄二

德一漢語詞對照表

本表體例

操心——煩：表示譯作「煩」，本版改為「操心」。

日常狀態、日常生活：表示有時譯作「日常狀態」，有時譯作「日常生活」。

命題，（陳述）：表示通常譯作「命題」，少數譯作「陳述」。

aussprechen 道出，等：盡量譯作「道出」，有時則依上下文翻譯。

Existenz 生存，見附錄一第4節（略稱：討論4，以下同），對這個詞作了討論

Abwesenheit　不在場

alethela　去蔽（無蔽）——無蔽

Alleinsein　獨在

alltäglich　日常的

Alltäglichkeit　日常狀態、日常生活、日常性

Als　「作爲」

Als-Struktur　「作爲結構」

der Andere　他人

Anderes　它者

Andersheit　它性

Angst　畏，見討論5

Anschauung　直觀

Anschein　假象

an-sich　自在

ansichhalten　守身自在

An-sich-sein　自在存在

Ansprechen und Besprechen　著眼於……談及……、談及與意涉

anweisen　指派、指定

anwesend　在場的

Anwesenheit　在場

apophantisch　展示的——句法上的、構詞法上的

a priori　先天

artikulieren　分環勾連、解說——勾連

Aufenthalt　滯留

aufgehen　消散——融身、混跡

aufhalten　持留

anfrufen　喚起

aufschlissen　公開

aufweisen　展示

Augenblick　當下即是——眼下

Ausgelegtheit　解釋（所得的）講法

auslegen　解釋

ausrichten　定向

Ausrichtung　方向

Aussage　命題（陳述）——陳述（命題）

aussagen　陳述

Ausser-sich　出離自己

aussprechen　道出，等

Ausstand　虧欠——懸欠

Bedeutsamkeit　意蘊

bedeuten　意謂著、其含義是

Bedeutung　含義

Befindlichkeit　現身情態、現身

begegnen　照面、相遇

begreifen　（從概念上）理解

Begriff　概念

behalten　居持

bei　寓於——寓乎、依存

Beisammen　共寓

besorgen　操勞——煩忙，見討論5

Besprechen　見 Ansprechen

bestimmen　規定、確定

bevorstehen　懸臨

Bewandnis　因緣

bewenden　因……而緣

Bewendenlassen　了卻因緣

Bezug　關聯、牽涉

Charakter　性質

charakterisieren　標畫（其特徵的工作）、是……的特點

Da　此

dagewesen　曾在此

das Daseiende　存在在此者

Dasein　此在，見討論3

Da-sein　此之在、在此、此在

daseinsmäsaig　此在式的

datieren　定期

Dauer　綿延

das Dazu　所用、用於此

Destruktion　解構——解析

Ding　物、物體、物件

Dort　那裡

Durchschnittlichkeit　平均狀態

durchsichtig　透視的、透澈明晰的

echt　真切、真實

eigen　本己的

eigentlich　本真的（本來的、真

　　正的）

einai　存在、是

Einfühlung　移情──共鳴

Ekstase　綻出

Ende　終結

endlich　有限的、有終的

entdecken　揭示

Entdecktheit　被揭示狀態

entfernen　去遠、去其遠

entfernt　相去甚遠的、被去遠的
　　（東西）

Entfernheit　相去之遠

Entfernungen　其遠幾許──其遠
　　幾何

entfremden　異化

entgegenwerfen　對拋

enthüllen　綻露

Entrücken　放浪

entscheiden　判定、決定（採用）

Entschlossenheit　決心

Entschluss　決定

Entweltlichung　異世界化

entwerfen　籌劃

Entwurf　籌劃

erkennen　認識

Erkenntnis　知識

Erscheinung　現相──現象

erscheinen　現相為

erschliessen　開展

Erschlossenheit　展開狀態

Evidenz　明白確鑿等

Existenz　生存，見討論4

Existenzial　生存論性質、生存論
　　環節，見討論4

existenzial　生存論上的，見討論4

Existenzialität　生存論建構──生
　　存論狀態，見討論4

existenziell　（實際）生存（狀
　　態）上的、生存中的──生存狀
　　態上的，見討論4

Existenzverfassung　生存建構──
　　生存法相

existieren　生存

Exstase　綻出

faktisch　實際的

Faktizität　實際性、實際狀態、實
　　際

Faktum　實際情況、實際、實是

fallen　沉淪

Fundamentalontologie　基礎存在論

Furcht　怕、懼怕、害怕

Fürsorse　操持──煩神，見討論5

für-wahr-halten　持以為真

das Ganze　整體

die Gänze 整全

Gegend 場所，（場地）

Gegenstand 對象

Gegenwart 當前

gegenwärtig 當前的

gegenwärtigen 當前化（攞到當前、喚到當前）

Gelichtetheit 明敞

Geltung 通行有效、通行——有效

Gerede 閒言

geschehen 演歷——演歷、歷事

Geschichte 歷史

Geschichtlichkeit 歷史性

Geschick 天命

gestimmt 帶有情緒的

Gestimmtheit 情緒狀態

gewärtig 有所期備

gewärtigen 期備

das Gewesen 曾在

Gewesenheit 曾在性、曾在狀態

gewesen sein 曾存在

gewiss 確知

Gewissen 良知

Gewissheit 確定可知

Gewisssein 確知的存在、是確知的

Geworfenheit 被拋境況——被拋狀態

gliedern 分成環節、分章、分節、勾連

Grund 根據

gründen 奠立根基

Grumdsein 根據、作爲根據的存在

handlich 手頭的、手的、稱手的

hereinstehen 懸浮而入

Hermeneutik 詮釋學

hinsehen 觀看、審視、看過去

Historie 歷史學

Horizont 視野——境域、地平線

Ichheit 我性、我之爲我

idea 理念

ideal 觀念上的

Idee 觀念

In-det-Welt-sein 在世界之中存在、在世、在世的存在

Inheit 「之中」

innerweltlich 世界之內的、世內的

innerzeitig 時間內的

In Sein 「在之中」、存在於其中

Interpretation 闡釋

Inwendigkeit 「之內」

Jemeinigkeit 向來我屬性、總是我的

Kategorie　範疇

Konstituens　組建因素

konstituieren　組建

Konstitution　建構——法理、建制

Körper　體、身體、物體

Leere　空無

Leib　肉身

Leiblichkeit　肉身性

Licht　光（明）

lichten　敞明

Lichtung　明敞——澄明

das Man　常人

meinen　意指

melden　呈報、報到

Mit-dabei-sein　共在群集

Mitdasein　共同此在

mit-da-sein　共同在此

Miteinandersein　共處同在——雜然共在

Mitsein　共在

mitteilen　傳達、分享、交流

Mitwelt　共同世界

Nachsicht　顧惜——照顧

Neugier　好奇

Nicht　「不」

Nichtcharakter　不之特性

Nichtheit　不性

nichtig　具有不性的

Nichtigkeit　不之狀態——「不性」

Nichts　虛無

das Niemand　無此人

das Noch-nicht　還不

öffentlich　公眾的

Öffentlichkeit　公眾意見、輿論

ontisch　存在者層次上的——存在者狀態上的，見討論2

Ontologie　存在論，見討論2

ontologisch　存在論（上）的，見討論2

Ort　地點、處所

Person　人、人格等

Phänomen　現象

Phänomenologie　現象學

Platz　位置（處所）

Raum　空間

räumlich　具有空間性的、在空間中的

Rede　話語——言談

reden　談、言談

Rücksicht 顧視——顧惜

Ruf 呼聲

rufen 呼喚

Sache 事質、事情、實事

  zu den Sachen selbst 面向事情
本身

sachhaltig 關乎實事的、就課題而
論——適用於事實的、包含事情的

Schein 假象、顯象

scheinen 顯似

Schicksal 命運

Schuld 罪、罪責、債責

schuldig 有罪的、有責的、有債的

seiend 存在著的、作為存在者
等，見討論1

das Seiende 存在者，見討論1

sein 是、在、存在，見討論1

Sein 存在，見討論1

Sein-bei 寓在、寓而存在

Seinkönnen 能在、能存在

Sein zum Ende 向終結存在

Sein zum Tode 向死存在

selbig 自一的

das Selbige 自一者、自一的東西

Selbst 自身、本身、自己

Selhständigkeit 獨立自駐性、持
駐於自身的狀態

Selbsterkenntnis 自我認識

Selbst-ständigkeit 自身常駐性、
常駐於自身的狀態

Sichkennen 自我識認

Sicht 視、顧視、視見，等——視

Sich-vorweg 領先於自身

Sinn 意義（官感）

Situation 處境

Sorge 操心——煩，見討論5

Sprache 語言

ständig 常駐的、持續的等

Stimmung 情緒

Subjekt 主體、主語

Substanz 實體

Temporalität 時間狀態

Tod 死亡、死

transzendent 超越的，見討論6

transzendentat 超越的、先驗的，
見討論6

Umsicht 尋視

Umwelt 周圍世界

das Umwillen 為其故、為此之
故、緣故

das Um-zu 為之故、為了做、用
向、用途等

unausdrücklich 未曾明言

unbezüglich　無所旁涉

unheimlich　無家可歸、竦然無親

Unselbst-ständigkeit　常駐於非自
　身的狀態

ursprülich　原始的

vereinzeln　個別化

Verfallen　沉淪（於世的境況），
　（沉溺）

Verfassung　建構—— 法理、法
　相、機制

Vergangenheit　過去

vergegenwärtigen　再現

verhalten　關聯行止、行爲、作
　爲、舉止、活動、態度等

Vernehmen　知覺

Vernunft　理性

veröffentlichen　公眾化

Verstand　領會—— 領悟

verständig　知性的

Verständigkeit　知性、知性理解

verstehen　領會

verweisen　指引

Verwiesenheit　受指引狀態

voraussetzen　設爲前提

Voraussetzung　前提

Vorbegriff　先行概念—— 預備概念

voffinden　發現…擺在那裡

vorgängig　率先

vorgeben　先行給予、先行給定

Vorgriff　先行掌握

Vorhabe　先（行具）有

vorhanden　現成的、現成在手的

das Vorhandene　現成事物、現成
　的東西

Vorhandenheit　現成性、現成在手
　狀態

Vorhandensein　現成存在

vorlaufen　先行

Vorsicht　先（行視）見

vorstellen　表象

Vorstellung　表象、觀念

Vor-struktur　先在結構

vorweg　領先

vulgär　流俗

Wahrheit　眞理

Wahrnehmen　感知、覺知

Welt　世界、世

「Welt」　「世界」

weltlich　世界的（世間的）

Weltlichkeit　世界性、世界之爲世界

werfen　拋

Wesen　本質、本在、本質存在

Wiederholung　重演、重提、重
　複、重溫

wirklich　現實的

das Wobei　何所寓、何所依

das Wofuer　何為、何所為

das Womit　何以、何所藉、何所隨

des Worumwillen　為何之故

das Wozu　何所用

Zeichen　標志

zeigen　顯示

sich zeigen　顯現

Zeit　時間

zeitigen　到（其）時（機）

Zeitigung　到（其）時（機）、時機

zeitlich　時間性的

Zeitlichkeit　時間性

Zeitrechnung　計時

Zeug　用具、器具、器物、東西、
　　工具

Zugang　通路、通達

Zugangsart　通達……的方式

zugänglich　可通達的、可接觸的

zuhanden　上手的、上到手頭
　　的——上手的、當下上手的

das Zuhandene　上手事物、上手的
　　東西

Zukunft　將來

Zusammenhang　連繫

zu-sein　去存在

Zu-tun-haben　與之相關、有干
　　係、打交道

zweideutig　兩可、模稜兩可

das Zwischen　「之間」

附錄三
漢─德語詞對照表

被拋境況　Geworfenheit

本己的　eigen

本眞的　eigentlich

本質　Wesen、Essenz

表象　Vorstellung

「不」　Nicht

不性　Nichtheit

不在場　Abwesenheit

不之特性　Nicht-Charakter, Nicht-cha-rakter

不之狀態　Nichtigkeit

操持　Fürsorse

操勞　Besorge

操心　Sorge

曾存在　gewesen sein

曾在　das Gewesen

曾在、曾在狀態　Gewesenheit

闡釋　interpretieren

常人　das Man

敞明　lichten

超越的　transzendental、transzen-dent

沉淪　verfallen、fallen

持以爲眞　Für-wahr-halten

籌劃　entwerfen、Entwurf

此　da

此在　Dasein

此之在　Da-sein

存在　Sein

存在（是，在）　sein

存在論　Onologie

存在論上的　ontologisch

存在著　seiend

存在者　Das　Seiende

存在者層次上的　ontisch

存在者狀態上的　seiend

到（其）時（機）　zeitigen、Zei-tigung

當前　Gegenwart

當前化　gegen wärtigen

當下即是　Augenblick

定期　datieren

定向　ausrichten

動變　Bewegtheit

獨在　Alleinsein

對象　Gegenstand

分成環節　gliedern

分環勾連　artikulieren

付諸音聲　Verlautbarung

概念　Begriff

個別化　vereinzeln

根據　Grund

公眾意見　Öffentlichkeit

共同此在　Mitdasein

共同世界　Mitwelt

共在　Mitsein

共在群集　Mit-dabei-sein

勾連　gliedern、artikulieren

關聯　Bezug

觀念　Vorstellung、Idee

關係　Relation、Beziehen、Ver-
　　　hältnis

顧惜　Nachsicht

過去　Vergangenheit

含義　Bedeutung

好奇　Neugier

呼喚　rufen

呼聲　Ruf

話語　Rede

喚起　aufrufen

計時　Zeitrechnung

假象　Anschein、Schein

見證　bezeugen

建構　Verfassung、Konstitution

將來　Zukunft

揭示　entdecken

解釋　auslegen

解釋（所得的）講法　Auusgelegtheit

解說　artikulieren, Explikation

具有不性的　nichtig

決定　Entschluss

決心　Entschlossenheit

開展　erschliessen

空間　Raum

空無　Leere

理解　begreifen

理性　Venunft

歷史　Geschichte

歷史性　Geschichtlichkeit

歷史學　Historie

良知　Gewissen

領會　verstehen、Verstand、Ver-
　　　ständnis

領先於自身　Sich-vorweg

綿延　Dauer

明白確鑿　Evidenz

明敞　Liehtung、Gelichtetheit

命題　Aussage

命運　Schicksal

怕　Furcht

拋　werfen

期備　gewärtigen

情緒　Stimmung

去遠　entfernen

詮釋學　Hermeneutik

確定可知　Gewissheit

確知　gewiss

日常的　alltäglich

日常狀態　Alltäglichkeit

肉身　Leib

肉身性　Leiblichkeit

上手的　zuhanden

生存　Existenz、existieren

生存論環節　das Existenziale

生存論上的　existenzial

生存上的　existenziell

失落於常人的境況　Verlorenheit in
　　　das Man

時間　Zeit

時間內的　innerzeitig

時間性的　zeitlich

實際的　faktisch

實體　Substanz

視　Sicht

世界　Welt

世界性、世界之為世界　Weltlich-
　　　keit

世內的　innerweltlich

受指引（狀態）　Verwiesenheit

「它存在」das Dass

他人　der Andere

它性　Andersheit

它者　das Anderes

天命　Geschick

通達　Zugang

畏　Angst

我性　Ichheit

無　Nichts

無此人　das Niemand

先天　apriori

先行　vorlaufen

先（行）見（到）　Vorsicht

先（行具）有　Vorhahe

先行掌握　Vorgriff

閒談　Gerede

顯示　zeigen

顯似　scheinen

現成的、現成在手的　vorhanden

現成狀態　Vorhandenheit

現身（情態）　Befindlichkeit

現象　Phänomen

現相　Erscheinung

向來我屬　Jemeinigkeit

向死存在　Sein zum Tode

向終結存在　Sein zum Ende

尋視　Umsicht

演歷　geschehen

因緣　Bewandmis

異世界化　entweltlichen

意義　Sinn

意蘊　Bedeutsamkeit

有罪的、有責的　schuldig

語言　Sprache

寓在　Bei sein、Sein bei

原始的　ursprünglich

願有良知　Gewissenhabenwollen

用具　Zeug

在場　Anwesenheit

在世、在世的存在、在世界之中存

　在　In-der-Welt-sein

「在之中」　In-Sein

再現　vergegenwärtigen

展開　Erschlossenheit

綻出　Ekstase

照顧　Rücksicht

照面　begegnen

眞理　Wahrheit

「之間」　das Zwischen

「之內」　Inwendigkeit

「之中」　Inheit

知覺　vernehmen

知性　Verständigkeit

指引　verweisen

終結　Ende

主體、主語　Subjekt

自在　An-sich

組建　konstituieren

罪責　Schuld

「作爲」　Als

國家圖書館出版品預行編目資料

存在與時間讀本/陳嘉映著. --初版. --
臺北市：五南圖書出版股份有限公司,
2021.10
面； 公分
ISBN 978-986-522-984-9 (平裝)

1.海德格(Heidegger, Martin, 1889-1976)
2.學術思想 3.哲學

147.72   110011879

1B1T

存在與時間 讀本

作　　者 — 陳嘉映

企劃主編 — 蘇美嬌

特約編輯 — 謝芳澤

封面設計 — 姚孝慈

出 版 者 — 五南圖書出版股份有限公司

發 行 人 — 楊榮川

總 經 理 — 楊士清

總 編 輯 — 楊秀麗

地　　址：106臺北市大安區和平東路二段339號4樓

電　　話：(02)2705-5066　　傳　　真：(02)2706-6100

網　　址：https://www.wunan.com.tw

電子郵件：wunan@wunan.com.tw

劃撥帳號：01068953

戶　　名：五南圖書出版股份有限公司

法律顧問　林勝安律師

出版日期　2021年10月初版一刷
　　　　　2024年10月初版二刷

定　　價　新臺幣350元

經典永恆・名著常在

五十週年的獻禮 —— 經典名著文庫

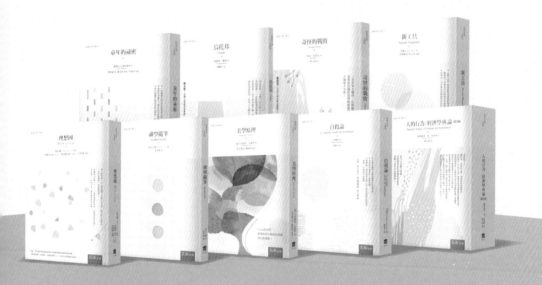

五南，五十年了，半個世紀，人生旅程的一大半，走過來了。

思索著，邁向百年的未來歷程，能為知識界、文化學術界作些什麼？

在速食文化的生態下，有什麼值得讓人雋永品味的？

歷代經典・當今名著，經過時間的洗禮，千錘百鍊，流傳至今，光芒耀人；

不僅使我們能領悟前人的智慧，同時也增深加廣我們思考的深度與視野。

我們決心投入巨資，有計畫的系統梳選，成立「經典名著文庫」，

希望收入古今中外思想性的、充滿睿智與獨見的經典、名著。

這是一項理想性的、永續性的巨大出版工程。

不在意讀者的眾寡，只考慮它的學術價值，力求完整展現先哲思想的軌跡；

為知識界開啟一片智慧之窗，營造一座百花綻放的世界文明公園，

任君遨遊、取菁吸蜜、嘉惠學子！